기후변화와 세계정치

세계정치 31

기후변화와 세계정치

발행인 서울대학교 국제문제연구소
주소 서울시 관악구 관악로 1 (220동 504호)
전화 02-880-6311
팩스 02-872-4115
전자우편 ciscis@snu.ac.kr

2019년 10월 23일 초판 1쇄 찍음
2024년 10월 11일 초판 3쇄 펴냄

지은이 이태동, 이재현, 이혜경, 신상범, 한희진, 조정원, 김성진, 고인환
기획 서울대학교 국제문제연구소
책임편집 이태동

편집 김천희
디자인 김진운
마케팅 윤영채
펴낸곳 (주)사회평론아카데미
펴낸이 윤철호
등록번호 2013-000247(2013년 8월 23일)
전화 02-2191-1182(영업) 02-326-0333(편집) 팩스 02-326-1626
주소 서울시 마포구 월드컵북로6길 56
이메일 academy@sapyoung.com

세계정치 31

기후변화와 세계정치

서울대학교 국제문제연구소 편
이태동 책임편집

사회평론아카데미

*이 저서는 2019년도 서울대학교 미래 기초학문 분야 기반조성 사업의 지원을 받아 수행된 연구 결과물임.

기후변화와 세계정치

기후변화는 해결이 어려운(wicked) 문제이다. 우선, 기후변화의 근본적인 원인은 화석연료를 기반으로 한 인간의 경제활동이다. 온실가스(Greenhouse gas emissions)를 줄이기 위해서 인간의 경제 활동을 축소하기는 쉽지 않다. 둘째, 기후변화의 영향을 받는 지구 대기는 공유재로 비배제성(Non-exclusiveness)과 경쟁성(Rivarly)의 성격을 띤다. 화석연료를 더 많이 사용해서 경제 발전을 이루려고 하는 국가, 기업, 가정의 자원 사용은 배제하기 힘들고, 그럴수록 지구 대기 속 온실가스의 농도는 높아져 간다. 즉, 기후변화 문제는 자신의 이익을 추구하는 합리적 행위자들 사이의 경쟁으로 인해 공유지의 비극(Tragedy of commons)을 초래할 수 있다. 셋째, 기후변화의 원인과 해결에는 다층적이고 수많은 이해관계자가 존재한다. 이는 문제의 진단부터 해결까지 합의를 어렵게 만든다. 예를 들어, 온실가스 배출 책임에 대한 선진국과 개발도상국의 갈등 또한 기후변화 문제의 해결을 어렵게 한다. 또한, 기후변화는 눈에 보이지 않는다. 문제의 가시성이 떨어지기 때문에 시급히 해결해야 할 문제로 주류화되기 힘들다.

　이 책은 기후변화의 해결을 세계정치와 정치경제 접근을 통해 모색한다. 지구 대기라는 자연과 사회-경제 가치는 권위와 시장을 통해 배분해야 문제 해결이 가능하다. 특히, 기후 위기를 막고 파리기후협약의 1.5-2°C 목표를 달성하기 위해서는 정치체제와 국제법, 정치경제, 국제개발 등의 다양한 분야에서 다층적인 노력이 요구된다. 기후변화 문제를 이해하고 해결하기 위해서는 중층적이고 역사적이며 포괄적이고 정치-경제적인 논의가 필요한 까닭이다. 『세계정치』 31호는 기후변화의 세계정치라는 주제 하에 기후변화와 관련된 국제정치, 정치경제, 지방정치, 국제법의 접근을 통해 기후변화 문제에 대한 이해를 도모하고 해결책을 모색하는 것을 목적으로 한다.

이번 호는 최근 기후변화를 세계정치의 틀 속에서 이해하고, 향후 기후변화 대응의 정치적 구조, 국제법적 적용과 한계, 경제적 인센티브와 배출권 거래와 더불어, 한국, 중국, 북한의 기후변화 관련 논의들을 다각도에서 검토할 필요성 속에서 기획되었다. 특히, 정치제도의 기후변화 영향은 무엇이고, 경제적 제도는 어떻게 작동할 수 있는지, 도시와 전력 기업의 기후변화 정책의 가능성과 한계가 무엇인지에 대한 질문은 기후변화의 세계정치를 이해하는 데 중요한 주제이다.

1장에서 이재현은 기후변화와 정치체제의 관계에 대한 통계적 분석을 통해, 최근에 주목받고 있는 참여민주주의와 숙의민주주의가 기후변화 문제 해결에 긍정적인 효과만을 가져올까?라는 질문에 답한다. 이산화탄소 배출과 민주주의 간의 비선형적 관계를 가정하고 분석한 결과 이들의 관계가 비선형적인 관계를 보였다. 이는 기후변화 문제 해결을 위해서 민주주의가 국가의 민주적 제도와 시민의 정치적 역량의 함수와 관련이 깊다는 것을 의미한다. 따라서 단순히 정치참여를 민주주의 국가의 미덕으로 삼거나 숙의의 심화를 너무 강조한 나머지 기후변화 정책 결정의 효율성을 저하시킬 가능성이 있는 민주적 제도와 정치적 역량을 경계해야 할 것이다.

2장에서 이혜경은 기후변화와 관련된 국제 동향을 분석하고 시사점을 제시한다. 세계 각국에서 다양한 기후변화로 인한 분쟁들이 결국 소송으로 비화하는 경우가 늘고 있다. 각국의 법체계가 다르지만, 각국의 국내 법원에서 제기되고 있는 소송의 동향을 분석해보는 것은 기후변화로 인한 갈등의 양상을 이해하는 데 중요한 지표가 될 수 있다. 이 글에서는 각국의 기후변화 관련 주요 판례를 누가 누구를 대상으로, 무엇을 주로 청구하고 있는지를 중심으로 살펴보았다. 기후변화 소송은 주로 불법행위를 주장하면서 정부를 상대로는 위법성의 시정조치를 요구하는 소송을, 사기업을 대상으로는 손해배상책임을 청구하는 소송이 이루어지는 경우가 많았다. 물론 아직까지는 승소의 사례가 많지는 않지만, 기후변화에 소극적으로 대응해왔던 각국의 정부와 대기업에 보다 적극적인 불법행위 책임을 부여하려는 제소가 늘어나고 있음을 확인할 수 있었다. 이는 국내외 기후변화의 대응에 있어 정부와 기업에 대한 책임 부여가 미흡함을 반증하고 있다고 볼 수 있다.

신상범은 3장에서 한국 ETS의 현황을 파악하고 한·중·일 3국의 탄소 시장이 통합될 수 있는 가능성에 영향을 미치는 변수가 무엇인지를 조사한다. 한국은 2015년에 유럽연합과 뉴질랜드에 이어 전국단위로 의무적인(mandatory) ETS를 시행한 세 번째 나라가 되었다. 도입 과정은 국제사회의 압력보다는 환경과 기후변화라는 주제를 통해 과거 보수 정권과 차별화하고 신성장동력을 창출하려고 했던 이명박 정부의 정치적 동기가 더 컸다고 할 수 있다. 한국의 ETS는 EU ETS를 모델로 했지만, 세부적으로는 제도상의 차이점이 있다. 이러한 차이점들은 대부분 1기의 부진한 거래 문제를 해결하기 위한 것이었다. 현재 2기가 진행 중이지만 여전히 거래가 충분히 활성화되고 있지는 않다. 중국은 2017년 12월에 전국단위로 의무적인 ETS를 시행하겠다고 발표했으나 현재 거래가 아직 시작되지는 않고 있다. 일본은 동경도와 사이타마현에서만 의무적인 버전의 ETS를 하고 있고 그것도 동경도의 경우 상업용 빌딩에만 적용하고 있다. 한·중·일의 탄소 시장 통합을 위해서는 제도적 차이를 극복하는 것보다는 이 세 나라가 확실히 ETS를 추진할 것이라는 정치적 의지를 표명하는 것이 중요하다. 그리고 이를 위해서는 일단 한국은 BAU, 즉 전망치가 아니라 일정 연도를 기준으로 감축량을 명시하는 감축 목표를 제시할 필요가 있다. 중국도 GDP 대비가 아니라 절대량 감축 목표를 설정하고 선언할 필요가 있다. 이러한 국제사회에서의 약속 없이 국내에서 ETS가 적극적으로 추진되기 어렵고 탄소 시장의 통합도 논의하기 어렵다.

기후변화와 북한은 한희진 교수가 4장에서 다룬다. 북한은 주체사상이라는 이념 하에 국제사회에서 독자적 외교정책을 취하며 고립을 자처해 왔다. 북한에 대한 기존 연구들은 1990년대 이후 냉전의 종식이 가져온 국제 정치경제 및 안보 지형의 변화, 폐쇄적 사회주의 계획경제 체제의 고수, 핵무기와 미사일 개발 및 실험 등이 북한 정권의 고립을 고착화했으며 북한 경제·사회의 발전을 지연시켜온 원인들임을 논의해 왔다. 본 연구는 1990년대 이래 북한

체제의 위기를 심화시켜 온 또 하나의 주요 원인으로 환경 요인인 기후변화에 주목한다. 북한은 1990년대 중반 홍수와 가뭄 등 기후변화로 인한 전례 없는 규모의 자연재해를 겪으며 인적, 물적 피해 및 국내 경제 질서의 붕괴 현상을 경험했다. 지속적 국제적 고립, 경제발전의 부재 및 정부 역량과 자원, 기반시설의 부재, 자연환경의 파괴 등으로 인해 북한은 여전히 기후변화에 가장 취약한 국가들 중 하나로 남아 있다. 본 연구는 그럼에도 불구하고 북한 정권이 기후변화 문제에 대응하기 위해 국내·외적으로 다양한 노력을 기울여 왔음을, 특히 국제 레짐 참여의 측면에서 논의한다. 본 연구는 국제정치에서 가장 고립된 국가인 북한 역시 기후변화라는 전 지구적 현상으로부터 자유로울 수 없음을 밝히며 북한의 기후변화 레짐 참여 및 국제사회와의 상호작용의 의의, 제약 및 도전과제들을 고찰한다.

기후변화의 세계정치에서 중국의 기후변화 외교는 주목할 만하다. 5장에서 조정원은 2015년 12월 제21차 UN 기후변화당사국총회(COP21)에서의 파리협정 체결 이후 중국의 기후변화 외교와 대외협력에 영향을 미치는 정책과 개념, 중국의 기후변화 외교와 대외협력의 현황을 소개하고 그 특성을 분석하였다. 그리고 중국과 다른 개발도상국들 간의 남남협력과 미국, 엄브렐러 그룹 등 선진국들과의 기후변화 외교 및 협상에서의 현안과 쟁점에 대하여 살펴볼 것이다. 이를 바탕으로 향후 중국의 기후변화 외교의 추진 방향과 중국의 기후변화 외교가 글로벌 차원의 기후변화 협상과 협력에 미치게 될 영향에 대하여 예측하고자 한다.

기후변화의 세계정치는 국가를 넘어 다양한 행위자의 역할에 대한 고려가 필요하다. 6장에서 김성진은 특히 전력 공기업의 기후변화 적응 방안에 대한 현실적인 정책 제안을 제시한다. 인간 활동에 의한 온실가스 배출량이 급증하면서, 전 지구적으로 기후변화가 가속화되고 있다. 이에 따라 이상기후의 빈도와 강도가 늘어나면서 위험성이 증가하고 있으며, 국가는 사회기반시설의 설계와 관리에 있어 기후변화의 위험을 고려해야 하는 상황이다. 여러 기반 시설 중 전력시스템은 국가안보와 성장의 핵심 요인으로, 기후변화에 대비하여 사전에 적응대책을 마련하고 적응역량을 높여야 할 필요가 있다. 한국 정부도 그 중요성과 필요성을 인지하여 국가 전력시스템의 대부분을 관리하는 전력공기업에 대해 기후변화 적응대책 수립지침을 지시하였으나, 여전히 많은 한계를 지니고 있다. 이에 본 연구에서는 전력공기업 기후변화 적응역량 강화를 위한 정책방향을 제시한다.

7장에서 이태동은 도시의 기후변화를 추동하는 요인으로 취약성에 대한 인식의 중요성을 강조하고 있다. 2%도 안 되는 지구 면적에 전 세계 인구의 50% 이상이 거주하고 있는 도시는 기후변화에 취약할 수밖에 없다. 그러나 도시마다 기후변화 적응에 대한 종합적인 대처에는 큰 차이가 있다. 전 세계 58개 주요 도시의 기후 적응 어젠다를 분석한 결과, 도시의 정책 결정자들이 기후변화 취약성을 광범위하게 인식할수록 적응정책 또한 종합적이 될 가능성이 크다는 것을 밝히고 있다. 즉, 도시 기후 적응에 효과적으로 대응하기 위해, 기후 취약성에 대한 맵핑(mapping)과 교육, 캠페인을 통한 인식 향상이 중요함을 역설하고 있다.

8장은 고인환의 기후 클럽에 대한 이론적 소개이다. 이 장은 유엔기후변화협약(UNFCCC)으로 대표되는 현재까지의 국가 간 기후변화 대응 협력의 새로운 대안으로 제시되고 있는 기후 클럽(climate club)과 그 연구 흐름을 소개하고 한계점을 지적한다. 기후 클럽이란 기후변화 대응 노력에 동참하는 행위자들에게 배타적이고 비경합적인 클럽재(club goods)를 보상하는 집단을 말한다. 클럽 이론에 기반을 두고 있는 기후 클럽은 집합행동의 딜레마로서의 기후변화 문제를 효율적으로 해결할 수 있는 흥미로운 대안으로 떠오르고 있다. 그러나 파리협정의 가능성과 기후변화 문제에 대한 다양화된 견해에 부딪히며 기후 클럽에 대한 회의론도 낙관론 못지않게 커져가고 있다. 따라서 향후 기후 클럽에 대한 연구는 기후 클럽을 구성하는 국가와 클럽이 집중하는 기후변화 대응 분야에 따라 그 유형과 효과성이 어떻게 달라지는지를 분석할 필요가 있다. 현재까지의 기후 클럽에 대한 논의는 온실가스 감축 분야에 초점이 맞춰져 있기 때문에, 기후 적응 및 기술이전과 같은 다른 분야에서는 어떤 국가가 어떤 유형의 기후 클럽을 만들 수 있을지 연구가 필요하다. 한편으로는 적극적인 기후변화 대응 노력에 반대하는 행위자 간의 클럽도 얼마든지 존재할 수 있기 때문에 이에 대한 관심 역시 필요하다.

이러한 연구를 통하여 『세계정치』 31호는 기후변화 정치와 정책이 어떻게 진행되고 있으며, 국가와 기업, 도시는 어떻게 대응해야 하는지에 대한 답을 구하려고 했다. 기후변화 문제를 정치학적 관점에서 천착해 온 학자들이 모여 함께 논의하고 결과물을 작성했다는 데 의의를 찾을 수 있을 것이다. 특히 환경정치연구회에서 환경과 기후변화의 사회과학적이고 정치학적인 접근을 통해 공동의 저작을 '지구환경정치의 이해'에 이어 '기후변화와 세계정치'로 출판했다는 점은 앞으로 지속가능성 문제에 대한 집단 지성이 가능함을 보여 주고 있다.

편집진을 대표하여

이태동

차례

세부 차례

제1장

지구적 기후변화와 민주주의의 비선형성

The Nonlinearity between Global Climate Change and Democracy

이재현 | 부경대학교 지방분권발전연구소 전임연구원

* 이 글은 한국국제정치학회, 『국제정치논총』 제59집 3호(2019)에 게재된 "지구적 기후변화와 민주주의의 비선형성: 170개국 패널 데이터를 중심으로" 연구를 수정·보완한 논문임.

민주주의는 정치권력을 둘러싼 정당성 차원을 넘어 인권, 환경 등과 같은 보편적 가치를 실

현하는 현존하는 가장 효과적인 시스템으로 알려져 있다. 일반적으로 선진국이

민주주의 체제가 발달되어 있다는 점에서 국제환경문제에 대응하는 수준이 저

개발국가보다 높다고 할 수 있다. 그러나 민주주의가 환경개선에 긍정적인 효과

를 가져오는가에 대한 많은 연구자들의 상반된 연구결과들은 여전히 우리에게 시

사하는 바가 크다. 따라서 이러한 전제와 문제의식 속에서 본 연구는 민주주의와

기후변화의 주범으로 알려진 이산화탄소 배출량의 관계를 분석하였다. 분석 결

과, 참여민주주의와 숙의민주주의 모두 비선형성을 보였다. 이는 민주주의와 이

산화탄소 저감 문제를 선형적(linear) 관계로 가정할 경우에는 긍정적 효과로 나

타날 수 있지만, 비선형적인(nonlinear) 관계로 가정한다면 단순히 참여의 증가

와 숙의의 심화만을 강조하는 민주주의일 경우, 기후변화 문제에 긍정적으로만

작용하지 않을 수 있음을 시사한다. 따라서 참여민주주의는 정책과정에서 참여의

중요성을 강조하지만 참여의 범위와 규모가 무한 증가될 수 없다는 점에서 한계

가 있고, 숙의민주주의 또한 참여를 전제로 숙의 과정의 중요성을 강조하지만 숙

의의 정도를 조절해야만 효과적인 기후환경 정책 도출이 가능할 것이다.

D emocracy is known to be the most effective system available to realize universal values such as human rights and environment beyond the legitimacy of political power. In general, advanced countries have developed a democratic system, so the level of response to international environmental problems is higher than that of underdeveloped countries. However, the contradictory results of many researchers on whether democracy has a positive effect on the environment are still very much to us. Therefore, this study analyzed the relationship between democracy and carbon dioxide emissions. As a result, participatory democracy and deliberative democracy showed a non-linear relationship. Therefore, it is necessary to control the degree of participation and deliberation to be able to derive an effective climate environment policy.

KEYWORDS 지구적 기후변화 global climate change, 이산화탄소 배출 carbon dioxide emissions, 참여민주주의 participatory democracy, 숙의민주주의 deliberative democracy, 민주주의의 다양성 variety of democracy, 비선형성 non-linearity

I 서론

기후변화의 문제는 국가의 산업화 전략과 시장 경쟁에 따른 결과
로 이해되기 때문에 주로 경제적 조건에 의해 다루어진다. 다시 말
해 이산화탄소 배출은 GDP와 매우 밀접한 관계가 있기 때문에 이
산화탄소 배출을 줄이기 위해서는 경제성장을 늦추거나 에너지
소비가 이산화탄소 배출의 결과로 크게 이어지지 않는 녹색경제
(green economy)로의 이동이 중요하다(Lane 2011, 911-918). 그러
나 단지 경제적 요인으로만 기후변화 문제를 조명하고 해결할 수
있을까?

　　민주주의가 경제적 성과에 도움이 된다는 점을 고려하면 경
제적 요인과 밀접한 기후변화의 문제는 정치적 조건으로서 민주
주의와 영향관계를 갖을 수 있다고 생각하는 것은 무리가 아닐 것
이다. 페인(Payne 1995)은 민주주의와 환경의 영향관계가 왜 긍정
적인지를 다섯 가지로 설명한다. (1) 민주주의는 개인의 정치적 권
리와 자유로운 정보교환이 가능하다. (2) 민주주의는 견제와 균형,
언론의 자유, 조직된 이익집단의 활동 등으로 비민주적인 제도보
다 환경에 잘 반응한다. (3) 민주주의는 개방적이기 때문에 환경
정책의 성공 또는 실패에 대한 정보의 유동성을 증진시켜 학습효
과가 높다. (4) 민주주의는 지구적 환경협력에 보다 더 적극적으로
참여하려 한다. (5) 민주국가의 특징인 개방시장경제는 오염자 부
담의 원칙(polluters pay principle)과 같은 환경정책의 책임성을 부
여하여 최선의 유인책을 제공하기 때문이라고 하였다. 이와 관련
해서 민주주의가 환경성과에 영향을 미친다는 연구들은 주로 정치

적 권리와 표현의 자유, 그리고 민주주의 정치체인가 권위주의 정치체인가 하는 정치체(polity)의 유형 등을 기준으로 설명해 왔다(Torras and Boyce 1998; Barrett and Graddy 2000; Li and Reuveny 2006; Bernauer and Koubi 2009). 특히 버나우어와 쿠비(Bernauer and Koubi)의 연구는 민주주의 정도(degree of democracy)가 대기의 질에 긍정적 효과를 보인다고 하여 기후변화와 민주주의를 연관지어 분석하고 있다. 그리고 민주주의가 이산화탄소 배출에 미치는 영향이 특정 분위(quantiles)에 따라 이질적일 수 있다고 주장하는 최근 연구는 민주주의와 기후변화 성과가 단순히 선형관계가 아닐 수 있음을 제기한다(You et al. 2015; Lv 2017; Joshi and Beck 2018). 이렇게 기후변화와 관련된 민주주의 연구는 진화하고 있다. 또한 권위주의적(authoritarian) 정부 형태를 띠거나 지방분권적인 리더십이 오히려 환경성과에 있어 좋은 결과를 보일 수 있다는 연구들(Lee and Koski 2012; Han 2017)은 민주주의와 환경성과에 대한 기존의 연구들과는 다른 차원의 접근 가능성을 시사하고 있다.

따라서 본 연구는 기후변화 성과와 민주주의가 정치적 조건으로서 어떠한 기능을 하는지 규명하고자 한다. 특히 기존에 연구된 민주주의의 정도 측정 논의를 넘어 민주주의의 질(quality of democracy)과 관련된 측면에서 분석하고자 한다. 왜냐하면 앞서 언급했듯이 환경성과와 민주주의에 대한 연구는 진화중이기 때문에 보다 다른 차원의 변수를 고려하여 다각적인 검토가 필요하기 때문이다. 이에 본 연구는 기후변화에 미치는 정치적 조건으로서 민주주의를 고찰하기 위해서 제2절에서 이론적 배경으로 민주주의 모델 중에서 최근에 가장 주목받는 참여민주주의와 숙의민주주의에 대해 검토한 후, 기후변화 문제와 민주주의의 관계를 논의하고 본 연구와 관련 있는 기존 연구들을 검토한다. 제3절에서는 이론적 배경 및 기존 연구를 바탕으로 본 연구의 가설을 설정하고 분석방법을 제시한다. 제4절에서는 민주주의의 질을 중심으로 기후변화의 성과를 분석한다. 마지막 제5절에서는 분석을 토대로 연구분석의 함의와 결론을 제시한다.

II 이론적 배경 및 기존 연구 검토

1. 참여민주주의와 숙의민주주의

"갈등의 필연성을 인정(acknowledges the inevitability of conflict)" 하는 민주주의는 참여를 배제하는 것이 아니라 오히려 배제된 의견으로부터 대안을 도출할 수 있는 정치제도이다(Machin 2013, 101). 이러한 견해는 민주주의의 참여적 속성과 숙의적 속성을 강조하는 것이다.

참여민주주의는 민주적 참여 범위를 확대하여 권력으로부터의 소외를 방지하고 집단적 문제와 정부행위에 보다 관심을 갖는 식견을 갖춘 시민들의 적극적 참여(well-informed and actively participating citizenry)를 강조한다(Pateman 1970; Mutz 2002; Carpini et al. 2004). 참여민주주의는 정치적 효능감 제고와 함께 권력으로부터의 소외감을 감소시키고 집단적 문제에 대한 관심을 제고시킬 뿐만 아니라 정부의 정책에 좀 더 민감하게 관심을 가질 수 있는 적극적이고 식견 있는 시민을 형성하는 데 기여한다(Pateman 1970, 6).

한편 숙의민주주의는 자유롭고 평등한 시민들이 참여하는 공적 숙의만이 민주적 의사결정을 정당화한다고 주장하는 일군의 견해이자 이론체계이다(Bohman 1998, 401; 홍성구 2011). 숙의 (deliberation)는 단순한 정치적 대화나 토론을 넘어 모든 관점과 가능성을 열어두고 평가하는 절차적 의미에서의 불편부당한 논증을 의미한다. 따라서 국가이익에 근거한 사적 이익의 표출이라기보다는 불편부당성의 기준에 부합하는 정치적 결정 과정에 필수적 요소라고 할 수 있다. 이런 점에서 숙의 과정이란 관련된 모든 의견이나 이해관계에 대한 반론을 검토하는 과정이므로 타자의 관점에서 생각하는 것을 의미한다.

참여민주주의 이론과 숙의민주주의 이론은 시민들은 공공선이라는 공유된 개념의 범주 내에서 의사결정을 하고, 그에 필요한 시민들의 정치참여를 전제로 한다는 점에서는 공통점이 있다(이현우 2012). 그러나 참여민주주의가 대의민주주의 제도를 보완하기 위해 직접민주주의를 강조한다면, 숙의민주주의는 무조건적인 참여를 지양하고 경쟁적 엘리트주의를 수용한 대의민주주의를 수용한다는 점에서 차이가 있다. 이런 점에서 숙의민주주의가 직접민주주의와 다른 점은 시민들이 직접 강제력을 지닌 민주적 의사결정의 주체가 되지 않는다는 것이다(홍성구 2011, 154).

김주성(2008)은 현대 대의민주주의가 시민의 집합된 선호에 따라 정치를 운영하려는 선호집합적 민주주의(aggregative democracy)로 이해되는 한, 대의민주주의에서 숙의성은 확보되기 어렵다고 주장한다. 그에 따르면, 시민의 의사가 제대로 실현되지 않는다는 것은 소위 '대표의 실패'로 불리는 것이며, 공공선이 실현되지 않는다는 것은 숙의의 실패로 이해할 수 있는데, 대표의 실패와 숙의의 실패는 별개의 문제라고 지적한다. 왜냐하면 기존의 민주주의가 대의민주주의라는 점에서 시민의 의사가 제대로 전달될 수 있어도(대표성), 반드시 공공선이 실현되는 것은 아니기 때문이다. 참여민주주의가 정치적 대표들이 대리인으로 행동할 수 없을 때 필요한 제도라고 한다면, 숙의민주주의는 집합된 선호에 따른 합리적 선택이 공공선을 실현할 수 없을 때 필요한 제도이다(임혁백 2000). 따라서 대표의 실패를 대리기능의 실패로 인식한다면 참여민주주의가 필요하지만 대표의 실패를 본질적으로 숙의기능의 실패로 본다면 숙의민주주의가 필요하다.

이러한 참여민주주의와 숙의민주주의의 특징들 속에서 무엇보다 주목해야 할 점은 참여와 합리성 간에는 정의 선형관계가 존재하지 않는다는 것이다(Offe and Preuss 1991, 167). 이는 참여의 단순한 증가가 합리성 증가를 담보하지 않을 수 있음을 의미한다. 따라서 숙의의 과정을 통해서 사적인 선호를 공적인 사안과 결부시킬 수 있는 능력이 필요하다. 이런 점에서 숙의민주주의는 개인적인 견해의 한계를 극복하고 공적 의사 결정의 질을 향상시킬 수 있다.

2. 기후변화 문제와 민주주의

기후변화 문제에 효과적으로 대처하기 위해서는 논쟁을 탈정치화시킬 것이 아니라 오히려 그것을 정치화시켜야 한다(Machin 2013, 107). 왜냐하면 기후변화의 문제는 기본적으로 민주주의의 문제이며 민주주의가 갈등과 경쟁을 어느 정도 허용할 것인가 하는 원칙의 문제이기 때문이다(Swyngedouw 2010, 229). 이와 관련하여 장원석(2016)은 기후변화의 문제에 효과적으로 대처하기 위해서는 공동체 차원의 정치적 접근을 강조한다. 그에 따르면, 기후변화에 대한 효과적인 대처 방식에는 개인의 이기심을 적절히 활용한 시장주의적 접근 방식과 개인의 윤리의식에 호소하는 방법이 있다. 시장주의적 접근 방식의 경우 즉각적인 효과를 기대할 수 있는 장점이 있으나 장기적인 관점에서 볼 때 가치관의 근본적 변화를 이끌기가 쉽지 않고 오히려 윤리적 규범을 파괴할 가능성이 있으며, 개인의 윤리의식에 호소하는 방법은 강제성이 없어서 큰 효과를 기대하기가 어렵다.

따라서 중장기적인 관점에서 본다면 즉각적이고 비교적 단기적인 시장주의적 접근방식을 어떻게 활용하고 근본적이고 장기적인 환경윤리 접근방식을 조화시킬지는 시민의 선호와 국가의 정책이 만나는 접점에서 이루어질 수밖에 없고 이는 곧 어떤 민주주의인가에 대한 물음에 답을 하는 것이다. 다시 말해, 기후변화가 지구적 규모의 시·공간을 통해 인류생존을 위협하는 문제라면, 기존의 제도와 방식으로는 쉽사리 극복하기 어려울 수 있다. 왜냐하면 기존의 제도는 인간적 규모의 시·공간 환경에 적응하면서 마련된 집합적 삶의 방식들이기 때문이다(조명래 2010). 따라서 집합적 삶의 기존 방식들이 인간사회의 권력의 문제로 규정된다면, 기후변화 문제는 생존의 방식을 규정하는 민주주의의 방식에 근본적인 질문을 던질 수 있다.

아울러 본질적으로 복잡한 기후변화 문제에 대해 다수결의 원칙과 같은 단순한 접근과 평가가 오히려 문제일 수 있다. 더욱이 기후변화 시대의 민주주의는 인간 중심의 민주주의에서 생태 중심의 민주주의로 확장될 수 있다는 점에서 기존의 단일가치보다는 다원가치로의 전환이 요구된다. 따라서 다양한 사실을 전제한 상태에서 가능하고 책임 있는 대안이 필요한데, 이에 가장 효과적인 제도가 숙의민주주의이다(김명식 2015).

환경과 관련된 숙의는 시민들의 환경이슈에 대한 복잡성을 적응시키고 더 나아가 환경성과를 향상시킬 수 있다는 점에서 중요한 의미를 갖는다(Dryzek 1995; Goodin 1996; Baber and Bartlett 2005). 결국 기존의 민주주의가 선거 과정에서 타협을 통해 사적 이익을 합리적으로 집약시키는 민주주의라고 한다면, 숙의민주주의는 다양한 주장과 소수의 견해를 경청하고 보다 포용적인 의사결정을 시도한다는 점에서 정당성을 갖는다. 따라서 기후변화 문제에 효과적이고도 정당한 방식으로 대처하기 위해서는 숙의민주주의가 필요한 것이다(Held and Hervey 2011, 8-9).

3. 기존 연구 검토

민주주의가 기후변화를 포함하여 대기질, 수질, 토양 등 환경성과에 긍정적인 영향을 미친다는 연구는 다양한 방법론과 지표로 연구되고 있다(Scruggs 1998; Magnani 2000; Harbaugh et al. 2002; Farzin and Bond 2006; Wen et al. 2016; 정수현 2012). 토라

스와 보이스(Torras and Boyce 1998)는 민주주의의 주요 요인인 자유(liberty)와 권리(right)가 환경의 질(SO_2, smoke, particulate emissions)에 긍정적이고 유의미한 영향을 미친다고 분석했고, 파진과 본드(Farzin and Bond 2006) 또한 개별국가의 민주주의 수준과 관련된 자유(freedom)가 환경의 질에 긍정적인 것으로 나타나고 있음을 발견했다. 이 연구들은 민주주의의 중요한 요인인 자유와 권리에 대한 지표를 사용하였다는 점에서 그 나름의 의미가 있지만, 민주주의를 이 두 가지의 요소로 대표될 수 있는지에 대한 문제가 있다. 하보우와 그의 동료들은(Harbaugh et al. 2002)은 민주주의 수준과 이산화황(SO_2) 배출은 일관되게 반비례하는 것을 발견하였다. 반면에 스크럭스(Scruggs 1998)의 연구는 민주주의가 수질오염과 분진 배출과는 관련이 없고 이산화황을 줄이는 효과를 보였다고 보고하였고, 바레트와 그래디(Barrett and Graddy 2000) 또한 민주주의 증진은 이산화황(SO_2)을 낮추는 효과를 보였지만, 수질오염은 영향을 미치지 않음을 발견하여 환경성과의 영역에 따라 민주주의에 대한 영향이 다르게 나타날 수 있음을 시사하였다. 다만 이 연구들은 지구온난화와 관련된 가장 주요인인 이산화탄소를 대상으로 연구되지 못한 한계가 있다.

민주주의가 권위주의보다 정치적 대표성 차원에서 선거정치의 책임성이 높고 공공의사결정에 있어서 사회적으로 집단의 동원능력이 뛰어나기 때문에 환경수요에 보다 잘 반응한다고 알려져 있다(Kotov and Nikitina 1995, 17-27). 이는 권위주의 정권에서는 정치권력의 분배가 기존의 엘리트에게 집중되어 나타나기 때문에 환경주의자들의 집권 가능성이 희박한 반면 민주주의 정권에서는 다양한 환경이슈를 가진 집단들이 환경정책에 영향을 줄 가능성이 비교적 크다는 것을 의미한다. 민주주의 체제가 권위주의 체제보다 의사결정의 투명성, 언론의 자유, 그리고 정보접근성의 측면에서 우월하기 때문에 환경에 대한 이슈가 좀 더 확산될 여지가 큰 것은 사실이다. 특히 민주주의 체제하의 시민은 선거뿐만 아니라 압력집단을 통해서 정치적 결과에 영향을 미칠 수 있다는 점에서 더욱 그러할 것이다. 이와 관련한 경험적 연구들은 민주주의 체제를 가진 국가와 그렇지 않은 국가, 즉 권위주의 체제의 국가를 비교했을 때, 민주주의 국가가 더 환경성과에 효과적이라고 주장한다. 다만 이러한 기존의 연구들은 기후변화의 핵심 요인인 이산화탄소 배출을 대상으로 분석하지 않았거나, 이산화탄소 배출을 대상으로 분석했더라도 민주주의의 특정 요소(자유, 권리 등)를 대상으로 분석 혹은 민주주의 정체를 가진 국가와 그렇지 않은 국가(권위주의 국가 등)로 구분하여 기후변화에 미치는 민주주의 영향을 검증하였다는 점이다.

반면, 민주주의가 환경의 질을 향상시키지 못하거나 심지어 악화시킬 수도 있다는 연구도 존재한다. 로버트와 파크(Roberts and Parks 2007)는 민주주의가 지구온난화의 주범인 이산화탄소 배출에 거의 영향을 미치지 않는다고 주장했고, 스크럭스(Scruggs 1998)는 민주주의 수준에 소득불평등이 포함되면 환경 지표(용존 산소 요구량 등)에 미미한 관계를 보인다고 하였으며, 콩글레톤(Congleton 1992)은 민주주의 국가가 권위주의 국가보다 1인당 메탄과 프레온가스(CFC) 배출량이 높게 나타난다고 지적했다. 이산화탄소를 대상으로 연구한 미들라스키(Midlarsky 1998)는 높은 민주주의 수준이 오히려 1인당 이산화탄소 배출량 증가를 보인다고 하였다. 또한 민주주의 정치체제를 가진 국가가 자본주의라는 기업이익에 의해 기후변화 성과에 부정적인 영향을 미칠 수 있다고 주장하는 연구도 있다. 드라이젝(Dryzec 1987, 21)은 민주주의는 기업이익에 유리하게 왜곡되어 있기 때문에 환경 단체들은 환경정책에서 소외되기 쉽다고 주장한다. 이는 기업의 관심사는 결국 더 좋은 환경의 질이 아닌 수익 극대화를 추구하기 때문에 그들의 지지와 지원을 받는 민주주의 국가의 지도자들이 환경의 질을 중요시하지 않을 수도 있다는 것을 의미한다.

이렇듯 민주주의와 환경성과에 대한 연구는 여전히 논쟁적이다. 따라서 민주주의와 기후변화와 관련된 환경성과는 지구적 단위 또는 개별 국가 단위로 경험적 연구의 축적을 통해 보다 명확하게 정립할 필요가 있다. 환경의 질 개선은 시민집단의 선호를 반영하고, 그 선호는 정치적 왜곡, 와전(misrepresentation), 그리고 국가의 문제해결 능력에 의해 영향받기 쉽기 때문에 개방적이고 민주적인 정치제도를 필요로 한다(Farzin and Bond 2006). 특히 민주주의 국가에서 중요한 가치로 꼽히는 잘 규정된 사적 재산권, 민주적 선거 시스템, 그리고 인권존중 등의 가치는 환경정책의 효용과 수준을 높이는 요인이라는 마그나니(Magnani 2000)의 주장을 감안한다면, 민주주의와 환경성과의 관련성이 내재한다는 합리적 추론은 가능하다. 다만 이러한 연구들이 민주주의의 지표를 정치적 자유, 경제적 자유와 관련된 영역의 지표를 사용하거나 아니면 민주주의(democracy) 정치체인가 권위주의(autocracy) 정치체인가 하는 더미 변수를 활용하고 있다는 점에서, 민주주의 요소에 대한 다른 차원의 접근이 필요하다. 왜냐하면 민주주의 심화에 필요한 참여와 숙의의 요인이 검토되지 못했기 때문이다. 아울러 이들의 연구들은 대부분 Freedom House 자료 또는 Polity 자료를 사용하고 있다. 그리고 이산화탄소 배출과 민주주의와의 영향관계가 여전히 논쟁적이기 때문에, 우리가 지금까지 최선의 가치로 여겨왔던 민주주의가 일정한 임계치에 도달했을 때, 역기능으로 작용할 가능성이 있다는 추론하에 진행될 필요가 있기 때문이다. 따라서 본 연구가 주목하는 점은 참여민주주의(participatory democracy)와 숙의민주주의(deliberative democracy)의 구분을 통한 기후변화의 영향관계이다.

III 연구가설 설정 및 분석방법

1. 연구가설 설정

본 연구는 기후변화 성과가 정치적 조건으로서 민주주의(참여민주주의, 숙의민주주의)에 의해 어떠한 영향관계를 갖는지 규명하는데 목적이 있기 때문에 가장 중요한 변수는 민주주의이다. 따라서 기존 연구 검토를 토대로 본 연구의 차별성을 갖기 위해 민주주의의 변수를 다른 차원에서 접근하고자 한다. 사실 기존 연구가 민주주의의 수준 또는 민주주의 국가인가 비민주적 국가(권위주의 국가)인가 하는 차원을 넘을 필요가 있다. 왜냐하면 어떤 민주주의가 기후변화 성과에 효과적인가에 대한 질문에 답을 해야만 민주주의의 수준을 높여야 한다는 기존의 단순한 주장에서 한 걸음 더 나아갈 수 있기 때문이다. 앞서 제기한 참여민주주의와 숙의민주주의는 최근에 더욱 강조되는 민주주의의 유형이다. 대의민주주의의 한계를 극복하고 다양한 이해와 가치가 정치제도를 통해 정렬되고 조정되는 과정이 중시되는 현실에서 더욱 그러할 것이다. 민주주의가 기후변화 성과에 영향을 줄 수 있는 지점도 바로 여기에 있다. 특히 민주주의가 이산화탄소 배출에 미치는 영향이 특정 분위(quantiles)에 따라 이질적일 수 있다고 주장하는 연구(You et al. 2015)는 민주주의와 기후변화 성과가 단순히 선형관계가 아닌 환경쿠츠네츠 곡선(EKC)처럼 비선형적인 영향관계를 보이는 것은 아닌지 하는 의문을 갖게 한다.

아울러, 민주주의가 경제성장과 상호작용했을 때 유의미한 기후변화 성과를 보인다고 보고하는 연구들은 그동안 민주주의가 기후변화 성과(이산화탄소 저감)와 관련해서 논쟁적인 사안에 새로운 연구지향점을 보여준 연구이다(Farzin and Bond 2006; Lv 2017; Joshi and Beck 2018). 왜냐하면 그 이전의 기존 연구들은 민주주의가 기후변화 성과에 긍정적인 영향을, 아니면 부정적인 영향을 미친다는 단편적이고 선형적인 관계만을 고려했다면, 이들의 연구는 민주주의와 경제성장에 대한 상호작용을 분석하여 경제적으로 부유한 국가일지라도 민주주의 정체를 가지고 있지 않다면 기후변화 성과에 부정적일 수 있다는 주장을 통해 민주주의와 경제성장의 함수를 지적했기 때문이다. 이러한 연구들의 시사점에도 불구하고 여전히 의문은 존재한다. 그 의문은 이들이 검토하지 못한 민주주의 그 자체에 대한 분석이다. 경제적으로 부유한 선진국의 민주주의가 기후변화 성과에 긍정적일 수 있다는 것은 예전부터 논의되어 왔던 환경쿠즈네츠 곡선의 가설에 민주주의 요소를 더하여 재검증한 것일 뿐일 수 있다. 왜냐하면 경제적으로 부유한 선진국은 대부분 민주주의 국가체제를 가지고 있기 때문이다. 따라서 본 연구는 단순한 민주주의 요소가 아닌 민주주의 유형 중에서 참여민주주의와 숙의민주주의 그 자체에 대한 평가와 분석이 필요함을 주장한다. 참여민주주의의 계속적인 증가가 기후변화 성과에 계속적으로 도움이 될까? 마찬가지로 숙의민주주의의 계속적인 증가가 기후변화 성과에 계속적으로 긍정적인 영향관계에 있을까? 대의민주주의의 대안으로 평가받는 숙의민주주의와 대의민주주의의 보완으로 강조되는 참여민주주의가 모두 적정 수준(다시 말해 참여민주주의에서는 참여의 규모와 정도, 숙의민주주의에서는 숙의의 질과 강도 등)이 요구되기 때문이다. 따라서 본 연구의 가설을 다음과 같이 설정하고자 한다.

가설 1-1: 기후변화에 참여민주주의는 경제적 성장과 상호작용하여 긍정적인 영향을 미칠 것이다.

가설 1-2: 기후변화에 참여민주주의는 비선형적인 영향관계를 보일 것이다.

가설 2-1: 기후변화에 숙의민주주의는 경제적 성장과 상호작용하여 긍정적인 영향을 미칠 것이다.

가설 2-2: 기후변화에 참여민주주의는 비선형적인 영향관계를 보일 것이다.

2. 변수선정

1) 종속변수: 이산화탄소 배출량

이산화탄소(CO_2), 메탄(CH_4), 이산화질소(N_2O), 수소불화탄소(HFCs), 과불화탄소(PFCs), 육불화황(SF_6) 총 6개 종류로 구성된 온실가스(GHG) 중에서 가장 주된 오염원은 바로 이산화탄소이다. 많은 연구자들이 이산화탄소 배출량을 기후변화 연구에 사용하고 있다. 따라서 본 연구에서도 종속변수는 기후변화에 가장 민감한 이산화탄소 배출량(CO_2 emissions)을 사용한다. 이산화탄소 배출량은 화석 연료 연소와 시멘트 제조로 인한 배출량과 고체, 액체 그리고 가스 연료 소비 시 생성되는 이산화탄소를 포함한 값이며, 자료는 World Bank에서 제공하는 자료를 활용하였다.

2) 독립변수

본 연구에서 확인하고자 하는 민주주의와 관련된 분석변수와 기후변화 성과와 관련된 기존 연구를 통해 확인한 통제변수를 사용하였다.

우선 분석변수는 민주주의 변수로 "참여민주주의"와 "숙의민주주의" 변수이다. 일반적으로 민주주의에 대한 지표를 연구에서 활용하면, Polity 지수, Freedom House 지수, Vanhanen 지수를 활용하고 있다. 이 지수는 매년 한 국가의 연간 민주주의 점수를 제공하고 있고, 각 지표는 여러 가지 변수에 기초하고 있지만, 사용된 변수의 종류와 사용된 민주주의의 척도는 각기 다르다(Munck and J. Verkuilen 2002). 더욱이 이러한 지수들은 민주주의 구성에 필요한 세부지표(자유, 권리 등)를 조사하였기 때문에 어떠한 민주주의인가에 대한 측정이 어렵다. 이 지표들은 민주주의의 수준과 정도(level and degree)를 측정하기에는 용이하지만 본 연구에서 밝히고자 하는 참여민주주의와 숙의민주주의에 대한 지표로 삼기에는 무리가 있다. 따라서 본 연구는 최근에 많이 활용되고 있는 '민주주의 다양성(V-Dem: variety of democracy)' 자료를 사용한다. V-Dem 자료는 202개 국가를 중심으로 1789년에서 2018년까지 조사하고 있고, 민주주의와 관련된 5개 분야의 지수(선거민주주의, 자유민주주의, 참여민주주의, 숙의민주주의, 평등민주주의)와 14개의 지표(선거, 정당, 행정부, 사법부, 입법부, 시민사회, 미디어 등)와 함께 450개 이상의 하부지표로 구성되어 매우 방대한 자료를 구축하고 있다. 특히 V-Dem 지수는 매우 세분화된 민주주의의 주관적 지표 생성을 위해 여러 전문가로 하여금 인터 코더 신뢰도 테스트(intercoder reliability tests)를 실시하고 있다는 점과 역사를 통해서 가능한 한 국가별 데이터를 1900년대까지 확장했다는 특징이 있다(Lindberg et al. 2014). 최근에는 환경정치 분야에도 이용되고 있는 추세이다.[1] 이에 본 연구는 V-Dem에서 제공하는 민주주의 지수중에서 참여민주주의 지수(Participatory democracy index)와 숙의민주주의 지수(Deliberative democracy index)를 활용한다. 이 두 개의 지수는 선거민주주의 수준을 고려하여 발표된 것으로

[1] 최근 연구로는 Povitkina(2018)의 "The limits of democracy in tackling climate change" 연구가 있다. 이 연구에서는 V-Dem 지표 중에서 부패관련 지표를 활용하여 민주국가에서 낮은 부패는 환경성과에 긍정적이지만, 비교적 덜 민주적인 국가에서의 높은 부패는 환경성과에 부정적인 영향관계가 유의미하게 확인되지 않는다고 주장하였다.

참여민주주의 지수는 시민사회 조직, 직접민주주의 및 선거 조직에의 참여를 강조하는 차원에서 측정되었고, 숙의민주주의 지수는 기존의 선호도를 단순히 종합하는 것 이상을 요구하는 수준을 반영하여 평가되는데 각 지수의 점수는 0에서 1점까지이다.[2]

본 연구의 독립변수를 보다 효과적으로 파악하고 이산화탄소 배출에 영향을 미친다고 주장되는 세 가지 통제변수를 분석 모형에 포함시켰다. 첫째, 경제성장 변수이다. 경제성장은 온실가스 배출에 주요한 영향을 미친다는 것이 일반적인 견해이다. 왜냐하면 경제성장은 산업경제활동이 수반되기 때문이다. 경제성장 지표 중에서 1인당 국내총생산(GDP)은 그 국가의 경제수준을 가늠하는 매우 일반적인 경제발전 지표이다. 일반적인 경제발전 지표로 단순한 1인당 명목 GDP보다는 국가 간 비교에 적합하도록 지표에 구매력평가지수(purchasing power parity)를 적용한 1인당 GDP를 이용한다.[3] 따라서 본 연구의 경제성장 변수로 World Bank에서 발표하는 2011년 ICP(International Comparison Programme) 기준 1인당 GDP를 활용하였다. 둘째, 인구 변수이다. 인구는 경제성장

2   참여민주주의 지수는 선거민주주의에 해당하는 v2x_polyarchy 지표와 참여 구성 지수(Participatory component index)인 v2x_partip 지표에 가중치를 두어 계산된다(계산식: $0.25*v2x\_polyarchy^{1.585} + 0.25*v2x\_partip + 0.5*v2x\_polyarchy^{1.585}*v2x\_partip$). 숙의민주주의 또한 v2x_polyarchy 지표와 숙의 구성 지수(Deliberative component index)인 v2x_delib 지표에 가중치를 두어 계산된다(계산식: $0.25*v2x\_polyarchy^{1.585} + 0.25*v2x\_delib + 0.5*v2x\_polyarchy^{1.585}*v2x\_delib$). 지표계산은 "V-Dem Codebook v9" 참고 바람 (https://www.v-dem.net/en/data/data-version-9/).
3   구매력평가지수는 국가별로 동일한 상품이나 서비스 재화의 구매 비용을 각국의 통화가치로 나타낸 가격으로 국가별 통화 구매력을 동일하게 한 통화비율로써 국가 간 수준을 비교하는 데 널리 이용되고 있다.

과 관련이 있다는 점에서 산업활동과 그에 따른 이산화탄소 배출에 영향을 미친다. 이산화탄소 배출량은 개별 국가의 인위적 산업경제활동에 의해 좌우되는 동시에 인구의 영향을 받기 때문에 이를 고려해야 한다. 따라서 본 연구에서는 World Bank에서 조사된 개별 국가의 총 인구 자료를 사용한다. 셋째, 국가의 산업구조를 가늠할 수 있는 에너지 집약도(energy intensity) 변수를 활용한다. 1차 에너지의 에너지 집약도 수준은 구매력 평가에서 측정된 에너지 공급과 국내 총생산 간의 비율을 의미하며 한 단위의 경제적 산출량을 산출하는 데 얼마나 많은 에너지가 사용되는지를 나타내는 지표이다. 비율이 낮으면 한 단위 생산에 필요한 에너지가 적게 든다는 것을 의미한다. 그리고 에너지 집약도는 경제관련 지표인 동시에 온실가스 배출과 관련된 에너지 다소비 산업구조를 나타내는 지표로서 국가의 산업활동과 깊은 연관이 있다. 다시 말해, 에너지 집약도는 에너지가 개별 국가의 경제성장을 위해 차지하는 비중을 의미하기에 경제성장 지표인 동시에 개별 국가의 산업구조를 나타내는 지표이다. 왜냐하면, 산업내 고부가가치 제품을 생산할수록, 에너지 효율성이 높을수록, 그리고 에너지 다소비 산업 비중이 낮을수록 에너지 집약도는 낮아지기 때문이다. 개별 국가의 에너지 집약도가 높다는 것은 에너지 다소비 산업구조를 가지고 있다는 것을 의미하고 이는 이산화탄소를 보다 더 많이 배출하는 산업구조를 가지고 있는 국가라고 할 수 있다. 따라서 본 연구의 산업구조에 대한 통제변수로서 World Bank가 발표하는 에너지 집약도 변수를 지표로 사용하였다.

표 1-1. 분석변수 정의 및 출처

구분		변수 정의	출처
종속 변수	이산화탄소 배출량	CO_2 emissions (kt)	World Bank
분석 변수	참여민주주의	Participatory democracy index (v2x_partipdem)	V-Dem
	숙의민주주의	Deliberative democracy index (v2x_delibdem)	V-Dem
통제 변수	1인당 GDP	GDP per capita, PPP (current international $)	World Bank
	인구	해당 국가 총 인구	World Bank
	에너지 집약도	Energy intensity level of primary energy (MJ/$2011 PPP GDP)	World Bank

3. 분석방법

본 연구에서 사용된 분석변수를 최대한 효과적으로 활용하여 앞서 언급한 연구가설을 검증하기 위해 고정효과 모형(Fixed effect model)과 확률효과 모형(Random effect model)을 고려한 패널회귀분석을 실시한다. 패널회귀분석은 시계열 자료(time series data)와 횡단면 자료(cross-sectional data) 모두 이용 가능하기 때문에 실증분석에서 많이 이용된다. 특히, 기후변화 성과와 관련된 연구방법으로 패널데이터를 활용한 분석방법이 증가하고 있는데 그 이유는 패널데이터 분석의 장점인 종속변수와 독립변수 간의 동적(dynamic) 관계에 대한 효율적인 추정량을 얻을 수 있기 때문이다. 또한 패널데이터는 동일한 관측 개체를 시점별로 추적하면서 자료가 기록되기 때문에 관측 개체의 특성을 보다 더 정확하게 분석할 수 있고, 관측되지 않는 데이터의 이질성(heterogeneity) 문제를 보다 효과적으로 통제할 수 있는 장점이 있다. 통계분석 프로그램은 패널데이터 분석에 널리 사용되는 STATA 12.0 프로그램을 이용하였다.

분석대상은 선진국과 저개발국가를 포함한 170개국이다. 본 연구에서 주로 사용하는 자료가 World Bank와 V-Dem 자료인데, World Bank에서는 264개국의 자료가 있지만 분석변수인 민주주의 변수를 사용한 V-Dem은 179개국의 자료가 있고, 이 두 기관의 자료를 병합하는 과정에서 매칭된 170개국을 사용하였다. 분석기간은 1990년~2014년간이다. 분석 시작연도를 1990년 이전의 자료부터 활용하면 좋겠지만 에너지 관련 변수가 1990년부터 존재하기 때문에 시작점을 1990년부터 설정하였고, 분석 종료연도를 최근으로 하면 좋겠지만 종속변수인 이산화탄소 배출량 자료가 2014년까지 존재하여 총 25년간의 자료를 활용하였다.

본 연구에 사용된 변수들의 기초통계는 아래의 〈표 1-2〉와 같다.

본 연구의 종속변수인 이산화탄소 배출량, 통제변수인 1인당

표 1-2. 기초통계량

Variable	관측수	평균	표준편차	최소값	최대값
이산화탄소 배출량	4,222	152,817	646,780	33.0	10,300,000
참여민주주의	5,044	0.324	0.209	0.010	1
숙의민주주의	5,056	0.408	0.261	0.010	1
1인당 GDP	4,587	13,187	16,360	242	129,350
인구	4,891	36,500,000	132,000,000	69,507	1,390,000,000
에너지집약도	4,457	7.38	6.08	1.09	57.99

GDP, 그리고 인구는 170개국의 양적인 차이가 매우 크게 나타나고 있음을 알 수 있다. 따라서 이들의 변수는 로그로 변환하여 처리하였다.

IV 분석결과

1. 기초통계

본 연구의 실증분석에 앞서 변수 간에 존재할 수 있는 다중공선성(multicollinearity)을 판단할 필요가 있다. 일반적으로 피어슨 단순상관계수가 0.7 이상이면 다중공선성 문제가 생길 수 있는 가능성을 고려해야 한다. 다중공선성은 분석변수 중에 서로 상관관계가 높은 변수들이 함께 존재할 때, 분산과 공분산 행렬의 행렬식이 0에 가까운 값이 되어 설명계수인 회귀계수의 추정도가 악화되는 현상을 말한다. 피어슨 단순상관관계(Pearson simple correlation)와 분산팽창요인(Variance Inflation Factor: VIF) 값으로 판단하였다. 아래의 〈표 1-3〉은 피어슨 단순상관관계와 분산팽창요인값을 통해 다중공선성의 문제 검토한 결과이다. 다중공선성에 대한 문제 여부를 보다 더 정확하게 확인하기 위해 분산팽창요인(VIF) 값을 구하여 판단하였다. 〈표 1-3〉을 보면 참여민주주의 변수와 숙의민주주의 변수의 상관계수가 매우 높게 나타났고, VIF 또한 10을 초과하여 다중공선성이 발생할 우려가 있다.[4] 따라서 본 연구에서는 이 두 변수를 각각 다른 모형으로 구분하여 분석하였다. 이렇게

표 1-3. 분석변수 피어슨 단순상관성 및 분산팽창요인 값

	참여 민주주의	숙의 민주주의	1인당 GDP (로그)	인구(로그)	에너지 집약도	VIF	1/VIF
참여민주주의	1					11.2	0.089253
숙의민주주의	0.9545	1				11.38	0.087889
1인당 GDP(로그)	0.4786	0.4934	1			3.05	0.327494
인구(로그)	0.008	0.0039	-0.0588	1		1.01	0.987604
에너지집약도	-0.2397	-0.2483	-0.3981	0.0405	1	1.2	0.83521

다른 모형으로 구분하여 분석함으로써 각 각의 민주주의와 기후변
화 성과에 어느 정도 차이가 있는지를 보다 명확하게 설명할 수 있
을 것이다.

2. 패널회귀분석 결과

네 개의 모형 추정에 대한 적합 여부를 판단하기 위해서, 하우스만
검정(Hausman test)을 확인한 결과, 통계적 유의수준 0.01 이내에
서 고정효과 모형과 확률효과 모형은 체계적 차이가 존재하지 않
는다는(difference in coefficients not systematic) 귀무가설을 기각
하여 고정효과 모형을 모두 사용하였다. 분석 결과는 전반적으로
연구가설을 지지하는 것으로 나타났다. 아울러 네 개의 모형에 사
용된 공통적인 통제변수(경제성장, 인구, 에너지 집약도)는 이산화탄

---

4   보통 분산팽창요인 값이 10보다 매우 크거나 그 역수인 1/VIF값이 0.1보다 작으
     면 다중공선성 문제가 존재하여 변수의 조정이 필요하다.

표 1-4. 패널회귀분석 결과

이산화탄소 배출량(log)	참여민주주의		숙의민주주의	
	모형 1 (FE)	모형 2 (FE)	모형 3 (FE)	모형 4 (FE)
참여민주주의	9.724(0.323)*	-1.061(0.296)*		
참여민주주의×경제성장	-1.093(0.038)*			
참여민주주의^2		1.135(0.286)*		
숙의민주주의			7.049(0.258)*	-1.239(0.202)*
숙의민주주의×경제성장			-0.792(0.030)*	
숙의민주주의^2				1.495(0.218)*
경제성장(1인당 GDP 로그)	1.116(0.018)*	0.540(0.015)*	1.087(0.018)*	0.536(0.014)*
인구(로그)	0.000(0.000)*	0.977(0.032)*	0.000(0.000)*	0.972(0.031)*
에너지집약도	0.059(0.002)*	0.035(0.002)*	0.057(0.002)*	0.035(0.002)*
상수	-0.624(0.156)*	-11.292(0.446)*	-0.372(0.157)*	-11.310(0.437)*
관측수	4006	4006	4006	4006
그룹수	170	170	170	170
F-test	1071.45*	175.37*	1037.03*	177.36*
Hausman test (Prob〉chi2)	27.62*	454.06*	22.22*	454.50*
R^2 within		0.603	0.618	0.589
R^2 between		0.449	0.785	0.475
R^2 overall		0.453	0.781	0.477

주1) 각 모형의 괄호 안에 있는 숫자는 표준오차임.
주2) * p<0.001
주3) 고정효과 모형과 확률효과 모형 분석을 모두 실시하고 하우스만 검정(Hausman test)을 한 결과 고정효과 모형이 적합한 것으로 나타났음.

소 배출 증가를 보인다는 일반적인 기존 연구의 분석 결과와 동일한 패턴을 보였다. 본 연구가 보고자하는 참여민주주의와 숙의민주주의에 대한 변수를 중심으로 살펴보면 다음과 같다.

모형 1과 모형 3은 기존 연구들이 민주주의와 경제성장과의 상호작용으로 기후변화 성과에 영향을 미칠 수 있음을 가정한 모형이다. 모형 1의 분석 결과를 보면, 참여민주주의의 단순 증가는 이산화탄소 배출 증가 효과를 보이지만 경제성장과 민주주의를 모두 성취한 국가에서 다른 조건이 동일할 경우, 통계적 유의수준 0.01 이내에서 참여민주주의가 1단위 증가할 때 이산화탄소 배출을 약 1.1% 감소시키는 것으로 나타났다. 모형 3의 경우도 숙의민주주의의 단순 증가는 이산화탄소 배출 증가 효과를 보이지만 경제성장과 민주주의를 모두 성취한 국가의 경우 통계적 유의수준 0.01 이내에서 숙의민주주의가 1단위 증가할 때 이산화탄소 배출을 약 0.8% 감소시키는 것으로 나타났다. 이러한 결과는 민주주의가 기후변화 성과에 부정적인 영향을 가져올 수는 있지만 경제성장과 관련지으면 긍정적일 수 있다는 연구들(Farzin and Bond 2006; You et al. 2015; Lv 2017; Joshi and Beck 2018)을 지지하는 결과이다.

참여/숙의 민주주의가 기후변화 성과로서 이산화탄소 배출량과의 비선형성을 가정한 모형 2와 모형 4를 보면, 참여민주주의가 1단위 증가할 때, 이산화탄소 배출량은 약 1.1% 감소하였고, 숙의민주주의가 1단위 증가할 때, 이산화탄소 배출량은 약 1.2% 감소하는 것으로 나타났다. 무엇보다 두 개의 모형 모두 U자 형태의 비선형성을 보이는 것으로 나타났다는 점이다. 이를 비교해보면, 참

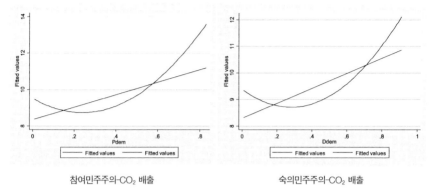

참여민주주의-CO₂ 배출   숙의민주주의-CO₂ 배출

그림 1-1. 참여/숙의민주주의와 CO₂ 배출량의 비선형성

여민주주의의 증가와 비교하여 매우 큰 차이를 보이는 것은 아니지만 숙의민주주의의 증가가 참여민주주의의 증가보다 이산화탄소 배출에 효과적인 것으로 보여진다. 다만 일정 수준을 넘어갈 경우에는 숙의민주주의가 1단위 증가할 때 이산화탄소 배출이 약 1.5% 증가하는 데 반해 참여민주주의는 그보다 작은 약 1.1% 증가한다는 점이다. 이는 참여민주주의가 숙의민주주의보다 정치참여와 의사결정에 있어 보다 용이한 측면이 있기 때문일 수 있고, 다른 한편으로 보면 숙의민주주의가 경쟁적 엘리트체제를 보완하는 성격에서 기존의 대의민주주의의 한계를 극복하지 못할 경우 기후변화 성과가 낮게 나타날 수 있음을 시사한다.

V 결론

민주주의는 정치권력을 둘러싼 정당성 차원을 넘어 인권, 환경 등과 같은 보편적 가치를 실현하는 현존하는 가장 효과적인 시스템으로 알려져 있다. 이에 민주주의 연구자들은 기존의 대의민주주의 문제점을 개선하고 보다 효과적인 민주주의가 무엇인가에 대해 끊임없이 연구하고 있다. 다만 민주주의 이론가들은 민주주의가 정책결정에 효과적인 제도라는 점을 이론적으로 강조하지만 사실 그 효과성에 대한 양적 연구가 이를 뒷받침하기에는 다소 무리가 있다. 왜냐하면 여전히 민주주의의 효과성은 논쟁적이기 때문이다. 민주주의가 환경개선에 긍정적인 효과를 가져오는가에 대한 많은 연구자들의 상반된 연구결과들은 여전히 우리에게 시사하는 바가 크다. 즉 아직 우리가 상식적으로 생각할 때, 민주주의 진전이 환경문제 해결에 도움이 된다는 추론의 타당성을 일반화하기에는 무리가 있다는 것이다. 따라서 이러한 전제와 문제의식 속에서 본 연구는 민주주의와 기후변화 성과로서 이산화탄소 배출량의 관계를 분석하였다. 특히 본 연구는 참여와 숙의를 기반으로 한 민주주의의 진전이 적정 수준을 기점으로 기후변화 성과에 비선형적인 관계를 파악하고자 하였다. 또한 본 연구는 기존의 연구자들이 주로 사용한 민주주의 변수를 정치적 자유, 경제적 자유, 부패 등과 같은 지표를 활용하지 않고, 최근 들어 사용되고 있는 V-Dem 데이터에서 민주주의 유형으로 구분되는 참여민주주의와 숙의민주주의를 지수로 활용하였다.

본 연구의 분석결과, 참여민주주의와 숙의민주주의 모두 비선형성을 보였다. 이는 민주주의와 이산화탄소 배출의 영향 관계가 단순한 선형적인(linear) 관계가 아닌 비선형적인(nonlinear) 관계로 본다면, 참여민주주의와 숙의민주주의는 단순하게 참여가 증가하고 숙의의 정도가 심화되는 것은 기후변화 문제 해결에 도움이 되지 못할 가능성을 시사한다. 결국 조쉬와 벡(Joshi and Beck 2018)이 지적한 것처럼 정치적 자유의 증가가 이산화탄소 배출 증가의 경향은 이익단체와 산업체가 오염 물질에 대한 규제를 줄이기 위해 정부에 압력을 행사하는 차원을 넘어서 참여와 숙의에 대한 적정 수준이 필요함을 의미한다. 여기에서 의미하는 적정 수준은 권력 재분배 없이 단순히 정치에 참여하는 것은 힘없는 자들을 위한 공허하고 초조한 과정이라는 안스타인(Arnstein 1969, 217)의 지적처럼, 해당 국가의 민주적 제도와 시민의 정치적 역량의 함수와 관련이 깊다. 즉 단순히 정치참여를 민주주의 국가의 미덕으로 삼거나 숙의의 심화를 너무 강조한 나머지 정책결정의 효율성을 저하시키는 제도와 정치적 역량을 경계해야 할 것이다. 아울러 소득수준과 민주주의간의 조건부 경제적 배분의 영향 가능성을 제기한 르뷔(Lv 2017, 900-906)의 주장처럼 민주주의는 기후변화와 같은 환경문제에 비선형적 관계를 보일 수 있다는 점이다. 이는 참여민주주의와 숙의민주주의가 기존 대의민주주의의 개선 및 대안으로 거론되고 있지만 기후변화 성과에 있어서는 여전히 넘어야 할 과제들이 많다는 것을 의미한다. 참여민주주의는 정책 과정에서 참여의 중요성을 강조하지만 참여의 범위와 규모가 무한 증가될 수 없다는 점에서 한계가 있고, 숙의민주주의 또한 참여를 전제로 숙의 과정의 중요성을 강조하지만 숙의의 정도를 조절해야만 효과적인 기후환경 정책 도출이 가능할 것이다. 또 한편으로, 민주적 참여의 과정에서 식견은 가졌지만 의견불일치로 다수의 의견에 의해 식견을 가진 이들의 주장이 좌절되는 경우 점차 참여를 꺼릴 수 있다는 머츠(Mutz 2006, 56-87)의 역설적인 주장은 이러한 가능성을 뒷받침한다.

이러한 연구의 함의에도 불구하고 본 연구가 보다 정교화되기 위해 필요한 사항은 다음과 같다. 첫째, 기존의 환경쿠즈네츠 곡선 가설이 오랜 기간 많은 연구들로 검증되고 있는 것처럼, 기후변화 문제와 민주주의와의 비선형적 관계에 대한 가설도 보다 많은 데이터 축적과 양적 연구로 더욱 풍부하게 검증되어야 할 것이다. 왜냐하면, 본 연구에서 제기한 기후변화 문제와 민주주의와의 비선형적 관계에 대한 기존 연구들이 매우 부족하기 때문이다. 둘째, 일반적으로 알려져 있는 경제성장과 환경오염의 역 U자 형태가 주로 선진국을 중심으로 연구 및 검증되고 있는 현실을 감안한다면, 본 연구 결과에서 나타난 이산화탄소 배출과 민주주의의 U자 형태는 민주주의 선진국과 그렇지 않은 국가들을 모두 모델에 포함시켰기 때문에 보다 유의미한 결과 도출에 한계가 있었다. 이를 위해 향후 연구에서는 민주주의 진전의 분위(quantiles)를 보다 정교하게 구분하여 기후변화 성과를 분석할 필요가 있다. 아울러 본 연구가 민주주의와 기후변화 성과의 비선형에 주목하였기 때문에 이산화탄소 배출에 미치는 요인들을 보다 많이 고려하지 못했다. 따라서 향후 이루어지는 후속 연구들은 이러한 비선형성에 미치는 영향요인들을 추가 검토하여 보완 및 축적할 필요가 있다.

참고문헌

김명식. 2015. "기후변화, 사회적 할인율, 숙의민주주의." 『범한철학』 76: 185-214.

김주성. 2008. "심의민주주의인가, 참여민주주의인가?" 『한국정치학회보』 42(4): 5-32.

이현우. 2012. "참여민주주의 모델의 대안적 구상: 선택대표자의 개념을 중심으로." 『한국정당학회보』 11(3): 69-92.

임혁백. 2000. 『세계화 시대의 민주주의』. 서울: 나남.

장원석. 2016. "기후변화와 민주주의의 모델: 녹색 근본민주주의론을 중심으로." 『환경정책』 24(2): 85-107.

정수현. 2012. "민주주의와 국제환경협약의 준수." 『국제정치논총』 52(3): 33-56.

조명래. 2010. 『기후변화 시대의 민주주의와 녹색정치』. 서울: 환경과 생명.

홍성구. 2011. "숙의민주주의의 이론적 보완: 공화주의적 대안 모색을 중심으로." 『언론과 사회』 19(2): 152-184.

Arnstein, Sherry R. 1969. "A ladder of citizen participation." *Journal of the American Institute of planners* 35, no. 4.

Acemoglu, D. 2008. "Oligarchic versus democratic societies." *Journal of the European Economic Association* 6, no. 1: 1-44.

Baber, W. F. and Bartlett, R. V. 2005. *Deliberative environmental politics: Democracy and ecological rationality.* Cambridge, MA: MIT press.

Barrett, Scott and Kathryn Graddy. 2000. "Freedom, growth, and the environment." *Environment and Development Economics* 5, no. 4: 433-456.

Bernauer, Thomas and Vally Koubi. 2009. "Effects of political institutions on air quality." *Ecological Economics* 68, 5: 1355-1365.

Bohman, James. 1998. "Survey article: The coming of age of deliberative democracy." *Journal of political philosophy* 6, no. 4: 400-425.

Carpini, M. X. Delli, Cook, F. L., and Jacobs, L. R. 2004. "Public deliberation, discursive participation, and citizen engagement: A review of the empirical literature." *Annual Review of Political Science* 7: 315-344.

Congleton, R. D. 1992. "Political institutions and pollution control." *Review of Economics and Statistics* 74, no. 3: 412-421.

Dryzek, John S. 1987. *Rational Ecology:Environment and Political Economy.* Oxford: Blackwell.

_____. 1995. "Political and Ecological Communication." *Environmental Politics* 4 no. 4: 13-30.

Farzin, Y. H. and C. A. Bond. 2006. "Democracy and environmental quality."

Journal of Development Economics 81, no. 1: 213-235.

Goodin, R. E. 1996. "Enfranchising the Earth, and its Alternatives." *Political studies* 44, no. 5: 835-849.

Han, H. 2017. "Singapore, a garden city: Authoritarian environmentalism in a developmental state." *The Journal of Environment and Development* 26, no. 1: 3-24.

Harbaugh, W. T., Arik Levinson, and David Molloy Wilson. 2002. "Reexamining the empirical evidence for an environmental Kuznets curve." *Review of Economics and Statistics* 84, no. 3: 541-551.

Held, D. and A. Hervey. 2011. "Democracy, climate change and global governance: Democratic agency and the policy menu ahead." *The governance of climate change.* https://core.ac.uk/download/pdf/22877395.pdf (검색일: 2019. 5. 12).

Joshi, P. and K. Beck. 2018. "Democracy and carbon dioxide emissions: assessing the interactions of political and economic freedom and the environmental Kuznets curve." *Energy Research and Social Science* 39: 46-54.

Kotov, V. and E. Nikitina. 1995. "Russia and International Environmental Cooperation." In *Green Globe Yearbook of International Cooperation on Environment and Development.* edited by H. O. Bergesen and G. Parmann. Oxford: Oxford University Press.

Lane, Jan-Erik. 2011. "CO$_2$ emissions and GDP." *International Journal of Social Economics* 38, no. 11: 911-918.

Lee, Taedong, and Chris Koski. 2012. "Building green: local political leadership addressing climate change." *Review of Policy Research* 29, no. 5: 605-624.

Li, Quan and Rafael Reuveny. 2006. "Democracy and environmental degradation." *International Studies* 34, no. 6: 587-621.

Lindberg, S. I., M, Coppedge, J. Gerring, and J. Teorell. 2014. "V-Dem: A new way to measure democracy." *Journal of Democracy* 25, no. 3: 159-169.

Lv, Z. 2017. "The effect of democracy on CO$_2$ emissions in emerging countries: Does the level of income matter?" *Renewable and Sustainable Energy Reviews* 72: 900-906.

Machin, A. 20,13. *Negotiating climate change: Radical democracy and the illusion of consensus.* London: Zed.

Magnani, E. 2000. "The environmental Kuznets curve, environmental protection policy and income distribution." *Ecological Economics* 32, no. 3: 431-443.

Midlarsky, M. I. 1998. "Democracy and the environment: an empirical assessment." *Journal of Peace Research* 35, no. 3: 341-361.

Munck G. and J. Verkuilen. 2002. "Conceptualizing and measuring democracy:

evaluating alternative indices." *Comparative Political Studies* 35, no. 1:
5-34.

Mutz, Diana C. 2002. "Cross-cutting social networks: Testing democratic theory
in practice." *American Political Science Review* 96, no. 1: 111.126.

Mutz, Diana C. 2006. *Hearing the other side: Deliberative versus participatory
democracy.* Cambridge: Cambridge University Press.

Niemeyer, S. 2004. "Deliberation in the wilderness: displacing symbolic
politics." *Environmental Politics* 13, no. 2: 347-372.

Offe, Clause and Ulrich K. Preuss. 1991. "Democratic Institution and Moral
Resources," In *Political Theory Today.* edited by David Held. California:
Stanford University Press.

Pateman, C. 1970. *Participation and democratic theory.* Cambridge University
Press.

Payne, Rodger A. 2018. "Freedom and the environment." *Journal of democracy* 6,
no. 3: 41-55.

Povitkina, M. 2018. The limits of democracy in tackling climate change.
Environmental Politics. 27, no. 3: 411-432.

Roberts, J. T. and B. C. Parks. 2007. *A climate of injustice: Global inequality,
north-south politics, and climate policy.* Cambridge, MA: MIT Press.

Scruggs, L. A. 1998. "Political and economic inequality and the environment."
Ecological Economics 26, no. 3: 259-275.

Swyngedouw, E. 2010. "Apocalypse forever?: Poat-political populism and the
spectre of climate change." *Theory, Culture and Society* 27, no. 2-3: 213-
232.

Torras, M. and J. K. Boyce 1998. "Income, inequality, and pollution: a
reassessment of the environmental Kuznets curve." *Ecological economics*
25, no. 2: 147-160.

Wen, J., Hao, Y., Feng, G. F., and Chang, C. P. 2016. "Does government
ideology influence environmental performance? Evidence based on a new
dataset." *Economic Systems* 40, no. 2: 232-246.

You, W. H., H. M. Zhu, K. Yu, and C. Peng. 2015. "Democracy, financial
openness, and global carbon dioxide emissions: heterogeneity across
existing emission levels." *World Development* 66: 189-207.

필자 소개

이재현 Lee, Jaehyun

부경대학교 지방분권발전연구소(Institute for Local Decentralization and Development, Pukyong National University) 전임연구원
충남대학교 정치외교학전공 졸업, 충남대학교 정치학 박사

논저 『지구환경정치의 이해』(공저), "온실가스 배출과 자본주의 다양성", "지방정치와 지방정부 성과"

이메일 leejh@cnu.ac.kr

제2장

기후소송의 국제 동향과 시사점

Global Trends in climate change litigation and its implication

이혜경 | 국회 입법조사처 입법조사관

세계 각국에서

다양한 기후변화로 인한 분쟁들이 결국 소송으로 비화하는 경우가 늘고 있다. 각국의 법체계가 다르지만, 각국의 국내 법원에서 제기되고 있는 소송의 동향을 분석해보는 것은 기후변화로 인한 갈등의 양상을 이해하는 데 중요한 지표가 될 수 있다. 이 글에서는 각국의 기후변화 관련 주요 판례를 누가 누구를 대상으로, 무엇을 주로 청구하고 있는지를 중심으로 살펴보았다. 기후변화 소송은 주로 불법행위를 주장하면서 정부를 상대로는 위법성의 시정조치를 요구하는 소송을, 사기업을 대상으로는 손해배상책임을 청구하는 소송이 이루어지는 경우가 많았다. 물론 아직까지는 승소의 사례가 많지는 않지만, 기후변화에 소극적으로 대응해왔던 각국의 정부와 대기업에게 보다 적극적인 불법행위 책임을 부여하려는 제소가 늘어나고 있음을 확인할 수 있었다. 이는 국내외 기후변화의 대응에 있어 정부와 기업에 대한 책임 부여가 미흡함을 반증하고 있다고 볼 수 있다.

In many countries, disputes over various aspects of climate change eventually turn into litigation. Although domestic legal systems vary significantly, analyzing litigation trends in each country's national court can be an important instrument in understanding the patterns of conflict caused by climate change. The article categorizes the major climate change cases in each country by plaintiff and defendant, or in other words, by who is the claimant and who is under scrutiny. Climate change lawsuits are often based on tort, claiming corrective actions against the government, and lawsuits against private companies for damages resulting from illegal actions. Of course, there are yet to be numerous victorious cases, but there is a widespread movement to file suits against governments and large corporations, which have responded passively to climate change thus far. This reflects that the liabilities of governments and corporations are not fully institutionalized yet.

KEYWORDS 기후소송 climate change litigation, 기후변화 불법행위 책임 climate change tort liability, 기후변화의 경제적 비용 the economic costs of climate change

I 들어가며

인류가 기후변화에 적절히 대응하지 않으면 2050년 문명붕괴에 이를 수 있다는 예상까지 나오고 있지만(David Spartt et al. 2019) 기후변화 대응이 제대로 이루어지고 있다는 평가는 찾아보기 어렵고, 2019년 5월 기준으로 27개국에서 300건 이상의 기후소송이 제기되었다는(Grantham Reserach Institute on Climate Change and the Environment et al., 2019)는 조사가 있을 정도로 세계 각국에서 기후소송이 활발히 진행되고 있다. 우리나라도 예외는 아니다. 2019년 8월 서울중앙지법에 인도네시아에 건설될 석탄발전소에 국내 공적금융기관의 금융조달을 금지해달라는 가처분 신청의 제기된 바 있으며(윤지로 2019), 청소년 기후소송단은 2020년 상반기에 정부를 상대로 제소할 계획을 세우고 있는 것으로 알려지고 있다(장은미 2019).

　소송을 통해 분쟁을 해결하는 것은 최후의 해결방법이지만, 어떤 분쟁이 입법이나 행정적 절차를 통하여 해결되지 못하고 있는지를 보여주는 거울이 되기도 한다. 또한 기후변화 이슈가 국제적인 이슈인 만큼 각국의 기후소송의 경향을 살펴보는 것은 비교법적인 함의를 넘어 기후변화 대응 상황을 이해하는 데 도움이 될 수 있을 것이다.

　기후변화 관련 소송은 다양한 분류가 가능하겠지만, 당사자를 기준으로 분쟁의 양상을 나누어 보면 개인 대(對) 정부, 개인 대 기업, 기업 대 정부, 정부 대 기업, 기업 대 기업 등으로 분류할 수 있다. 물론 하나의 소송에 있어 수십명의 당사자가 있는 경우도 있고, 본안 심리의 쟁점이 복잡한 경우가 많고, 여러 심급을 거치면서 당사자 및 쟁점의 변화가 있는 경우도 있어 단순한 기준으로 분류하는 것은 한계가 있지만, 이 글에서는 소송의 전반적인 동향을 파악하기 위한 목적으로 주목할 만한 해외의 국내 법원 판례들을 주요 당사자를 중심으로 어떤 이슈가 주요 쟁점으로 청구되었는지를 살펴보고 그 시사점을 살펴보고자 한다.

참고로, 이하에서 해외 판례의 개요를 소개할 때 사건명은 기후변화 관련 판례의 주요 데이터 베이스인 미국 콜롬비아 대학의 사빈(Sabin) 기후변화법센터의 기후변화센터(Climate Change Charter, CCC), 런던정경대(London School on Economics and Political Science, LSE) 세계환경법연맹(Environment Law Alliance Worldwode, ELAW) 등의 인용 방식을 따랐다.

표 2-1. 당사자를 중심으로 한 소송유형의 분류

원고 \ 피고	정부	기업
개인		
기업		
정부		

II 정부를 피고로 하는 경우

1. 미비한 정부 정책의 위법성을 시정하도록 청구하는 경우

원고 　　피고	정부
개인, 비영리단체	미비한 정부 정책의 위법성을 시정할 것을 청구

기후변화 소송의 대표적인 유형은 국민이나 비영리단체 등이 정부를 상대로 기후변화 정책의 미비에 대한 이의를 제기하는 경우라고 할 수 있다. 원고의 당사자 적격이나 사법적 판단의 대상이 되는지 등의 법적 요건이 논쟁이 되는 경우가 많고, 소송 요건이 충족된다고 판단될 경우 본안 심안에서 기후변화 정책의 위법성이 다투어지는 경우가 많다. 위법성을 주장하는 법적 근거로는 국제법, 헌법, 환경법 등 법령 위반이나 인권의 침해가 주를 이루고 있다. 영미법 국가의 판례에서는 공공신탁이론 법리를 채택하여(박태현·이병천 2016) 정부의 기후변화 정책 수립의무를 인정하는 경우도 있다. 이 부분에서는 기후변화 정책의 위법성에 대해 정부를 피고로 제소한 국내법원의 주요 사례를 살펴보고자 한다.

　개인이나 비영리단체 등이 정부의 기후변화 정책의 위법성을 주장하여 받아들여진 대표적인 사례로는 콜롬비아와 파키스탄 판례 등이 있다.

Future Generations v. Ministry of the Environment and Others (LSE 2018a)

콜롬비아 판례는 25명의 젊은이들이 콜롬비아 정부를 상대로 한 소송에서 25명의 원고는 환경단체(Dejustica)의 지원으로 콜롬비아 정부가 산림황폐화(deforestation) 등 기후변화에 대응하는 데 실패했다며 제소를 하였으나 원심에서 패소하였고, 2018년 2월 26일 상소하여 승소하였다(Sierra 2019). 2018년 4월 콜롬비아 대법원은 아마존 산림의 황폐화가 진행되는 것을 정부가 막지 못한 책임이 있고, 온난화가 젊은 사람의 생명, 건강, 식량, 물, 건강한 환경을 위협한다고 판시하였다(Dejusticia 2018a). 특히 콜롬비아 대법원은 콜롬비아 아마존이 국가가 보존하고 지켜야 할 법인격(legal personality)을 가진 객체로 파악하여 주목을 받았다(Bryner 2018). 법원은 아마존 지자체에 토지관리계획을 5개월 안에 개선하고 적절한 전략을 통해 산림황폐화를 없애도록 하는 행정계획을 마련할 것을 명령하였고, 지역의 환경기구(Regional Autonomous Corporations: Corporation for Sustainable Development of the North and East Amazon, Cormacarena, Corpoamazonia 등으로 구성됨)에 지역 산림황폐화를 줄이기 위한 행동계획을 마련할 것을 명령했다(Dejusticia 2018b).

Leghari v. Federation of Pakistan (CCC 2015a)

파키스탄 판례는 한 농부(Leghari)가 연방과 주의 공무원들이 국가 기후변화 정책(The National Climate Change Policy of 2012)과 2014

년~2030년 기후변화 정책의 이행을 위한 기본체제(The Framework for Implementation of Climate Change Policy, 2014-2030) 등을 채택하고도 이행하지 않거나 이행을 지연해 헌법상 기본권인 생명권과 인간의 존엄이 침해되었고 생명존중·세대 간 형평, 사전예방원칙 등의 국제법상의 기본 원칙들을 위반하였다고 제소한 사례이다. 2015년 4월 4일 법원(Lahore High Court Green Bench)은 연방정부와 주 정부의 공무원들이 기후변화의 적응 정책을 거의 수행하지 않아 극심한 홍수와 가뭄으로 이어져 물과 식량 안보에 심각한 우려를 가져왔고, 국민의 기본권 및 취약계층의 보호 필요성이 대두되고 있으므로, 정부에게 우선순위 목록을 만들어 이행과정을 모니터링할 독립적 위원회(commission)를 구성하라고 주문했다. 2015년 4월 14일 법원은 두 번째 주문에서 파키스탄이 지난 3년 동안 엄청난 홍수를 겪었고, 이러한 기후변화가 실질적으로 사회·경제적 비용으로 이어지고 있음을 지적하면서 국가 기후정책의 권고사항을 이행하는 것이 중요하다고 판시했다.

상기 사례들은 정부의 미흡한 기후변화 대응으로 인한 개인의 권리 침해를 인정받았을 뿐만 아니라, 법원이 정부에게 실효적인 대응을 할 것을 판시하였다는 의의가 있다. 그러나 정부의 기후변화 대응이 미비한 것이 위법한가에 대해 위법한 것은 아니라는 판결이 내려진 경우도 많이 찾아 볼 수 있다. 뉴질랜드, 영국, 호주, 미국 등에서 개인이나 비영리단체가 정부의 기후변화 대응의 미비나 소극적 정책 이행에 대해 위법한 것으로 볼 수는 없다는 판결이 내려진 바 있다.

Thomson v. Minister of Climate Change (CCC 2017a)

뉴질랜드 판례에서 법대생(Sarah Thompson)은 2015년 11월 뉴질랜드 기후변화부를 상대로 장관이 기후변화대응법하에서 요구되는 감축목표를 제대로 설정하지 못했다고 주장하며 고등법원에 제소하였다. 기후변화대응법은 장관은 IPCC 정보 등에 근거해 2050년 국가목표를 세우도록 하고 있는데, 정부는 2011년 관련 목표를 세운 이후, 2014년 IPCC의 5차보고서에 따라 목표를 수정하지 않았다는 것이다. 법원은 2015년 정부가 파리협정에 따른 2030목표를 세웠는데, 정책목표는 일반적으로 사법적 판단의 대상이 되지 않았지만, 법원은 파리협정의 이행을 위한 2030목표의 경우 기후변화가 공공에 중요한 영향을 미치는 정책으로 보통법(common law)에 근거한 것으로 보아 사법판단의 대상이 된다고 판시함으로써 전통적으로 정책에 대한 사법적 판단에 소극적이었던 태도에 변화를 보여주었다. 그러나 법원은 2050목표에 대해 정부가 IPCC의 최신정보에 따라 목표를 재검토하여야 하지만 목표를 수정하지 않은 것이 불법인 것은 아니며, 2030목표에 대해서도 법원이 이를 개입할 만한 불법을 찾지는 못하였다고 판시하였다. 참고로, 판결이 내려지기 전 2017년 선거에서 2050년까지 온실가스 배출을 제로로 줄이겠다고 공약한 정부가 선출된 바 있다(Mathiesen 2017).

Plan B Earth and Others v. The Secretary of State for Business, Energy, and Industrial Strategy (LSE 2017a)

영국 판례는 2017년 12월 8일 7~79세의 11명의 시민과 영국 자선단체(Plan B UK)가 영국 산업에너지 및 산업전력을 위한 장관(Secretary of State for Business, Energ, and Industrial Strategy)을 상대로 고등 행정법원(high court of administrative court)에 제소한 사례이다. 원고들은 장관이 파리협정과 최근 IPCC과학의 관점에서 볼 때 2050년 탄소목표를 수정하지 못함으로써 2008년 기후변화법 등을 위반했다는 선언적 판결(declaratory judgment)을 청구하였다. 2018년 2월 14일은 원고의 청구가 인용되지 않자 상소했다. 2018년 6월 20일 고등법원은 원고의 주장을 인용하지 않고 추가적인 절차 진행을 거부했고, 원고들은 법원이 파리협정 제2조 1항 (a)목 등을 잘못 해석했고, 영국의 2050목표는 파리협정에 부합한다는 법원의 판단이 잘못되었다고 주장하면서 2018년 7월 26일 이의를 제기했다. 2019년 1월 25일 항소법원은 이를 인용하지 않고 정부의 환경보호 필요성이 인권 전반과 연계됨을 인정하면서도 정부가 파리협정과 기후변화위원회의 권고를 잘못 해석한 부분을 찾지 못하였다고 판시했다.

Australian Conservation Foundation Incorporated v. Minister for the Environment and Energy (LSE 2016a)

호주 판례는 2015년 11월 호주 환경단체(Australian Conservation Foundation Incorporated)가 호주에너지 회사(Adani Mining Pty Ltd)

에 대해 환경에너지부장관(Commonwealth Environment and Energy Minister)이 탄광사업(Carmichael Coal Mine)을 승인한 것이 환경보호와 생물다양성보존법(Environment Proteciton and Biodiversity Conservation Act of 1999) 등의 법령을 준수하지 않았고, 산호초 세계유산 지역인 그레이트 배레어 리프(Great Barrier Reef World Heritage Areas)의 기후오염 영향을 충분히 고려하지 않은 것이 세계유산협약(World Heritiage Convention)의 사전예방의 원칙 등을 위반한 것이라고 제소한 사안이다. 2017년 8월 호주 연방법원은 정부가 온실가스 영향을 고려한 것으로 판단하고 원고의 주장을 인용하지 않았다. 2017년 8월 상소가 있었고 상소심 관할 법원(Full Federal Court)은 원심의 입장을 유지하였다. 다만, 공익소송임을 감안하여 원고의 정부 재판비용부담 비율을 100%에서 70%로, Adani에 대한 비용부담 비율을 40%로 줄여주었다.

Western States Petroleum Association v. Oregon Commission on Environmental Quality (CCC 2015b)

미국 오리건주 판례에서는 한 이익단체가 환경질위원회의 행정규칙의 위법성을 주장하였으나 위법성이 인용되지 않았다. 서부주석유협회(Western States Petroleum Association)는 2015년 3월 오리건 청정연료 프로그램을 이행하기 위해서 2015년 1월 채택된 규제에 이의를 제기하기 위해 오리건항소법원(Oregon court of appeals)에 오리건 환경질위원회를 제소하였다. 2019년 2월 법원은 오리건 환경질위원회가 공공건강, 대기질, 수질 등에 미칠 악영향을 충분히 고려하여 저

탄소연료기준 규칙을 제시한 것으로 합법이라고 판시하였고, 2015년
에 폐기물 처분에 관한 잠재적 영향을 충분히 고려하지 못한 점은 위
원회가 2017년 적절히 관련 규정을 개정하였으므로 더 이상 판단할
사항이 아니라고 판시하였다. 저탄소연료 시장에서의 크레딧 구매는
세금이 아니므로 오리건 헌법상의 세수입에 대한 규정이 적용되지 않
는다고 판시하였다.

현재 많은 나라에서 정부의 기후변화 정책이 국민의 권리를
침해한 위법이 있는지 여부에 대한 재판이 진행 중이며, 주목을 받
고 있는 네덜란드, 미국, 독일, 프랑스, 스위스, 인도, 벨기에 등의
주요 사례는 다음과 같다.

Urgenda Foundation v. Kingdom of Netherlands (CCC. 2015c)
네덜란드 사례는 하급심에서 정부의 온실가스감축의무가 인정
되었고 대법원의 심리가 진행 중인 사례이다. 네덜란드 환경재단
(Urgenda Foundation)이 886명의 시민을 대표하여 네덜란드 정부
가 기후변화를 저지할 만한 충분한 조치를 취하지 않아 시민들을 위
험으로 몰고 있으며 이는 유럽인권협약 제2조와 8조 등을 위반한다
고 주장하면서 정부가 온실가스 감축조치를 취해도록 금지명령구제
(Injunctive Relief)를 청구하였다. 2015년 6월 24일 헤이그 지법은 정
부가 기후변화감축의 의무가 있으므로 2020년 말까지 최소 25% 이
산화탄소 배출을 감축할 것을 명령하면서 배출권거래제나 조세를

포함한 감축 수단을 제안하였다. 헤이그항소법원은 2018년 10월 9일 판결에서 1심을 인용하면서 기후변화영향을 줄이기 위해 온실가스 배출을 줄일 목적의 환경정책을 정부가 채택할 의무가 있음을 확인했다. 정부는 2019년 4월 상고를 하였고 대법원은 2019년 5월 청문 절차를 진행한 바 있다. 미국과 달리 제3자가 의견을 제시하는 것(amicus curiae)이 일반적이지는 않지만, 유엔인권이사회는 네덜란드 대법원에 법적 의견을 제시할 수 있는지 문의한 것으로 알려져 국제사회의 관심을 보여주고 있다.

Juliana v. United States (CCC 2015d)

미국 연방법원 사례는 2015년 8월 10대로 구성된 환경단체(Our Children's Trust, Earth Guardians 등)와 미래세대를 대표하는 기후학자(James Hansen) 등이 대통령을 포함한 행정부 공무원을 상대로 미국의 기후정책이 그들의 생명, 자유, 재산권 등의 헌법적 권리를 침해했다며 제소한 사례이다. 소송 초기 3개의 화석연료 산업단체(American Petroleum Institute, American Fuel and Petrochemical manufacturers, National Association of Manufacturers)는 피고로 참가하였지만, 트럼프 당선 이후 트럼프 행정부가 오바마 행정부와는 달리 화석연료산업에 대해 충분히 변호할 것으로 기대하며, 2017년 참가를 철회한다. 이 소송은 트럼프 행정부가 여러 가지 소송지연전술을 쓰고 있다는 논란 속에 절차가 진행 중이다.

Friends of the Earth Germany, Association of Solar Supporters, and Others v. Germany (LSE 2018b)

독일 헌법재판소 사례는 2018년 11월 의원(Josef Göppel), 과학자 (Volker Quaschning), 배우(Hannes Jaenicke)를 포함하여 11명의 원고가 환경단체(BUND, Friends of Earth Germany)와 독일 태양에너지협회(Solar Energy Association Germany eV) 등의 지원을 받아 독일 정부가 온실가스 감축 목표와 유럽연합의 2020년 목표 이행에 실패하여 원고의 헌법적 권리(헌법 제2조, 14조 등)를 침해했다는 이유로 독일연방헌법재판소(BVerfG)에 정부를 제소한 경우이다.

Family Farmers & Greenpeace Germany v. German Federal Government (LSE 2018c)

독일 행정법원 사례는 2018년 그린피스 독일지부(Greenpeace Germany)가 세 가족을 대표하여, 2020년 목표를 정부가 달성하지 못한 것이 생명과 건강, 재산 및 직업의 자유에 대한 독일의 헌법상 권리 및 유럽법 등을 침해하였다며 베를린 행정법원에 독일연방정부를 제소한 경우이다. 원고 가족들은 함부르크 인근에서 유기농 농장을 운영하는데, 기후이변으로 이전에 없었던 해충에 의한 피해를 입었지만 본 소송에서 금전적 보상을 요구하지는 않았으며, (1) 독일 정부가 2020년 목표 달성을 위한 적절한 조치를 취할 것, (2) 독일 정부가 2020년까지 50% 감축목표를 제시하였으나 2020년에 32% 정도의 감축에 머물 것으로 예상되므로 2020년 목표의 불충분한 이행으로 인해 2007년과 현재 사이에 약 6,500만 톤의 이산화탄소환산톤의 초과에 대한 대책 수립, (3) 유럽 환경법상의 감축 목표를 달성하기 위해 2020 국가기후보호프로그램을 보충할 것 등을 요청하였다.

Notre Affaire à Tous and Others v. France (CCC 2018a)

프랑스 행정법원 사례는 사전 행정절차에서 정부의 적절한 조치를 이끌어내지 못한 4개의 프랑스 환경단체(peace France, Oxfam France, Foundation pour la Nature et l'Homme and Nore Affaires à Tous)가 2019년 3월 14일 프랑스 행정법원에 정부가 지구온도 상승을 2°C 이하로 제한하는 조치를 취하지 않아 프랑스 헌법, 유럽 인권협약, 스톡홀름선언, 세계자연헌장, 리오 환경과 개발선언, 유엔기후변화협약, 교토의정서, 파리 기후협정, 유럽법(재생에너지와 기후변화관련법령), 국내법(그레넬 법, 녹색성장을 위한 에너지 전환 법률) 등을 위반하였다고 제소한 사안이다. 원고는 프랑스 정부가 1.5°C의 목표를 달성하기 위해 선진국의 온실가스 감축을 위한 적절한 행동을 취할 것, 프랑스의 목표 달성을 위한 적절한 조치를 취할 것, 기후변화로 영향에 적응하기 위한 적절한 조치를 취할 것, 기후변화의 위험으로부터 시민의 생명과 건강을 지킬 적절한 조치를 취할 것 등을 주장했으며 나아가 정부의 기후변화 실책에 대한 도덕적 편견(moral prejudice)을 이유로 상징적인 1유로를 배상할 것을 청구하였다. 그린피스 프랑스 등 원고 측은 소송 준비 과정에서 10일 만에 180만 건의 서명을 받았으며, 200개가 넘는 도시에서 35만 명이 지지행진과 2019년 3월 16일 전 세계 160만 명의 젊은이들이 학교파업의 참여를 이끌어내어, 일명

세기의 재판(L'Affaire du Siècle)으로 불리고 있다.

Union of Swiss Senior Women for Climate Protection v. Swiss Federal Council and Others ("Verein KlimaSeniorinnen Schweiz v. Bundesrat")(CCC 2016)

스위스 연방법원 사례는 그린피스의 도움을 받은 기후보호를 위한 노년 여성그룹(KlimaSeniorinnen)이 64세 이상의 여성 천 명 이상을 대표하여 스위스 정부가 2°C 목표를 지키지 않아 스위스 헌법(10조 생명권, 73조 지속가능성 원칙, 74조 사전예방원칙)과 유럽인권협약(ECHR 2조와 8조)을 지키지 못하였다며 청원을 제기하였으나 2017년 4월 25일 환경교통에너지통신부서에 의해 청원이 거절되자, 제소가 이루어진 사례이다. 청원 거절의 사유는 청원인이 행정소송법상의 적격을 갖추지 못했고, 지구 이산화탄소 배출 이슈는 특정 권리침해에 대한 구제를 요청하는 사안이 아니며, 유럽인권협약상의 피해자 지위(victim status)도 갖추지 못했다는 것이었다. 이에 원고들은 2017년 5월 26일 제소하였고, 2018년 11월 27일 스위스 연방행정법원은 노년 여성들이 기후변화 영향을 받는 유일한 그룹이 아니며, 행정부의 결정대로 피해와 구제를 특정하기 어렵다는 점을 인용했다. 연방행정법원은 2018년 12월 이 노년 여성 원고들이 기후변화로 인한 폭염에 특별히 취약한 그룹이라는 점은 인정하였으나, 기후변화의 악영향을 경험한 다른 시민들과 다름이 없다는 이유로 사건을 인용하지 않았다. 원고들은 2019년 1월 말 정부의 기후정책을 문제 삼으면서 그 실패가 그들의 삶과 미래세대를 위험에 빠뜨리고 있다고 주장하며 스위스 연방대법원에 상소하였다.

Pandey v. India (CCC 2017b)

인도 국가녹색재판소(National Green Tribunal of India) 사례에서 9
살 소녀(Ridihima Pandey)는 2017년 3월 인도 정부를 상대로 제소하
였다. 원고는 공공신탁이론, 인도의 파리협정하의 공약, 인도의 환경
법 및 기후변화정책 등의 위반을 이유로 현재와 미래의 기후변화 피
해를 구제하기 위해 원고는 정부가 환경영향평가, 온실가스 인벤토리
의 준비, 특정 사업의 배출영향평가를 전제로 한 국가탄소예산의 준
비 등의 조치를 취할 것을 청구하였다.

VZW Klimaatzaak v. Kingdom of Belgium &Others (LSE 2016b)

벨기에에서는 35,000명 이상의 시민을 대변한 기후소송이 제기되었
다. 원고는 벨기에 정부가 좀 더 적극적으로 온실가스를 감축해야 하
고, 2020년까지 1990년 대비 40% 감축, 2050년에 87.5% 감축을 할
것을 법원(Court of First Instance)에 제소하였으며, 절차법적인 논란
으로 3년 이상 지연되다가 본안 심사가 진행 중이다.

Armando Ferrão Carvalho and Others v. The European
Parliament and the Council v. EU (CCC 2018b)

참고로, 국내 법원의 사례는 아니지만 유럽연합 법원의 사례를 소개

하면 다음과 같다. 2018년 5월 24일 포르투칼, 독일, 프랑스, 이탈리아, 루마니아, 케냐, 피지 등에 거주하는 열 가족(ten families)들과 청년단체(Swedish Sami Youth Association Sáminuorra)가 유럽연합의 온실가스 배출 감축 법정책의 미비와 관련하여 의회와 정부를 상대로 유럽일반법원(European General Court)에 제소한 경우이다. 원고들은 1990년 대비 2030년까지 40% 감축하겠다는 유럽연합의 목표는 기후변화의 위험을 피하는 데 불충분하며 유럽연합의 근본권리헌장(EU Charter of Fundamental Rights), 유럽연합 실행조약(Treaty on the Functioning of the European Union), 국제법하에 보장되는 생명권, 건강권, 직업권, 재산권 등을 위협하는 것이라 주장하였다. 원고들은 유럽연합이 유엔기후변화헌장상의 공동되지만 차별화된 책임원칙을 고려하여 개도국과 선진국에서 모든 인간을 평등하게 대하고(equal treatment per capita), 신세대와 구세대를 동등하게 대하며(equal treatment of generations), 기술과 경제적 능력을 인식하고 과거에 야기된 손해에 대해 책임을 져야 한다고 주장하였다. 원고들은 전력생산으로부터의 배출권거래제, 산업·수송·건물·농업 부문의 배출에 대한 규제, 토지이용·토지전용·산림분야에 관한 배출 규제 등을 무효(null and void)로 하고, 추가적인 재산·수입·건강 등의 피해가 발생하지 않도록 온실가스 배출을 규제해야 한다며 불법행위 책임과 유사한 비계약 책임(non-contractual liability)에 기초하여 유럽연합의 온실가스 감축목표가 1990년 대비 2030년까지 50~60%가 되도록 하는 명령(injunction)을 청구하였고, 손해배상을 요구하지는 않았다. 이에 대해 2018년 10월 유럽의회와 이사회(Council)는 법원이 이 사건이 직접적이고 개인적인 소인을 갖추지 못했다는 이유로 각하할 것을 주장하였다. 2019년 5월 유럽일반법원(European General Court)은 절차적인 이유로 기후변화로 인하여 영향을 받은 가족과 젊은이들이 유럽연합의 2030 기후목표를 법원에서 다툴 권리와 원고적격(locus standi)을 가지지는 않는다며 각하하고, 소송참가 허용에 대해서는 더 이상 판단할 필요가 없다고 판시하였으나, 그 결정에서 기후변화가 여러 방식으로 모든 유럽인에게 영향을 미친다는 점은 인정했다. 원고는 2019년 8월 상소한 것으로 알려지고 있다 (Climate Action Network Europe 2019).

2. 정부의 특정 처분의 위법성을 시정할 것을 청구하는 경우

일반적인 정책에 대한 위법성이 아닌 특정 사안에 대한 결정에 대하여 그 위법성을 다투는 경우는 이해관계자인 개인·비영리단체 혹은 기업이 정부의 처분에 이의를 제기하는 경우, 주정부가 연방정부의 행정처분의 위법성을 다투는 경우 등으로 분류해 보면 다음과 같다.

1) 개인이나 비영리단체가 청구하는 경우

원고 \ 피고	정부
개인, 비영리단체	정부의 특정 처분의 위법성을 시정할 것을 청구

개인이나 비영리단체가 특정 행정처분의 위법성을 제기하여 위법

성이 인정된 경우로는 호주와 남아공에서 석탄화력발전소 허가(승인) 결정이 환경영향평가를 반영하지 않은 것이 위법하다고 판시한 판례가 있다.

Gray v. Ministry of Planning (CCC 2006)

호주 주 환경법원 판례는 2006년 뉴사우스웨일스주(New South Wales)의 한 탄광(Anvil hill Coal Mine opencast, 향후 21년간 연간 1,050만 톤의 석탄을 생산하여 뉴사우스웨일스주와 일본 등에서 발전에 사용될 계획이었음) 허가 시 온실가스 배출을 고려하지 않았다는 이유로 계획부 장관을 주 대지·환경법원(land and environment court of new south wales)에 제소한 사례이다. 2007년 11월 27일 법원은 온실가스 배출영향이 필수적으로 고려되었어야 한다며 승인절차가 무효라고 판시하였다. 기후변화 영향의 정확한 예측이 어렵다고 하더라도 그것이 환경영향평가(environment impact assessment)를 이행하지 말라는 의미는 아니며, 생태적으로 지속가능한 발전(ecologically sustainable development)이 온실가스 이슈가 다른 모든 요소에 선행한다는 의미는 아니지만 환경과 경제적 측면을 통합적으로 평가하여 사업을 평가할 것을 요구한다고 판시하였다. 참고로, 이후 새로운 승인절차에 의해 그 탄광은 2010년 이후 운영되고 있고, 새로운 명칭(Magoola Open Cut)으로 2031년까지 운영될 예정이다(Peters 2018).

Earthlife Africa Johannesburg v. Minister of Environmental Affairs (LSE. 2017b)

남아공 판례는 환경단체(Earthlife)가 1200메가와트의 석탄화력발전소 승인의 합법성을 2016년 행정수도(Pretoria) 소재 법원(High Court)에 제기한 사례이다. 원고는 그 승인 절차가 잠재적 환경손해, 특히 2060년까지의 기후영향을 충분히 고려하지 않았다고 주장하였고, 법원은 2017년 3월 17일 승인 절차가 합법적이지 않았다는 원고의 주장을 인용하고, 환경부 장관이 이 사업의 지구 기후에 대한 영향을 제대로 평가할 것을 요청하였다. 법원은 국가환경경영법(National Enviornment Management Act)은 석탄화력발전의 승인 시 환경평가를 하도록 하고 있으나, 법이 기후영향평가(climate impact assessment)를 명시하고 있지 않다는 주장에 대해 그러한 표현이 없다고 기후변화의 영향을 고려할 법적 의무가 없는 것은 아니며 기후변화 영향은 의심할바 없이 국가환경경영법의 고려사항이라고 판시하였다. 또한 기후영향평가에 대한 가이드라인이 제시되어 있지 않고, 석탄이 통합자원계획(Integrated Resource Plan)에 채택된 자원이라는 이유로 기후변화 영향을 할 필요가 없다는 피고의 주장은 인용하지 않았다.

개인이나 비영리단체가 특정 행정처분의 위법성을 제기한 사안 중 합의로 소송을 종결한 미국의 사례는 다음과 같다.

Friends of the Earth, Inc. v. Spinelli (CCC 2002)

2002년 환경단체인 지구의 친구들(Friends of the Earth)이 수출 자금을 제공하는 수출입은행(Ex-Im Bank)과 개발도상국 사업에 대한 보험 및 대출 보증을 제공하는 국영기업(Overseas Private Investment Corp.)을 상대로 제소한 사례이다. 원고는 피고가 행정부의 위임을 받은 프로젝트의 이산화탄소 배출량을 평가하지 않고 프로젝트에 금전적 지원을 제공하는 것이 국가환경정책법(National Environmental Policy Act, NEPA)과 행정절차법(Administrative Procedure Act)을 준수하지 않아 기후변화를 촉진한 위법이 있다고 주장하였다. 본안판결 전 재판에서 2005년 연방지방법원은 환경단체가 개도국에 개발자금을 빌려주는 국영기업에 제소할 원고적격이 있다는 판시가 있었다. 소송 진행 중 2009년 원고와 피고는 재정지원프로젝트 수행 시 온실가스 배출량을 고려하기로 합의했고, 환경 보호에 관한 정책을 개정하기로 하였다. 은행의 경우 공개 의견을 얻기 위해 환경 관련 문서를 온라인에 게시하고 원고 대표와 연계하여 탄소 정책을 개발하며, 합의를 통해 온실가스 배출량에 대한 투명성 장려 및 자금 지원 프로젝트에 대한 공통 온실가스 완화 기준 제시와 같은 조치를 취하기로 하였다. 또한 연간 10만 톤 이상의 CO_2를 배출하는 프로젝트는 온실가스 배출량을 고려한 환경영향평가를 하고, 사업의 배출량을 매년 보고하고 향후 10년 동안 프로젝트 수를 20% 줄이기로 합의하고, 소송을 종결하였다.

개인이나 비영리단체가 특정 행정처분의 위법성을 제기하였
으나 처분의 위법성이 부인된 스웨덴 사례도 있었다.

PUSH Sweden and others v. Sweden (LSE 2017c)

스웨덴 정부가 지배권을 가지는 에너지회사(Vattenfall)가 독일
의 화력발전소 등 갈탄 관련 자산을 체코 지주회사의 독일 자회사
에 매각하기로 한 결정에 대한 위법성이 부인된 사례이다. 두 단체
(Powershift Sweden, Fältbiologerna)와 156명의 원고는 이 판매로 인
해 대기 중에 추가적인 이산화탄소를 12억 톤 배출될 것이고, 이는
국가 전체적으로 스웨덴의 22년 배출량에 맞먹는 것이라고 우려하면
서, 스웨덴이 국민을 기후변화로부터 지킬 헌법상 권리와 스웨덴 정
부가 참여한 국제협정 등에 위반한 것이라고 주장하면서 2016년 9월
15일 스톡홀름 지법에 제소하였다. 원고들은 법원에 스웨덴 정부의
판매 결정이 주의의무 위반이며 불법임을 선언해줄 것을 요청했다.
또한 판매 전에 정부가 거부했던 환경적 평가의 공개를 요청하였다.
그러나 법원은 원고가 정부의 결정으로 피해를 입은 것이 없다는 이
유로 원고의 주장을 인용하지 않았다.

파키스탄의 석탄 탄광 승인, 노르웨이이 석유시추 허가의 위
법성에 대한 소송은 진행 중이다.

Rabab Ali v. Federation of Pakistan (ELAW 2016)

파키스탄 사례는 2016년 4월 7살 소녀(Raba Ali)가 파키스탄 정부와 Sindh 지방정부를 파키스탄 대법원에 제소한 사례이다. 원고는 파키스탄 남동쪽의 타르(Thar)사막 지역에 위치한 석탄 탄광(coal fields) 개발 계획이 승인되어 파키스탄의 석탄 생산을 450만에서 6천만 메트릭톤(M/T)으로 증가시킬 것으로 예상되고, 이로 인해 젊은 세대의 헌법적 권리(생명, 자유, 재산, 인간의 존엄성, 정보 및 평등권)가 침해되었고 정부가 공공신탁이론을 위반했다고 주장했으며, 본 소송은 진행 중이다.

Greenpeace Nordic Ass'n and Nature and Youth v. Ministry of Petroleum and Energy (CCC 2016b)

노르웨이 사례는 2015년 한 시민단체(Nature and Youth)의 구성원들이 노르웨이 그린피스와 함께 정부가 바렌츠해(Barents Sea)에서 석유가스회사에게 시추를 허용하는 새로운 허가를 내준 것에 이의를 제기한 사례이다. 노르웨이 석유부는 13개의 회사에 남동 바렌츠해에서 석유와 가스 탐사시추를 위한 10개의 허가를 내주었는데, 원고는 이러한 허가행위가 파리협정의 목적에 위배되고 노르웨이 헌법상의 미래세대 보호와 국제 환경 및 인권법 위반이라 주장했다. 전 노르웨이 대법관이 이끄는 노인그룹(Grandparents Climate Action)은 원고 지지의사를 밝히기도 했다. 그러나 법원은 원고가 헌법의 환경조항에 근거한 권리를 가지는 점은 인정하지만, 피고인 노르웨이 정부가 채굴을 제한할 의무는 없다고 결론을 내렸다. 법원은 원고가 정부의 소송비용 580,000노르웨이 크로네(NOK)를 지불하도록 명하였으나 원고는 이례적으로 대법원에 직접 상소하였으나, 대법원은 이 사건을 심리하지 않기로 결정하자, 항소법원에 항소할 것으로 알려졌다.

2019년 8월 29일 비영리단체인 기후솔루션과 시민 등은 인도네시아의 화력발전소 건설 공사를 수주한 국내 기업에 대해 산업은행, 수출입은행, 무역보험 공사 등 국내 공적금융기관이 대출자금과 무역보험을 제공하기로 한 데 대하여 가처분신청을 제기한 바 있어(윤지로 2019) 귀추가 주목되고 있다.

2) 사기업이 청구하는 경우

원고 피고	정부
사기업	정부의 특정 처분의 위법성을 시정할 것을 청구

배출권거래제를 시행하는 국가에서는 할당을 받은 기업들이 소송을 통해 정부의 결정에 이의를 제기하는 소송이 많이 제기되고 있는데(최지현 2016), 이러한 소송은 사기업이 정부의 특정처분에 대해 위법성을 시정할 것을 청구하는 대표적인 유형의 하나로 볼 수 있다. 배출권 할당과 같이 기후변화에 대응하기 위한 직접적 행정행위가 아니더라도 기후변화를 이유로 한 관련 행정처분의 위법성

을 다룬 사례들도 나오고 있다. 미국 포틀랜드시의 화석연료 터미널 확장의 불허 결정, 호주 뉴사우스웨일스의 탄광사업 불허 결정의 위법성이 다퉈진 사례에서는 원고가 패소하였지만, 공사에 대한 허가결정에 있어 기후변화의 요소를 충분히 고려하지 않음이 불법인지가 다투어졌다는 점에서 주목할 만하다.

Columbia Pacific Building Trades Council v. City of Portland (LSE 2017d)

미국 오리건 주법원 판례는 새로운 화석연료 터미널을 금지하고 기존 터미널의 확장을 제한하는 포틀랜드시의 결정에 대해 영리 단체들(Columbia Pacific Building Trades Council, Portland Business Alliance, Western States Petroleum Association등)이 제소한 사례이다. 2017년 7월 사전 행정절차에서 담당 위원회(Oregon Land Use Borad of Appeals)는 포틀랜드시가 합법적인 이유를 제시하지 못하고, 연방 헌법의 내재적 주간통상 조항(dormant commerce clause) 등을 위반하였다는 이유로 원고 측의 이의를 인용하였다. 2018년 1월 4일 오리건 항소법원은 이 위원회의 결정을 뒤집으면서 그 정책이 내재적 주간통상 조항을 위반하지도 않았고, 주간의 화석연료 제품을 차별하지도 않았다고 보았다. 2018년 10월 12일 원고 측은(Western States Petroleum Association)은 오리건주 대법원에 포틀랜드의 결정이 내재적 주간통상 조항을 위반하지 않았다는 오리건 항소법원 판결에 대한 이의 기한을 연장해달라는 요청을 하였고(Western States Petroleum Association v. City of Portland), 2018년 10월 15일 포틀랜드시의 화석연료 터미널 금지 결정을 지지하는 오리건 주법원의 결정의 평가를 요청하는 이송청구(Certiorari Petition) 기한 연장에 대한 허가가 이루어졌다. 그러나 2018년 12월 21일 기한 내에 상소는 이루어지지 않았다.

Gloucester Resources Limited v. Minister for Planning (LSE. 2017e)

호주 뉴사우스웨일스주 환경법원의 판례는 2017년 12월 19일 호주의 자원회사(Gloucester Resources Limited)가 뉴사우스웨일스주 정부가 록키 힐 탄광사업(Rocky Hill Coal Project)을 기후변화의 영향을 고려하여 불허하자 계획부장관을 상대로 소송을 제기한 사례이다. 환경계획평가법에 따르면 정부는 개발사업의 평가에 있어 공공의 이익을 고려하도록 하고 있다. 제소 후 지역사회단체(Gloucester Groundswell Inc.)는 소송에 참여하여 록키 힐 탄광사업 불허 처분의 타당성을 지지하였다. 피고는 탄소누출 등을 주장하며 원고의 주장을 반박하였으나, 법원은 온실가스의 직간접적 배출이 기후변화를 야기한다는 것을 인정하였다. 또한 해당 사업의 비용대비효과를 분석한 후 법원은 이 사업이 지속 가능한 사용이 아님을 판시하였고, 생태적으로 지속 가능함과 축적된 온실가스 배출을 고려하도록 하고 있는 2010년 글로스터(Gloucester)지방 환경계획, 2009년 주 환경계획정책, 환경계획평가법 등을 고려하여 정부의 불허 결정을 지지하였다. 원고는 2019년 3월 8일로 정부가 제시한 상소기한에 상소하지 않았다.

3) 주정부가 연방정부에 청구하는 경우

원고 　　　　　 피고	연방정부
주정부	정부의 특정 처분의 위법성을 시정할 것을 청구

주정부가 연방정부의 행정입법청원 거부의 위법성을 다툰 미국
의 연방대법원 판례는 지방정부가 중앙정부를 상대로 기후변화
에 관련된 소송을 한 사례로 공적 주체 간의 소송 유형으로 볼 수
있다.

**Massachusetts v. Environmental Protection Agency (CCC
2013a)**

기후변화 소송에서 기념비적인 판례로 꼽히고 있는 미국 연방대법원
판례는 기후변화로 인한 해수상승으로 손실이 예상되는 일부 주정부
등이 연방정부를 상대로 행정입법을 청원하였지만 거부당하자, 연방
고등법원에 거부처분에 대한 취소소송을 제기하였지만 2007년 기각
되자 연방대법원이 (1) 원고적격이 있는지, (2) 온실가스가 청정대기
법상의 오염물질인지, (3) 환경청이 온실가스를 규제할 의무가 있는
지를 판단한 사례이다. 2010년 대법원은 5:4로 판결을 내렸는데, 다
수의견은 지방정부 등에게 입증 부담을 완화하면서 (1) 원고적격을
인정하였으며, (2) 온실가스가 청정대기법상의 오염물질이지만, (3)
환경청이 공중의 건강과 공공복리를 해한다고 판단한다면 규제할 수
있다고 판시하여, 환경청에 재량의 여지를 부여하였다(김성배 2010).

참고로, 청정대기법(Clean Air Act of 1963)은 연방환경청이 대중 보건과 복지를 위험하게 하는 오염원의 배출을 규제하도록 하고 있다.

상기 판례에서 기후변화와 관련해 지방정부와 시민단체의 원고적격이 인정됨에 따라 기후변화 소송이 급증하였다(박시원 2015).

3. 시사점

정부를 피고로 하는 기후변화소송에서 법원이 정부 정책이나 처분에 대한 위법성을 판단하는 사례가 늘어나고 있다. 정부가 기후변화 정책이 미흡하다고 제소하는 경우나 정부가 허가 등의 처분을 함에 있어서 기후변화 요소를 제대로 반영하지 못하였다고 제소하는 경우 나라별로 국내법적인 차이가 있어 일률적으로 평가하는데 한계가 있기는 하지만, 대체적으로 국내법이나 국제법상의 정부의 의무 불이행이나 개인의 법적 권리 침해 등이 법적인 근거로 제시되었다. 사실 파리협정은 국가의 자발적 감축 의무를 부과하고 있어 국제법 체계가 한계가 있지만, 자발적 감축의무를 설정하고 이행함에 있어 국내 소송이 정부가 기후변화 문제를 보다 신중하게 고려하여 정책적 판단을 내리도록 기여하는 역할을 일정 부분 할 수 있을 것으로 보인다. 그러나 다양한 나라의 다양한 사례가 축적되면서 법적 논리가 보강되고 있어, 향후 국제적으로 정부를 상대로 한 기후소송이 계속될 것으로 예상되고 있으므로, 소송비용등 사회적 비용을 최소화하기 위해서는 국제법이나 국내법적으로 정부의 이행의무를 보다 강화하는 방향의 노력을 기울일 필요가 있다.

III 사기업을 피고로 하는 경우

전 세계 90여 개의 회사가 지구 온실가스 배출의 2/3의 책임이 있다는 주장(Richard Heede, 2014)도 있을 만큼 기업의 기후변화 책임은 중요한 의미를 지고 있다. 그러나 소송을 통하여 기업에게 기후변화의 손실에 대한 법적인 책임을 묻는 것은 사회적 책임을 묻는 것과는 다른 차원의 의미를 가지게 된다. 이하에서는 기업을 피고로 하는 소송 유형을 기업에 기후변화로 인한 금전적 피해 배상을 요구하는 경우와 관련 정보를 청구하는 경우로 나누어 살펴보고자 한다.

1. 사기업에 불법행위로 인한 손해배상을 청구하는 경우

사기업에 기후변화로 인한 손해배상을 청구하는 경우 법리상 기업에 불법행위 책임을 묻는 경우가 많다. 사기업에 손해배상을 청구하는 경우는 개인이나 비영리단체가 손해배상을 청구하는 경우와 지방정부가 사기업을 상대로 손해배상을 청구하는 경우, 사기업이 다른 사기업을 상대로 손해배상을 청구하는 경우 등으로 나누어 볼 수 있다.

1) 개인이나 비영리단체가 청구하는 경우

원고 　　　　피고	기업
개인, 비영리단체	불법행위로 인한 손해배상청구

개인이나 비영리단체가 온실가스를 다량 배출한 기업을 상대로 기후변화로 인한 손해배상을 요청하여 손해배상 청구가 인정된 독일 주법원의 판례는 다음과 같다.

Liluya v. RWE (CCC 2015e)

독일 에센주 주법원 판례는 전력회사의 기후변화로 인한 손해배상책임을 인정한 사례이다. 2015년 11월 페루인(Saul Luciano Liluya)이 독일에서 가장 큰 전력회사(RWE)를 상대로 안데스 빙하가 녹아 호수의 높이가 높아져 약 12만 명이 거주하는 그의 마을(Huaraz)이 홍수 위험에 처해 있다며, 빙하로부터 마을을 보호하는 비용의 0.47%(총 지구 온실가스 배출량 중 해당 기업의 배출분)을 기준으로, 침수 피해 예방을 위해 쓴 6,400유로(약 830만 원)과 앞으로 들어갈 비용 1만 7천 유로(약 2200만 원)를 독일 에센주 법원(Essen Higher Regional Court) 청구하였다. 독일 법원은 이 주장이 타당하다며 조사에 착수하라는 판결을 내린 바 있다.

반면 미국 연방법원 판례 중 석유, 에너지 회사를 상대로 기

후변화 피해를 입은 개인들이 손해배상을 청구하여 부인된 사례가 있다.

Comer v. Murphy Oil USA Inc. (CCC 2005)

2005년 3월 9일 미시시피 걸프만 유역에 집을 소유한 원고들이 석유 회사와 보험회사를 상대로 주법상 과실(negligence), 방해(nuisance), 침해(Trespass) 등 불법행위 손해배상 소송을 연방지법에 제기하였고, 이후 화학제조회사, 전자 및 석탄 회사 등이 피고로 추가된 사례이다. 원고들은 34개의 피고 회사들이 기후변화를 악화시켰으며 피고 보험회사들이 허리케인 카트리나로 인한 보험 보상을 부당하게 거절하였다고 주장하였다. 2007년 8월 30일 연방지법은 관할권이 없다는(non-justiable) 피고의 주장을 인용했다. 2009년 10월 16일 연방순회항소법원(fifth circuit)은 원고의 일부 불법행위 주장을 인용하는 취지로 일부 파기환송을 하였으며, 2010년 2월 26일 원고가 에너지 회사 그룹 등을 상대로 기후변화와 관련한 손해배상을 청구한 것에 대하여 판사 전원이 참여하는 전원합의체(en banc)를 구성하여 재결할 것을 명령했으나, 판사의 기피(recusal)로 인한 정족수 미달로 2010년 5월 28일 각하되었다. 2010년 10월 26일 원고들은 대법원에 연방항소법원의 각하 판결을 번복할 것을 요구하는 직무집행명령영장(writ of mandamus)을 청구하였으나, 2011년 1월 10일 대법원은 사유에 대한 설명 없이 청구를 인용하지 않았다. 2011년 5월 27일 일부 원고들이 석유, 석탄, 전기, 화학 회사를 상대로 불법행위와 청정대기법(CAA)으로 주법상의 불법행위 책임을 면할 수 있는 것은 아니라는 선언적 판결을 청구하는 소를 제기하였다. 이에 법원은 원고가 당사자 적격이 없으며, 정치적 문제를 제기한 소송은 입법부나 사법부에서 결정할 사항이라고 판단했다. 또한 법원은 미시시피 재산 소유자들이 피고 회사의 특정한 온실가스 배출이 재산상 손해를 유발하였다는 사실을 증명할 수 없다고 판시하였다.

Native Village of Kivalina v. ExxonMobil Corp. (CCC 2008a)

미국 연방법원 판례는 2008년 2월 26일 370여 명의 이누피아크(Inupiat) 원주민이 거주하는 알래스카주 북서부에 위치한 키발리나(Kivalina)시와 키발리나 마을이 캘리포니아 연방법원에 엑손모빌, 세브론 등 24개의 석유 및 전력회사를 상대로 기후변화로 마을 전체를 이주하는 비용으로 400백만 달러의 손해배상을 청구한 사례이다. 2008년 6월 30일 피고들은 관할권 없음, 원고적격 없음, 침해된 법적 권리 없음 등을 이유로 각하신청(motion to dismiss)을 하였고, 이에 원고는 공공방해(public nuisance)를 주장하며 정치적 문제라는 주장에 대해서는 당사자와 금전적 배상 사이의 분쟁만을 해결할 것 등을 주장하였다. 2009년 9월 30일 캘리포니아 북부 연방지법은 피고의 각하신청을 인용하면서 본 사안이 관할권 없는 정치적 문제이고 원고는 당사자 적격이 없다는 피고의 주장을 받아들였다. 2009년 11월 원고는 상소를 하였고 2012년 12월 3명의 판사로 구성된 상소법원은 본 사안이 공공방해(public nuisance)의 사안이 아니고 환경청의 청정대기법에 의해 규율될 수 있는 사안이라는 취지로 원심법원과 동일한 판결을 내렸다. 2012년 10월 원고는 판사 전원이 참여하는 전원

합의체(en banc)를 구성하여 재결할 것을 청구하였으나 인용되지 않았고, 2013년 2월 대법원에 상고하였으나 각하되었다. 참고로, 과학자들은 2025년경 키발리나 마을이 기후변화로 해수면 아래로 잠기게 될 것으로 예상하고 있으나, 막대한 이주비용에 대한 대책은 없는 상황이다.

2) 지방정부가 청구하는 경우

원고 \ 피고	기업
지방정부	불법행위로 인한 손해배상청구

미국에서는 주정부, 시정부 등 지방정부들이 기후변화로 인한 지방정부의 재산적 피해를 온실가스를 많이 배출한 기업을 상대로 청구하는 소송도 제기되고 있다. 미국 연방법원 판례 중 손해배상청구가 부인된 다음과 같은 사례가 있다.

American Electric Power Co. vs. Connecticut (CCC 2004)

2004년 7월 뉴욕 남부지구 연방지방법원에서 8개의 주,[1] 뉴욕시 등

---

1   제소 시에는 캘리포니아, 코네티컷, 아이오와, 뉴저지, 뉴욕, 로드 아일랜드, 버몬트, 위스콘신 주가 참여하였고, 뉴저지와 위스콘신 주는 소송 중 원고에서 빠졌다. 이 밖에 3개의 비영리투자신탁기구(Open Spce Insitute, Open Space Conservancy, Audubon Society of New Hamphsire)도 원고로 참여하였다.

의 지방정부는 20개의 주에서 화력발전시설을 소유하여 운영하고 있는 전력회사(American Electric Power)를 상대로 온실가스 배출로 인한 공적 불법방해를 이유로 손해배상을 청구하였다. 피고 회사는 미국의 5대 온실가스 배출기업으로 연간 6억 5천만 톤의 이산화탄소를 배출하는 기업으로 원고는 피고가 연방보통법상 주간 불법방해(the federal common law of interstate nuisance)를 야기하였다고 주장하였다. 원심은 정치적 문제여서 사법적 판단의 대상이 아니라고 각하하였으나 원고는 상소를 하였다. 항소심은 정치적 문제가 아니며 원고가 원고적격이 있다며 파기환송을 하였다. 2011년 6월 미국 대법원은 해당 전력회사가 이산화탄소 배출로 인한 손해에 책임이 없다며 8:0으로 청정대기법(Clean Air Act)이 환경청(EPA)에게 이산화탄소와 다른 온실가스 배출 관리를 위임하고 있기 때문에 전력회사가 연방 보통법(federal common law)에 근거한 책임을 지지는 않는다는 최종 판결을 내렸다.

이후 미국에서는 기후변화를 유발한 기업에 대해 공적 방해, 사기 등을 이유로 지방정부의 재산상 피해배상을 요구하는 소송이 계속 제기되고 있다. 이러한 소송은 기후변화가 심화되면서 적응비용이 현실적으로 증가하게 되면 점차 많아질 가능성이 있다.

City of Oakland v. BP p.l.c. (CCC 2017c)

2017년 9월 오클랜드시와 샌프란시스코시가 37개 석유회사(BP.

Hevron, Exxonmobile, Royal Dutch Shell 등)들이 기후변화로 인한 해수면 상승의 책임이 있다고 주장하면서 공적 방해(public nuisance) 등을 근거로 해수면 상승으로 인한 방파제 개선 비용 50억 달러 등의 손해배상 청구소송을 제기한 사례이다. 2018년 6월 원심은 법원에서 판단하기는 부적절한 사안이라고 각하(dismissal)하였으나 캘리포니아 주정부는 이들 석유회사가 기후변화에 미치는 영향을 알면서도 지속적으로 기후변화에 나쁜 영향을 미쳤고, 그 결과 캘리포니아 주는 기후 회복력(resilience)를 위해 수천만 달러를 인프라 등에 쓰고 있다고 주장하며 항소하였다. 참고로, 원고의 항소에 대해 2019년 3월 뉴욕주와 캘리포니아주를 포함한 10개의 주는 의견서(a friend of court briefing)를 제출하였다.

County of San Mateo v. Chevron Corp (CCC 2017d)

2017년 7월 캘리포니아시의 세 지방정부(San Mateo County, Marin County, City of Imperial Beach)가 셰브론 등 석유회사가 화석 연료 제품의 생산 및 사용과 관련된 기후 위험을 숨기고 있다고 주장하면서 캘리포니아 주법상의 생활방해(nuisance)와 과실(negligence)의 책임을 묻는 소송을 캘리포니아 주법원에 제기하였다.

City of New York v. BP p.l.c (CCC 2018c)

2018년 1월 뉴욕시가 대형 석유회사(BP, 셰브론, 코노코필립스, 엑손모빌, 로열더치셸 등)를 상대로 기후변화로 인한 손해와 기후 관련 인프라 지출비용에 대한 보상을 요구하는 소송을 제기한 경우이다. 원심에서 원고의 주장이 받아들여지지 않아 항소가 진행 중이다.

People of the State of New York v. Exxon Mobil Corporation (CCC 2018d)

2018년 10월 뉴욕주가 엑손모빌이 기후변화에 대한 재정적 위험성과 탄소비용 산출 등에 대해 투자자들을 속였으며, 탄소배출에 대한 비용을 잘못 적용하여 오일샌드[2]와 같은 탄소집중적 자산의 리스크 평가를 적절하게 하지 못하도록 하였으므로, 보통법과 법률상 사기(fraud)를 이유로 법원에 소장을 제출한 사례이다. 2019년 3월 연방법원은 피고의 각하요청을 인용하지 않아 본안심사가 진행 중인데, 뉴욕의 반사기법(anti-fraud law, Martin Act)이 엄격하기 때문에 판결에 관심이 집중되고 있다.

Rhode Island v. Chevron Corp (CCC 2018e)

2018년 로드아일랜드주가 기후변화의 영향으로 인하여 주정부의 재산 등이 손해를 입은 것에 대한 배상을 요구하면서 셰브론 등의 정유회사를 상대로 소송을 제기하였다.

---

2 원유(原油·가공하지 않은 석유)를 포함하고 있는 모래 또는 원유가 달라붙어 있는 돌.

Mayor &City Council of Baltimore v. BP p.l.c. (CCC 2018f)

볼티모어시가 BP 등을 상대로 제기한 기후변화 손배소송의 관할에
대해 2019년 10월 연방대법원은 주법원에서 심리를 계속 진행할 것
을 명하였다.

3) 다른 사기업을 상대로 청구하는 경우

원고 피고	사기업, 보험회사
사기업, 영리단체	불법행위로 인한 손해배상청구

기후변화에 있어 보험회사의 책임 범위를 다투는 소송은 미국과
호주 등에서 기후변화 소송 유형 중 중요한 소송 유형으로 주목받
고 있다(Peel et al. 2015). 지방정부가 기업을 상대로 기후변화로
인한 손해배상을 청구하자, 관련 기업이 보험회사를 상대로 책임
을 청구한 소송에서, 보험회사의 책임이 없다는 판결이 내려진 사
례를 소개하면 다음과 같다.

Steadfast Insurance Co. v. AES Corp. (CCC 2008)

2008년 7월 보험회사(Stadfast)는 대형 에너지 회사(AES Corproa-
tion)에 대한 보험 정책이 키발리나의 해당 회사(AES)에 대한 기후변
화 손해배상은 포함하지 않는다는 선언을 해달라는 소송을 제기하였

고, 2010년 5월 버지니아 주법원(Virginia Circuit Court)은 보험회사의 주장을 인용하는 약식판결(summary judgment)을 내렸다. 2011년 9월 버지니아주 대법원은 보험회사의 책임은 사건이나 사고에 한하며 온실가스로 인한 책임은 이에 해당하지 않으므로 해당 보험회사가 책임이 없다는 원심 판결을 확인하였다. 2012년 1월 버지니아주 대법원은 법원의 결정이 부당하다는 에너지 회사의 반론 청구를 인용하여 새로운 청문절차를 허용하였지만, 2012년 4월 해당 보험회사가 주장하듯 해당 보험회사는 키발리나의 기후변화 피해에 끼친 손해와 관련한 보험금 지급책임이 없다는 원심을 확인하였다.

영리단체가 대형 석유기업을 상대로 기후변화로 인한 손해배상을 청구하여 재판이 진행 중인 캘리포니아주의 사례도 유사한 유형으로 볼 수 있다.

Pacific Coast Federation of Fishermen's Associations, Inc. v. Chevron Corp.(CCC 2018g)

캘리포니아 주법원에서는 영리단체인 어업종사자연합이 대형석유기업을 상대로 기후변화로 인한 경제적 피해를 주장하면서 기후변화에 적응하고 생존하기 위한 비용을 지급할 것을 요구하는 소송이 진행 중이다. 2018년 11월 14일 태평양 어업종사자연합(Pacific Coast Federation of Fishermen's Associations)은 캘리포니아 법원(California Superior Court)에 세브론, 엑손, BP 등 30여 개 대형 석유기업을 상대로 불법행위로 인한 손해배상소송을 제기했다. 어부, 선장, 승무원 등 어업종사자연합은 피고가 고의적으로(knowingly) 유발한 기후변화로 상업용 게(crab) 포획량이 급감하여 경제적 손실을 야기하였다고 주장하였다. 무엇보다 원고는 피고들이 지난 50년간 온실가스를 배출하여 해양온난화 등의 중대한 기후변화를 야기하였음을 알았음에도 그 위험을 은폐하였고 온실가스 규제를 약화시키고 오히려 화석연료제품의 대량생산 및 대량소비를 유발하는 대중캠페인을 하는 데 기여했다고 주장했다. 또한 해양 온도 상승은 조류의 급증을 야기하고, 이는 바다에 독성과 산성을 증가시킴으로써, 게의 생육환경에 부정적인 영향을 미쳐 게 시즌이 예측 불가능하게 점차 짧아져, 어부들이 생계에 위협을 받고 있다는 것이다. 어업종사자연합회는 석유회사들이 향후 어부들이 온난화된 바다에서 어떻게 어업을 해야하는지에 대한 연구사업에 비용을 지원해야 한다고 주장하고 있으며, 소송은 진행되고 있다.

2. 사기업에 정보공개를 청구하는 경우

원고 　　　　피고	사기업
개인, 비영리단체	기업 정보공개 청구

미국에서는 연금투자자들이 연금자금운영 시 기후변화 정보를 제공할 것을 요청하였으나 부인된 사례가 있고, 호주에서는 소송 중 피고 은행이 기후변화 리스크 분석 이행을 약속한 사례가 있으며,

호주연금기금이 기후변화 리스크에 관한 정보와 전략에 대한 정보를 공개하지 않은 것이 회사법 위반인지에 대한 소송이 진행 중이다.

Fentress v. Exxon Mobil Corp (CCC 2016c)

2016년 11월 23일 엑손모빌의 연금계획에 참여하고 있는 전현직 직원과 2015년 11월 1일~2016년 10월 28일까지 회사주식의 투자자 등이 피고 회사가 기후변화 정보를 공개하지 않아 직원연금보증법(Employee Retirement Income Security Act of 1974)을 위반하였다고 주장하며 피고 회사를 상대로 집단소송(class action)을 제기한 사례이다. 원고들은 피고회사가 기후변화 정보를 비공개해 잘못된 정보를 의도적으로 전달함으로써 회사 주식의 가치가 과대평가되었고, 회사가 진실된 정보를 공개할 의무를 위반하였다고 주장하였으나, 2018년 3월 텍사스 연방지법은 원고의 주장을 인용하지 않았다.

Abrahams v. Commonwealth Bank of Australia (LSE 2017f)

2017년 8월 호주 CBA은행(Commonwealth Bank of Australia)의 주주가 해당 은행의 2016년 연간보고서가 문제가 된 탄광(Adani Carmichael coal mine)의 기후변화 리스크를 제대로 공개하지 않았으며 이것이 2001년 기업법을 위반한 것이라는 이유로 법원이 법위반 사실을 선언하고, 위법사항을 금지하도록 명령을 내리거나 향후 연간보고서에 기후변화 리스크를 포함시킬 것을 요청하는 소송을 제기한 사례이다. 해당 은행이 2017년 연간 보고서부터 기후변화 내용을 포함시켰으며 향후 기후리스크 분석을 이행하겠다고 약속하자 원고는 소송을 철회하였다.

McVeigh v. Retail Employees Superannuation Trust (LSE 2018d)

2013년부터 호주연금기금(REST)에 참여하여 온 23세 원고 (McVeigh)가 피고 기금(REST)을 상대로 기후변화의 영향에 대한 정보를 요청하는 소송을 제기한 사례이다. 호주 기업법(Corporations Act 2001)은 슈퍼펀드 수혜자들은 펀드의 경영과 재정적 조건에 대하여 필요한 정보를 요청할 수 있는 권한이 있는데, 피고 기금은 기후변화 비즈니스 리스크와 관련한 정보를 제공하지 않고 있으므로, 기업법에 근거한 정보 제공을 청구하였다. 또한 원고는 형평법에 근거한 선언(declaration)과 가처분(injunction)을 예비적으로 청구하였다. 호주연금기금이 기후변화 리스크에 관한 정보와 전략에 대한 정보를 공개하지 않은 것이 회사법 위반인지에 대한 심사가 진행 중이다.

---

3. 시사점

기업을 피고로 하는 소송의 경우 기후변화로 인한 손해의 책임을 묻는 경우와 기후변화 관련 정보의 공개를 청구하는 경우로 나누어 볼 수 있었다. 사실 기업을 상대로 한 기후변화 소송의 경우 정부를 상대로 한 소송과는 법적 근거에 있어서 차이가 있을 수 있다. 국제법은 기본적으로 국가를 기본 단위로 규율하고 있고, 각국이 국내법적으로 개인이나 기업을 규율하는 체계를 가지고 있기 때문이다. 역사적으로 온실가스 배출에 책임 있는 기업이 소재지의 법령을 준수하여 왔다면, 정부가 기업의 역사적 배출의 책임을 묻는 것은 한계가 있을 수 있다. 영미법에서는 환경피해에 대해 소급적 책임(retroactive liability)을 묻는 것이 억제적 효과(deterrent effects)가 있는 것으로 평가함으로써 법리를 보충하는 경우가 있다(Faber 2007). 또한 과학기술의 발전으로 기후변화의 인과관계 규명이 강화되고 있어(Marjanac 2017) 과학계의 온실가스 대량배출 기업 등이 지구온난화에 대한 책임이 있는가의 논의(Allen 2003)는 폭염, 홍수, 폭풍과 같은 개별 자연재해현상에 대한 책임이 있는지 여부에 대한 논의로 확대되는 경향을 보이고 있다(Harvey 2018).

일부 기업은 기후변화 손해배상소송이 산발적으로 제기되고 있는 것을 우려하면서, 법적 책임의 면제(immunity)를 주장하는 경우도 나오고 있다(Irfan 2018). 대형 석유업체 등이 기후리더십위원회(Climate Leadership Council, CLC)를 통해 탄소 수수료(carbon fee)와 탄소배당금(carbon dividend) 도입을 지지하는 이유도 같은 맥락에서 이해할 수 있다(CLC 2019). 최근에는 마이크로소프트사도 기후리더십위원회(CLC)에 동참한 것으로 알려지고 있다(M1ilman 2019).

IV 나가며

세계 각국에서 수많은 기후소송이 제기되어 왔지만, 일부 사례를 중심으로 누가 누구를 상대로 어떤 내용의 청구를 하고 있는지를 중심으로 유형을 나누어 살펴보았다. 원고와 피고로는 개인, 기업, 정부 등이 당사자로 상호 재판을 청구하고 있었다. 기후변화 소송은 주로 불법행위를 원인으로 하고 있었지만, 정부에 대한 소송의 경우 정부의 행정행위에 대한 위법성의 제거를 청구하는 것이 대부분의 유형이라면, 사기업을 대상으로 하는 소송의 경우 불법행위로 인한 손해배상 책임을 묻는 것이 대부분의 유형이었다. 다시 말해 정부에 대한 소송은 기후변화에 대한 정책적 대응이 위법하다며 적극적인 대응을 청구하는 경우와 특정행정처분이 위법하다며 위법한 행정처분을 취소해달라는 청구가 주류를 이루고 있었다. 사기업에 대한 소송은 개인, 비영리단체, 사기업, 영리단체, 지방정부 등이 온실가스 배출 등으로 인한 손해배상의 책임을 묻는 경우와 회사의 기후변화 관련 정보공개를 청구하는 경우 등이 있었다. 다양한 판례들이 축적되면서 관련 법리들이 발전하고 있어, 향후 새로운 유형의 소송들이 시도될 것으로 예상되고 있다 (Bouwer 2018).

환경 분쟁의 근본적 문제가 (1) 어느 정도 환경보호 정책을 취하여야 충분한가, (2) 환경보호의 책임은 누가 부담해야 하는가에 있다면(조홍식 2012), 기후 소송도 (1) 정부가 어느 정도 기후정책을 취해야 충분한가, (2) 기후변화의 책임을 누가 부담해야 하는가에 대한 답을 찾아가는 과정으로 볼 수 있다. 많은 경우 정부를 피

표 2-2. 기후변화 관련 불법행위 소송의 주요 청구 유형

원고＼피고	중앙정부	지방정부	사기업
개인, 비영리단체	일반정책의 시정요구 (II.1) 특정행정처분의 시정요구 (II. 2.1)		손해배상청구 (III. 1.1) 기업정보공개청구 (III. 2)
사기업, 영리단체	특정행정처분의 시정요구 (II. 2.2)		손해배상청구 (III. 1.3)
지방정부	특정행정처분의 시정요구 (II. 2.3)	–	손해배상청구(III. 1.2)

주: 괄호는 본문 관련 목차를 의미함

고로 하는 경우 기후변화 정책을 보다 강력하게 채택할 것을 요청하는 경우가 많았으며, 기업을 피고로 하는 경우 기후변화로 인한 경제적 손실의 책임을 묻는 경우가 많았다. 이는 정부와 기업의 소극적인 역할에 대한 불만이 위법성 논란의 소송전으로 비화된 것으로 볼 수 있다. 이는 향후 정부와 기업의 기후변화 책임을 보다 구체적으로 제도화함으로써 소송으로 분쟁을 해결하는 데 드는 사회적 비용을 최소화할 필요성을 시사하고 있다고 볼 수 있다.

참고문헌

고가영. 2012. "러시아 혁명기 유대인 사회주의 운동: 분트의 활동을 중심으로."

김민철·권준석·남궁윤. 2018. "기후변화소송의 국제적경향에 대한 연구."『국제법무』
    10(2): 89-116.

김성배. 2010. "미국의 온실가스대응정책과 그 시사점: 다양한 환경정책수단을 통한
    온실 가스규제 가능성검토."『환경법연구』32(1): 203-235.

박시원. 2015. "미국 오바마 행정부의 기후변화 에너지 정책",『환경법연구』37(1):
    207-248.

박태현·이병천. 2016. "'커먼즈"로서 기후시스템과 공공신탁법리 - 기후변화소송을
    소재로-."『법학논총』40(2): 275-304.

윤지로. 2019. "인도네시아 주민들 '한국은 우리나라에 화력발전소 짓지 말라.'"
    『연합뉴스』2019. 8. 30.

장은미. 2019. "세계 휩쓴 '청소년 기후행동' 한국 상륙."『단비뉴스』.

조홍식. 2012.『판례환경법』. 서울: 박영사.

최지현. 2016. "기후변화 관련 해외 소송 사례 및 시사점 - 배출권 거래제를 중심으로-."
    『환경법연구』38(1): 115-158.

Adler, Dena P., 2019. "US climate change litigation in the age of Trump: Year
    two." New York:Columbia Lawschool's Sabin Centre for Climate Change
    Law. http://columbiaclimatelaw.com/files/2019/06/Adler-2019-06-US-
    Climate-ChangeLitigation-in-Age-of-Trump-Year-2-Report.pdf (검색일:
    2019년 8월 26일).

Allen, Myles. 2003. "Liability for climate change-Will it ever be possible to sue
    anyone for damaging the climate." *Nature* Vol. 421.

Bouwer, Kim. 2018. "The unsexy future of climate change litigation."Journal of
    Environmental Law 30(3): 483-506.

Bryner, Nicholas. 20 April 2018. "Colombian Supreme Court Recognizes Rights
    of the Amazon River Ecosystem." IUCN. https://www.iucn.org/news/
    world-commission-environmental-law/201804/colombian-supreme-court-
    recognizes-rights-amazon-river-ecosystem (검색일: 2019년 8월 26일).

CLC, September 2019. "The four pillars of our carbon dividend plan." https://
    www.clcouncil.org/our-plan/ (검색일: 2019년 9월 24일).

Climate Action Network Europe. 11 July 2019. "Families affected by the
    climate crisis file appeal after the European General Court dismisses their
    case." *Press Release*. http://www.caneurope.org/publications/press-
    releases/1798-families-affected-by-the-climate-crisis-file-appeal-after-the-
    european-general-court-dismisses-their-case

Dejusticia, 5 April 2018a. "In historic ruling, Colombian Court protects youth suing the national government for failing to curb deforestation."https://www.dejusticia.org/en/en-fallo-historico-corte-suprema-concede-tutela-de-cambio-climatico-y-generaciones-futuras/(검색일: 2019년 8월 26일).

Dejusticia, 13 April 2018b. "Climate Change and Future Generations Lawsuit in Colombia: Key Excerpts from the Supreme Court's Decision." https://www.dejusticia.org/en/climate-change-and-future-generations-lawsuit-in-colombia-key-excerpts-from-the-supreme-courts-decision/ (검색일: 2019년 8월 26일).

Faber, Daniel A. 2007. "Adapting to Climate Change: Who Should Pay." *Journal of Land Use &Environmental Law* Vol. 23 No.1.

Ganguly, Geetanjali., Joana Setzer, and Veerle Heyvaert. 2018. "If at First You Don't Succeed: Suing Corporations for Climate Chang." *Oxford Journal of Legal Studies* 38(4): 841–868.

Harvey, Chealsea., 2 January 2018. "Scientists Can Now Blame Individual Natural Disasters on Climate Change." *Scientific American*.

Heede, Richard. 2014. "Tracing anthropogenic carbon dioxide and methane emissions to fossil fuel and cement producers, 1854–2010." *Climatic Change* 122(1-2): 229–241.

Irfan, Umair. 18 Oct 2019. "Exxon is lobbying for a carbon tax. There is, obviously, a catch." *Vox.*

Marjanac, Sophie, Lindene Patton, and James Thornton. 2017. "Act of God, human influecne and litigation." *Nature Geoscience* Vol.10. pp. 616-619.

Mathiesen,Karl. 20 Oct 2017. "Jacinda Ardern commits New Zealand to zero carbon by 2050." *Climate Home News*.

Milman, Oliver. 2 May 2019. "Microsoft joins group seeking to kill off historic climate change lawsuits." *Guardian*.

Nachmany, Michal and Setzer, Joana. "Global trends in climate change legislation and litigation: 2018 snapshot." London: Grantham Research Institute on Climate Change and the Environment. http://www.lse.ac.uk/GranthamInstitute/publication/global-trends-in-climate-change-legislationand-litigation-2018-snapshot/ (검색일: 2019년 8월 26일).

Peel, Jacqueline and Lin Jolene. 2019. "Transnational Climate Litigation: The Contribution of the Global South." *American Journal of International Law* 113(3): 1-70.

Peel, Jacqueline and Osofsky, Hari M. 2015. *Climate Change Litigation: Regulatory Pathways to Cleaner Energy.* Cambridge, United Kingdom: Cambridge University Press.

_____. 2018. "A Rights Turn in Climate Change Litigation?" *Transnational*

Environmental Law 7(1): 37-67.

Peters, V.i.S.d.P Anike, October 2018. "Latest tool against Climate Change: Climate Change Litigation Worldwide." *Greenpeace Reserach Paper.*

Setzer, Joana and Byrnes, Rebecca. "Global trends in climate change legislation and litigation: 2019 snapshot." London: Grantham Research Institute on Climate Change and the Environment. https://www.cccep.ac.uk/wp-content/uploads/2019/07/GRI_Global-trends-in-climate-change-litigation-2019-snapshot-2.pdf (검색일: 2019년 8월 26일).

Sierra, Santiago Ardila. April 5, 2019. "The Colombian government has failed to fulfill the Supreme Court's landmark order to protect the Amazon." Dejusticia. https://www.dejusticia.org/en/the-colombian-government-has-failed-to-fulfill-the-supreme-courts-landmark-order-to-protect-the-amazon/ (검색일: 2019년 8월 26일).

Spratt, David and Dunlop, Ian. 2019. "Existential climate-related security risk: A scenario approach." *Breakthrough Policy Paper.* Breakthrough National Centre for Climate Restoration Australia.

UNEP. 2017. "The Status of Climate Change litigation- A global Review." United Nations Environment Programme in cooperation with Columbia Law School. http://wedocs.unep.org/bitstream/handle/20.500.11822/20767/climate-change-litigation.pdf?sequence=1&isAllowed=y (검색일: 2019년 8월 26일).

CCC(Climate Change Charter) 판례 데이터 베이스

CCC. 2002. "Friends of the Earth, Inc. v. Spinelli" http://climatecasechart.com/case/friends-of-the-earth-v-watson/

CCC. 2004. "American Electric Power Co. vs. Connecticut" http://climatecasechart.com/case/american-electric-power-co-v-connecticut/

CCC. 2005. "Comer v. Murphy Oil USA Inc" http://climatecasechart.com/case/comer-v-murphy-oil-usa-inc-2/

CCC. 2006. "Gray v. Minister for Planning" http://climatecasechart.com/non-us-case/gray-v-minister-for-planning/

CCC. 2008a. "Native Village of Kivalina v. ExxonMobil Corp" http://climatecasechart.com/case/native-village-of-kivalina-v-exxonmobil-corp/

CCC. 2008. "Steadfast Insurance Co. v. AES Corp" http://climatecasechart.com/case/steadfast-insurance-co-v-the-aes-corporation/

CCC. 2013a. "Massachusetts v. Environmental Protection Agency" http://climatecasechart.com/case/massachusetts-v-epa/

CCC. 2013b. "In re Court on its own motion v. State of Himachal Pradesh and others" http://climatecasechart.com/non-us-case/in-re-court-on-its-ownmotion-v-state-of-himachal-pradesh-and-others/

CCC. 2015a "Leghari v. Federation of Pakistan" http://climatecasechart.com/no
n-us-case/ashgar-leghari-v-federation-of-pakistan/

CCC. 2015b. "Western States Petroleum Association v. Oregon Commission on
Environmental Quality" http://climatecasechart.com/case/western-states-
petroleum-association-v-oregon-commission-on-environmental-quality/

CCC. 2015c. "Urgenda Foundation v. State of the Netherlands" http://climateca
sechart.com/non-us-case/urgenda-foundation-v-kingdom-of-the-netherl
ands/

CCC. 2015d. "Juliana v. United States" http://climatecasechart.com/case/juliana-
v-united-states/

CCC. 2015e. "Liluya v. RWE" http://climatecasechart.com/non-us-case/lliuya-v-
rwe-ag/

CCC. 2016. "Union of Swiss Senior Women for Climate Protection v. Swiss
Federal Council and Others" http://climatecasechart.com/non-us-case/
union-of-swiss-senior-women-for-climate-protection-v-swiss-federal-
parliament/

CCC. 2016b. "Greenpeace Nordic Ass'n and Nature and Youth v. Ministry
of Petroleum and Energy" http://climatecasechart.com/non-us-case/
greenpeace-nordic-assn-and-nature-youth-v-norway-ministry-of-petroleu
m-and-energy/

CCC. 2016c. "Fentress v. Exxon Mobil Corp" http://climatecasechart.com/case/
fentress-v-exxon-mobil-corp/

CCC. 2017a "Thomson v. Minister for Climate Change Issue" http://climatecase
chart.com/non-us-case/thomson-v-minister-for-climate-change-issues/

CCC. 2017b. "Pandey v. India" http://climatecasechart.com/non-us-case/pande
y-v-india/

CCC. 2017c. "City of Oakland v. BP p.l.c." http://climatecasechart.com/case/
people-state-california-v-bp-plc-oakland/

CCC. 2017d. "County of San Mateo v. Chevron Corp" http://climatecasechart.
com/case/county-san-mateo-v-chevron-corp/

CCC. 2018a. "Notre Affaire à Tous and Others v. France" http://climatecasechart.
com/non-us-case/notre-affaire-a-tous-and-others-v-france/

CCC.2018b. "Armando Ferrão Carvalho and Others v. The European Parliament
and the Council v. EU" http://climatecasechart.com/non-us-case/armando-
ferrao-carvalho-and-others-v-the-european-parliament-and-the-council/

CCC. 2018c. "City of New York v. BP p.l.c." http://climatecasechart.com/case/
city-new-york-v-bp-plc/

CCC. 2018d. "People of the State of New York v. Exxon Mobil Corporation" http://climatecasechart.com/case/people-v-exxon-mobil-corporation/

CCC. 2018e. "Rhode Island v. Chevron Corp" http://climatecasechart.com/case/rhode-island-v-chevron-corp/

CCC. 2018f. "Mayor & City Council of Baltimore v. BP p.l.c." http://climatecase chart.com/case/mayor-city-council-of-baltimore-v-bp-plc/

CCC. 2018g. "Pacific Coast Federation of Fishermen's Associations, Inc. v. Chevron Corp" http://climatecasechart.com/case/pacific-coast-federation-of-fishermens-associations-inc-v-chevron-corp/

LSE(런던정경대)의 판례 데이터 베이스

LSE. 2016a "Australian Conservation Foundation Inc. v. Minister for the Environment" http://www.lse.ac.uk/GranthamInstitute/litigation/australian-conservation-foundation-inc-v-minister-for-the-environment/

LSE. 2016b. "VZW Klimaatzaak v. Kingdom of Belgium & Others" http://www.lse.ac.uk/GranthamInstitute/litigation/vzw-klimaatzaak-v-kingdom-of-belgium-et-al-court-of-first-instance-brussels-2015/

LSE. 2017a. "Plan B Earth and Others v. The Secretary of State for Business, Energy, and Industrial Strategy" http://www.lse.ac.uk/GranthamInstitute/litigation/plan-b-earth-others-v-secretary-state-business-energy-industrial-strategy/

LSE. 2017b. "Earthlife Africa Johannesburg v. Minister of Environmental Affairs" http://www.lse.ac.uk/GranthamInstitute/litigation/earthlife-africa-johannesburg-v-minister-of-environmental-affairs-others/

LSE. 2017c. "PUSH Sweden and others v. Sweden" http://www.lse.ac.uk/GranthamInstitute/litigation/push-sweden-nature-youth-sweden-et-al-v-government-of-sweden/

LSE. 2017d. Columbia Pacific Building Trades Council v. City of Portland" http://climatecasechart.com/case/columbia-pacific-building-trades-council-v-city-of-portland/

LSE. 2017e. "Gloucester Resources Limited v. Minister for Planning" http://climatecasechart.com/non-us-case/gloucester-resources-limited-v-minister-for-planning/

LSE. 2017f. "Abrahams v. Commonwealth Bank of Australia" http://www.lse.ac.uk/GranthamInstitute/litigation/abrahams-v-commonwealth-bank-of-australia/

LSE. 2018a "Future Generations v. Ministry of the Environment and Others" http://www.lse.ac.uk/GranthamInstitute/litigation/future-generations-v-ministry-of-the-environment-and-others/

LSE. 2018b. "Friends of the Earth Germany, Association of Solar Supporters, and

Others v. Germany" http://www.lse.ac.uk/GranthamInstitute/litigation/
friends-of-the-earth-germany-association-of-solar-supporters-and-others-v-
germany/

LSE. 2018c. "Family Farmers & Greenpeace Germany v. German Federal
Government" http://www.lse.ac.uk/GranthamInstitute/litigation/family-
farmers-and-greenpeace-germany-v-germany/

LSE. 2018d. "McVeigh v. Retail Employees Superannuation Trust" http://
www.lse.ac.uk/GranthamInstitute/litigation/mcveigh-v-retail-employees-
superannuation-trust/

ELAW(Environment Law Allaince Worldwide) 판례 데이터 베이스

ELAW. 2006. "Gray v. Minister for Planning" https://elaw.org/AU_Gray_2006

ELAW. 2016. "Rabab Ali v. Federation of Pakistan" https://www.elaw.org/pakist
an.rabab.ali.climate.petition.2016

필자 소개

이혜경 Lee, Hae Kyung
국회입법조사처 입법조사관
서울대학교 외교학과 졸업, 서울대학교 법학박사

논저 『지구환경정치의 이해』(공저)

이메일 hlee@na.go.kr

제3장

한국 배출권 거래제도의 현황과 동북아 탄소 시장의 통합 가능성

Emission Trading Scheme in Korea and the Possibility of Carbon Market Integration in the Northeast Asia

신상범 | 연세대학교 국제관계학과 교수

이 글은 한국 탄소배출권 거래제도(ETS)의 현황을 파악하고 향후 한·중·일 3국의 탄소 시장이 통합될 수 있는 가능성에 영향을 미치는 요인이 무엇인지를 분석하는 것을 목적으로 한다. 한국이 전국 단위의 의무적인(mandatory) ETS를 도입하게 된 데에는 국제사회의 압력보다는 국내정치적 동기가 더 크게 작용했다. 도입 과정에서는 주로 EU ETS의 제도적 특징들을 참고하였으나 세부적인 차이는 있다. 이러한 차이는 주로 1기에 거래를 활성화하기 위해 만들어진 것이다. 현재 2기가 진행 중인데 아직까지도 거래가 충분히 이루어지고 있지는 않는 것이 현실이다. 한·중·일 탄소 시장의 통합에 영향을 미치는 가장 중요한 변수는 제도적인 차이를 좁히는 것이 아니라 이세 나라가 과연 얼마나 진지하게 기후변화 정책과 ETS를 추진할 것인지, 즉 정치적 의지이다. 이를 위해 한국도 전망치가 아닌 일정 연도 대비 감축 목표를 제시해야 하며 중국도 절대량 감축 목표를 제시해야 한다.

This article aims to introduce Korea's Emission Trading Scheme (KETS) and discuss the possibilities of carbon market market integration in the Northeast Asia. Korea initiated national mandatory ETS in 2015. The main driving force to introduce ETS in Korea was not international pressure but domestic political reasons. KETS is generally based on ET ETS but there are some institutional differences. These differences were made to facilitate trading in the first period. Currently, still KETS has problems of low trade volume. In order to anticipate carbon market integration among China, Japan, and South Korea, the political will to take climate change policies and ETS seriously is the most critical factor. Most of all, Korea and China should specify CO_2 emission reduction targets in terms of absolute amount reduction.

KEYWORDS 배출권 거래제도 Emission Trading Scheme, 탄소 시장 통합 Carbon Market Integration, 기후변화 정책 Climate Change Policies, 지역환경협력 Regional Environmental Cooperation

I 서론

지난 2015년 1월 1일 한국에서 전국단위의 온실가스 배출권 거래 제도(Emission Trading Scheme, 이하 ETS)가 시작되었다. ETS란 정부가 온실가스 등 오염물질을 배출하는 경제주체에게 배출허용 총량(cap)을 설정하여 배출권을 유상 또는 무상으로 할당하고, 여기에 참여하는 경제주체들은 시장에서 배출권 여분을 판매하여 이익을 취하거나 부족분을 구매하여 배출허용총량 기준을 맞추어 전체적으로 오염물질 배출을 비용효과적으로 줄이도록 한 제도이다.

이 제도의 시행으로 인해 한국은 유럽연합(EU)과 뉴질랜드에 이어 세계에서 세 번째로 전국단위의 의무적인(mandatory) ETS를 시행한 나라가 되었고 EU에 이어 두 번째로 큰 탄소 시장을 가진 나라가 되었다. 미국이나 캐나다, 일본 등은 일부 지역단위로 이 제도를 시행해 오고 있으나 아직까지 전국적으로 시행하고 있지는 않고, 중국은 2017년 12월에 전국단위로 의무적인 ETS를 시작한다고 공식적으로 발표하였는데 2019년 6월 현재까지 사실상 거래가 이루어지지는 않고 있다.

한국은 2005년경부터 온실가스 배출량에 있어서 항상 전 세계 10위 내외에 위치해왔다. 2016년의 경우 총 732억 톤을 배출하여 절대량에서 세계 9위를 기록하였다.[1] 한국 정부는 온실가스 주요 배출국가 중 하나로 전 세계적으로 확산되어 온 기후변화 완화

---

[1] https://www.wri.org/resources/data-visualizations/greenhouse-gas-emissions-over-165-years (검색일: 2019년 8월 23일). 이 글 전체에서 톤으로 표기되는 단위는 모두 이산화탄소상당량톤(tCO_2eq)이다.

를 위한 국제협력에 적극적으로 참여해 왔으며 2009년 코펜하겐에서 열린 제15차 기후변화기본협약 당사국총회에서 2020년까지 온실가스를 배출치 전망(Business As Usual, BAU) 대비 30%를 자발적으로 감축하겠다고 선언하였고 이를 2010년 4월에 시행된 저탄소녹색성장기본법에 명시하였다. 이후 정부는 이 목표를 실현하기 위한 주요 방안으로서 ETS의 도입을 추진하여 2012년 온실가스 배출권 할당 및 거래에 관한 법률을 제정하였고, 세심한 준비과정을 거쳐 2015년에 전국적으로 ETS를 시행하게 되었다.

한국 배출권 거래제도(Korea ETS, 이하 KETS)는 총 세 시기로 기획되었는데 1차 계획기간과 2차 계획기간은 각각 3년으로 설정되었고 3차 계획기간은 5년으로 설정되었다. 2019년 8월 현재는 1차가 끝나고 2차 기간이 진행 중이다. 1차의 경우 5개 부문 26개 업종에서 약 600여 기업이 참여하였으며 배출허용총량은 약 16억 8천 6백만 톤이었고 거래량은 2015년도에 4.8백만 톤, 2016년도에 14.1백만 톤, 그리고 2017년도에 40.0백만 톤을 기록하였다. 그런데 물론 1차 기간에는 제도 자체의 안정화에 역점을 두기는 했지만 거래량이 예상보다 많지 않았고 정책불확실성에 의한 여러 가지 문제점들이 발견되었다. 또한 원래 주관부서가 환경부였는데 이 업무가 2016년에 기획재정부로 이관되었다가 다시 2018년 초에 환경부로 이관되는 등 정부 정책결정자들 사이에서의 이견과 갈등이 발생하기도 하였다. 현재 진행 중인 2차 기간에는 이러한 문제점들을 극복하고 가격과 공급에서의 불확실성을 최소화하여 참여 기업들이 시장에서 합리적인 판단을 할 수 있도록 노력하고 있지만 여전히 제도적 약점과 정책불확실성으로 인해 부작용이

많이 나타나고 있다.[2]

본 글에서는 KETS의 전반적인 현황을 파악하고 제도의 디자인, 운영상의 특징 및 문제점들을 분석한다. 또한 향후 한·중·일 탄소 시장의 통합을 위해서는 어떠한 정치적, 제도적 조건이 필요한지를 분석한다.

ETS는 1997년에 채택된 교토의정서(Kyoto Protocol)에서 회원국들의 의무감축이행을 돕기 위해 만들어진 세 개의 유연성 메커니즘(Flexibility Mechanisms) 중 하나로서 2005년에 이 조약이 발효되면서 유럽을 중심으로 본격적으로 시작되었다. 이 제도는 최소한 다음의 두 가지 측면에서 국제정치학적으로 중요한 연구 주제이다.

첫째, 이 제도는 총 배출량을 얼마나 어떤 방식으로 허용해 줄 것인지, 해당되는 부문과 업종이 무엇인지, 배출권이 부족할 때 다음 해에 할당될 배출권을 미리 차입(borrowing)하거나 반대로 남을 때 다음 해로 이월(banking)하는 것을 허용해 줄 것인지, 배출주체들의 배출량을 파악하고 보고하고 검증하는(Measurement, Report, and Verification, MRV) 절차는 어떤지, 외부 시장에서 감축을 한 실적을 상쇄배출권으로 인정해 줄 것인지, 가격조정을 위해 관리주체가 시장에 개입하는 도구가 있는지, 배출주체들이 의무이행을 하지 않았을 때 처벌규정은 어떤지 등에 따라 다양한 형태로 시행될 수 있다. 각국은 자국이 설정한 온실가스 감축 목표와 그것을 달성하기 위한 전략을 바탕으로 이러한 세부적인 제도적 디자

---

2   http://www.hani.co.kr/arti/economy/economy_general/874169.html (검색
     일: 2019년 8월 23일).

인을 설계하고 그에 따라 배출주체들에게 가는 경제적 손실을 최소화하면서 온실가스 감축효과를 극대화하기 위해 노력하고 있다. 따라서 일종의 표준 경쟁이 일어날 가능성이 있다. 현재로서는 수년간의 시행착오를 거쳐 일단 자체적으로 안정적인 제도를 운영하고 있는 EU ETS가 실행하는 제도적 디자인이 표준 역할을 하고 있지만, 만약 중국과 같은 거대한 탄소 시장을 가진 주체가 독자적인 기준을 설정한다면 그 자체로서 표준이 바뀔 가능성이 있다.[3] 또한 규모 면에서뿐 아니라 중국의 ETS는 같은 개도국으로서 다른 개도국에 의미 있는 신호를 보낼 수 있다는 면에서도 일종의 게임을 바꾸는 과정(game changing process)이라고도 할 수 있다(Kaufman and Elkind 2018).

둘째, 이러한 표준 경쟁은 탄소 시장의 연결과 직결된다. 2015년에 채결된 기후변화 파리협정(Paris Agreement)의 제6조에는 시장 메커니즘을 통한 국가 간 협력이 가능함을 명시하고 있다. 이에 관한 세부 항목들에는 이전의 청정개발체제(Clean Development Mechanism, 이하 CDM)를 대체하는 지속가능발전메커니즘(Sustainable Development Mechanism, SDM)의 추진, 한 국가의 완화성과(mitigation outcomes)의 국제적 이전 허용 등이 있다. 물론 이러한 세부 규칙들은 아직도 협상 중이지만(최원기 2018), 이 6조는 각국이 외부에서 온실가스 감축을 추진하고 이를 서로 인정해줌으로써 사실상 탄소 시장을 연결하거나 통합할 수 있는 가능성을 높여주었다. 따라서 각국이 자유롭게 탄소 클럽을 형성할 가능

---

3   표준 경쟁에 대해서는 김상배(2012) 등을 참고할 수 있다.

성이 높으며 특히 동북아 주요 3국이 일종의 '상부상조' 차원에서 협력을 시도할 수 있다. 물론 그 과정에서 갈등과 대립 그리고 3국의 다른 현안들과 연계된 복잡한 이슈들이 발생할 가능성이 있다.

이러한 중요성에 비해 한국 및 주변국의 배출권 거래제도에 대한 국제정치학적 연구는 아직도 부족한 편이다. KETS에 대한 연구의 경우 특정한 제도적 디자인이 배출권의 가격에 미치는 영향을 경제학적으로 분석한 연구(Kim and Yu 2018), 이 제도에 대한 기업들의 이해와 수용도를 설문조사를 통해 분석한 기업 수준에서의 연구(Suk 2017), 이 제도의 도입을 둘러싼 행위자들의 입장을 사회연결망 분석을 통해 확인하는 연구(한진이·윤순진 2011), 특정 산업을 중심으로 이 제도가 그 산업에 미친 영향을 분석한 연구(임호선 등 2014), KETS의 특정 정책 변화를 공공정책 변동의 목저을 달성했는지의 차원에서 분석하는 연구(오일영·윤영채 2018), 그리고 위탁 경매라는 특정 제도의 도입 가능성에 대한 연구(안영환 2018) 등 타 학문 분야에서의 연구는 상대적으로 매우 활발한 반면, (국제)정치학적 시각에서 이 문제를 접근하는 연구는 매우 부족하다. 따라서 본 논문이 이러한 공백을 메우고 후속 연구를 촉발하는 역할을 할 수 있기를 희망한다.

본 연구는 다음과 같이 구성되어 있다. II절에서는 한국에서 이 제도가 도입된 배경과 도입 과정, 그리고 1차 기간 진행 과정을 서술한다. III절에서는 KETS의 제도적 특징과 문제점을 분석한다. IV절에서는 중국과 일본의 ETS를 소개하고 한·중·일 탄소 시장 통합의 조건과 가능성을 분석한다. V절에서는 결론과 함의를 제시한다.

II 한국 배출권 거래제도의 도입 과정과 현황

1. 배출권 거래제도의 도입 배경과 도입 과정

한국에서 ETS가 도입되는 동기를 크게 국제적인 요인과 국내적인
요인으로 나눈다면 국제적인 요인은 주로 국제사회에서의 직·간
접적인 압력을 들 수 있고 국내적인 요인은 과거 정권과 차별화된
성장전략과 비전을 제시해야 했던 이명박 정부의 정치적 고려를
들 수 있을 것이다.

먼저 국제적 압력을 살펴보면 1997년 교토의정서가 채택되었
을 때 한국은 비(非)부속서 I 국가로 분류되어 감축 의무를 부과받
지 않았다. 그러나 이후 2000년대에 한국의 온실가스 배출량은 경
제성장과 더불어 지속적으로 증가하였고 대략 2000년대 중반부터
는 온실가스 전반 혹은 이산화탄소 배출량에서 절대량 기준으로
세계 약 10위 안팎의 위치를 차지하게 되었다. 따라서 다른 주요
배출국들과 마찬가지로 국가 차원에서 기후변화 정책을 수립하고
특히 실제 감축 효과가 있는 완화(mitigation)정책의 수립 필요성
이 대두되었다. 이에 따라 국제사회에서도 유엔 기후변화회의 등
을 통해 한국이 진지하게 배출량을 감축할 것을 직·간접적으로 요
구했을 것이다. 그리고 이러한 압력이 ETS를 도입하는 직·간접적
인 계기가 되었을 가능성이 있다(Biedenkopf and Wettestad 2018).

그러나 사실 2000년대에 이러한 압력을 가장 많이 받은 국가
는 이산화탄소 배출량 1위와 2위를 다투던 미국과 중국이었다. 미
국은 교토의정서 비준을 거부하였고 중국은 한국과 마찬가지로 비

부속서 I 국가였기 때문에 결과적으로 세계 1위와 2위의 배출국가들이 의무감축에 동참하지 않게 된 것이다. 특히 2005년에 교토의정서가 발효되고 2008년에 제1차 의무감축기간이 시작되면서 국제사회에서 이 두 국가에 대한 비난과 압력이 더욱 커졌다. 또한 향후 2013년부터 시작될 제2차 의무감축기간에도 이 두 국가가 감축에 참여하지 않는지 그 경우 교토체제 자체가 계속되어야 하는지가 지속적인 쟁점이 되었다. 결국 교토체제가 붕괴되고 이후 의무감축 부과가 없는 파리협정체제로 대체되었는데 이러한 전반적인 과정에서 국제사회에서 언제나 논쟁의 중심에 선 것은 한국보다는 미국과 중국이었다.

오히려 한국의 경우 기후변화 정책 수립에 있어서 국제사회의 압력보다는 국내정치적 동기가 더 크게 작용했을 것으로 판단된다. 2008년 이명박 정부는 대통령 취임 이후 8월 15일에 대한민국 건국 60주년 기념사에서 국가 발전의 기본 패러다임으로서 '저탄소 녹색성장 전략'을 발표하였다. 이는 두 번의 진보정권 이후 탄생한 보수 정권으로서 과거의 보수와는 차별화된 새로운 국가 비전을 수립하고 새로운 성장 동력을 제시함으로써 국민들의 지지를 얻고자 하는 정치적 동기의 산물이었다고 할 수 있다. 이 전략은 청정에너지와 녹색 기술의 발전을 통해 에너지 자립을 이루고 또 그럼으로써 경제 위기를 극복하고 일자리를 창출하는 등 신성장동력을 확보하는 것을 골자로 한다.

이듬해인 2009년에는 코펜하겐에서 열린 제15차 기후변화 당사국총회에서 한국 역사상 최초로 정부가 국제사회에서 자발적인(voluntary) 온실가스 감축 공약을 발표하였다. 공약의 내용은

2020년까지 온실가스 배출 전망치(Business as usual, BAU) 대비 30%를 감축하겠다는 것이었다. 그러나 한국 최초의 공약이었음에도 불구하고 그것이 당시에 총회 안팎에서 큰 호응을 얻고 크게 이슈가 되었던 것은 아니었다. 왜냐하면 코펜하겐 총회는 2년 전 발리에서 채택한 발리 로드맵의 구체적인 내용을 확정해야 하는 데드라인이었기 때문이었다. 결국 코펜하겐 총회가 다 끝나가도록 발리 로드맵의 구체적 계획은 합의되지 못했고 2차 의무감축기간이 시작되면 누가 어떻게 감축을 할 것인지를 결정하지 못하게 된 것이다. 이 상황에서 한국의 공약이 크게 주목을 받지 못하였고 더군다나 일정 시점의 배출량을 기준으로 감축하는 것이 아니라 전망치 대비 공약이었기 때문에 신뢰성이 상대적으로 낮게 평가될 수밖에 없었다.

이러한 국제사회에서의 반응과는 달리 국내에서는 비교적 신속히 관련 조치들을 취하기 시작하였다. 2010년에 4월 14일에는 코펜하겐 공약 이행을 위해 '저탄소녹색성장기본법'과 동법 시행령이 발효되었는데 이 법의 세 가지 핵심 요소는 다음과 같다. 첫째, 시행령 제25조에 코펜하겐에서 공약한 감축목표를 법으로 명시하였다. 둘째, 이 공약의 실행을 위해 기본법 제42조에 온실가스·에너지 목표관리제의 도입을 명시하였고 이를 위해 제45조에 온실가스 종합정보관리체계의 구축 또한 명시하였다. 셋째, 제46조에 총량제한 배출권 거래제도의 도입을 가능하게 하는 법적 근거를 마련하였다.

이 세 요소 중 특히 온실가스·에너지 목표관리제는 KETS가 도입되고 시행되는 데 결정적인 역할을 했다. 목표관리제는 정부가 온실가스를 배출하는 업체와의 협의를 통해 배출목표치를 매년 설정하고 업체가 매년 배출량에 관한 기록을 보고하면 정부가 이를 검증하고 배출량 데이터를 체계적으로 관리하는 제도를 말한다. 이 제도는 시장 유인(market incentive)에 기반을 둔 정책이 아니라 반대로 전형적인 명령·통제형(command and control) 정책이지만 이 제도로 인해 기업들은 산정·보고·검증(Measurement, Report, and Verification, MRV) 체제를 갖추게 되었고 따라서 ETS가 도입될 수 있는 디딤돌의 역할을 했다.

그러나 이러한 국내 입법 과정은 많은 갈등을 수반하기도 하였다. 녹색성장기본법에는 온실가스·에너지 목표관리제와 ETS의 주무 부처를 명시하지 않고 시행 주체를 '정부'로만 표기하였기 때문에 초기 제도의 수립 과정에서부터 지식경제부와 환경부의 갈등이 매우 심했고 치열한 갈등 끝에 환경부가 이 두 제도의 주무 부처로 확정되었다. 사실 이 두 기관 중 누가 주관하느냐의 문제는 산업계에도 매우 중요한 문제였다. 또한 2010년 11월에는 ETS의 입법을 예고하였는데 여기에는 총량거래제를 2013년부터 시행하며 1차 기간에는 90% 이상을 무상할당할 것이며 온실가스 초과배출에 대해 톤당 100만 원 범위 내에서 평균 가격의 5배 이하의 과징금을 부과하고, 보고 의무 등 행정적 의무 위반에 대해 5천만 원 이하의 과태료를 부과한다는 내용이 포함되어 있다. 그러나 보다 세밀한 규칙인 할당 방식과 상쇄 허용 여부 등의 내용이 포함되지 않았고 이로 인한 불확실성이 산업계(특히 에너지 다소비 업계)의 강한 반발을 초래하였다. 경제5단체를 포함한 관련 단체는 "목표관리제 성과를 지켜본 후 2015년 이후 논의하자"는 의견을 제시하였고 이를 받아들여 정부는 1차 기간의 시작 시점을 2015년으로 늦추고 무상할당 비율도 늘리고 과징금과 과태료도 조정하여 2011년 2월 재입법을 예고하였다(한진이·윤순진 2011).

산업계의 주장은 애당초 우리나라는 교토의정서의 의무감축 국가도 아닐뿐더러 이 제도를 시행할 경우 해당 기업들의 수출경쟁력이 저하되어 결국 우리 경제에 타격을 줄 것이며 무엇보다도 우리의 무역 주 상대국인 미국, 일본, 중국 등이 전면 시행하고 있지 않은 상태에서 한국만이 전면 시행할 필요가 없다는 것이었다(임호선 등 2014). 그러나 이러한 반대에도 결국 '온실가스 배출권의 할당 및 거래에 관한 법률' 및 동법 시행령이 2012년 12월 5일에 제정되었고 이로써 ETS를 시행할 법적 근거가 확보되었다.

이 법 3조에는 한국 배출권 거래제도 시행의 5대 원칙이 명시되어 있는데 첫째, 기후변화에 관한 국제연합 기본협약 및 관련 의정서에 따른 원칙 준수 및 기후변화 관련 국제협상 고려, 둘째, 배출권 거래제도가 경제적 국제경쟁력에 미치는 영향을 고려, 셋째, 국가 온실가스 감축목표를 효과적으로 달성하기 위한 시장 기능 활용, 넷째, 시장 거래 원칙에 따른 공정하고 투명한 배출권 거래 유도, 그리고 다섯째, 국제 탄소 시장과의 연계를 고려한 국제적 기준에 적합한 정책 운영 등이다. 이들을 종합해 본다면 결국 이 제도를 통해 국가가 제시한 온실가스 감축 목표를 달성하는 것이 궁극적인 목표이고 이를 위해 공정하고 효율적인 제도를 통해 시장을 활성화시키되 국가경쟁력 제고를 위해 민감 업종을 고려하고 유연한 제도 운영을 모색한다는 것이 기본 원칙이다.

2014년 1월 기획재정부는 이 법에 근거하여 제1차 배출권 거래제도 기본계획(이하 1차 기본계획)을 수립·공표하였다. 유럽연합의 경우 기본계획(EU ETS Directive) 내에 할당계획이 포함되어 있으나 한국의 경우 할당계획은 9월에 별도로 발표하였다(기획재정부 2014, 5). 할당계획은 민감 사안이기 때문에 산업계의 요구를 반영하고 제반 사항을 고려하여 추후에 발표한 것이다. 1차 기본계획에는 이 제도의 장점, 즉 기대효과를 다음과 같은 세 가지로 서술하고 있다. 첫째는 비용효과적인 온실가스 감축 추진이다. 즉 이 제도는 목표관리제와 같은 명령·통제형 정책에 비해 규제비용이 절약되며 업체 간 감축비용의 차이를 거래를 통해 해소함으로서 경제 전체로 볼 때 감축비용이 줄어든다는 것이다. 둘째는 기업의 기술개발 유인 극대화이다. 즉 기업이 재생에너지 기술 개발 등에 투자하여 감축비용을 줄이는 동기를 제공하고 장기적으로는 에너지 저소비 및 저탄소형 경제구조로의 전환을 기대할 수 있다는 것이다. 셋째는 국제사회에서의 이미지 제고이다. 한국은 교토체제하에서 의무감축 국가가 아님에도 불구하고 이 제도를 시행함으로써 모범국의 이미지를 제고하고 향후 협상에 선제 대응할 수 있다는 것이다(기획재정부 2014, 21).

1차 기본계획은 이 제도의 시행을 크게 세 시기로 나누어 설정하였다. 아래 〈표 3-1〉에서 보는 바와 같이 1차 계획기간에는 이 제도의 안착에 주안점을 두고 있으며 2차와 3차에 본격적인 감축을 계획하였다. 1차에는 전량 무상할당하며 목표관리제의 시행 경험을 활용하여 산정·보고·검증 시스템을 구축함으로써 제도의 안착에 주력하는 것이 기본 계획이다. 반면 2차에는 부분적으로 유상할당을 시작하고 할당방식도 다양화하고 각종 기준도 고도화하기

표 3-1. 제1차 기본계획상 기간별 운영 방향

	1차 계획기간(15-17)	2차 계획기간(18-20)	3차 계획기간(21-25)
주요 목표	• 경험 축적 및 거래제 안착	• 상당수준의 온실가스 감축	• 적극적인 온실가스 감축
제도 운영	• 상쇄인정범위 등 제도의 유연성 제고 • 정확한 산정·보고·검증(MRV) 집행을 위한 인프라 구축	• 거래제 범위 확대 및 목표 상향 조정 • 배출량 보고·검증 등 각종 기준 고도화	• 신기후체제 대비 자발적 감축 유도 • 제3자 거래제 참여 등 유동성 공급 확대
할당	• 전량 무상할당 • 목표관리제 경험 활용	• 유상할당 개시(3%) • 벤치마크 할당 등 할당방식 선진화	• 유상할당 확대(10%) • 선진적 할당방식 정착

출처: 기획재정부(2014, 30)

로 되어 있다. 마지막 3차에는 유상할당 비율을 확대하고 제3자의 참여 등 제도운영상의 유연성을 제고하여 더욱 적극적으로 온실가스를 감축하는 것을 목표로 한다.

1차 기본계획이 공표되고 난 후 8개월이 지난 2014년 9월에는 온실가스 배출권 거래제 제1차 계획기간 국가 배출권 할당계획(이하 1차 할당계획)이 수립·공표되었다. 여기에는 할당 대상이 되는 부문과 업종, 배출허용총량, 배출권 총수량, 업종별 할당량(sector specific cap), 업체별 할당기준, 배출권 예비분, 상쇄 기준 등 할당에 관한 세부 규칙들이 포함되어 있다. 배출허용총량은 전체 할당대상업체의 온실가스 배출 총허용량으로서 배출권 거래제도에 의해 관리되는 목표배출량을 의미한다. 배출권 총수량은 배출허용총량 및 추가로 설정되는 예비분까지 포함하여 계획기간 중 정부가 할당 또는 보유하게 되는 배출권의 전체 수량을 의미한다. 그런데 2015년의 파리협정 이후 한국이 제출한 국가자발적기

여(Nationally Determined Contributions, 이하 NDC)에서 정부는 2030년까지 배출 전망치 대비 37%를 감축할 것을 선언하였으므로 이에 따라 2016년 6월에 저탄소 녹색성장기본법 시행령을 개정하고 '2030년 국가 온실가스 감축목표 달성을 위한 기본 로드맵'을 발표하였다. 그런데 이 로드맵에 배출권 거래제도 1차 기간의 마지막 해인 2017년이 포함되어 있기 때문에 2017년 1월에 할당계획을 변경하여 할당량을 재산정하고 예비분을 조정하였다(환경부 온실가스종합정보센터 2019, 16-17).

2. 1차 계획기간(2015-2017)의 실행 및 결과

1차 기간의 적용 대상은 온실가스 배출권의 할당 및 거래에 관한 법률 제8조 제1항 제1조에 따라 최근 3년간 온실가스 배출량의 연평균 총량이 125,000톤 이상인 업체이거나 25,000톤 이상인 사업장의 해당 업체로 규정되었다. 이에 따라 1차에는 5개 부문, 23개 세부 업종, 525개 업체가 대상이 되었다. 5개 부문은 산업, 빌딩, 교통(항공 포함), 에너지, 공공(수자원, 하수 및 폐기물 처리)인데 이 중 산업이 온실가스 배출량의 70% 정도를 차지하였다. 할당 대상업체로 지정되면 배출권을 할당받은 연도부터 온실가스·에너지 목표관리제의 적용에서 배제된다. 1차 계획기간이 끝난 시점에서 최종적으로 1차의 총 할당 업체는 603개가 되었다.

할당 방식은 위에서 언급한 대로 1차에는 전면 무상할당이 되었고 기본적으로 대부분의 경우 과거배출량 기반방식(Grandfathering, 이하 GF방식)으로 할당되었으나 정유, 항공, 시멘트 등 일부 업종에는 과거활동자료량 기반방식(Benchmarking, 이하 BM방식)으로 할당되었다. 전자는 과거 배출량을 기준으로 그 수준에 상응하거나 혹은 그 수준 이하로 할당하는 것이며 후자는 제품생산량 등 업체별 과거 활동자료를 근거로 설비효율성을 고려하여 배출권을 할당하는 방식이다. GF방식은 효율성이 높은 설비를 갖춘 업체에 오히려 불리하게 작용할 수 있다는 단점이 있다. 이러한 단점을 보완하고 형평성을 제고하기 위해 유럽에서 BM방식이 시도되었고 이것이 점차로 확대되고 있다. 이 방식에서는 BM계수를 이용하여 할당량을 산정하는데 이는 제품생산량 등 단위 활동자료당 온실가스 배출량 실적/성과를 국내외 동종 배출시설 또는 공정과 비교하여 산정한 값이다. 따라서 이 방식이 적용되면 생산 1단위당 배출량이 낮은 기업, 즉 효율성이 높은 기업에 유리하게 할당되기 때문에 효율성을 높이기 위한 설비를 갖출 능력이 있는 대기업에게 유리하다. 2018년부터 시작된 2차에는 기존 3개 업종에 발전, 집단에너지, 산업단지, 폐기물 업계가 추가적으로 BM방식으로 할당받게 되었다.[4]

이렇게 해서 1차 기간 첫해인 2015년 말에 약 5억 4천만 톤, 2016년 말에 5억 6천만 톤, 그리고 2017년 말에 약 5억 8천만 톤이 할당되어 1차 3년 기간 동안 최종적으로 약 16억 8천 6백만 톤이 할당되었다.[5] 여기에는 약 8천 9백만 톤의 예비분(reserve)이 포

4   http://www.me.go.kr/home/web/board/read.do?boardMasterId=1&boardId=883200&menuId=286 (검색일: 2019년 8월 23일).
5   최종할당량은 사전할당량이 결정된 후 이행 기간 중 발생하는 업체별 변동사항(신규진입, 조기감축실적, 할당조정, 할당취소, 권리의무승계 등)을 반영하여 결정되는 할당량을 말한다.

함되어 있는데 이들은 시장안정화를 위한 분량이나 조기 경매 등을 위한 것이다. 예비분 중 84.5%에 해당하는 7천 5백 5십만 톤 정도가 사용되었다(ICAP 2019a; 환경부 온실가스종합정보센터 2019 27). 업종별로는 〈그림 3-1〉에서 보는 바와 같이 발전·에너지가 6억 8천 8백 6십만 톤으로 가장 많으며 이것은 전체 할당량의 약 41%를 차지한다. 그 뒤로는 철강(3억 1천 8백만 톤), 석유화학(1억 5천 5백 8십만 톤), 시멘트(1억 3천 4백만 톤), 정유(6천 3백만 톤) 등이다. 기타에는 집단에너지, 비철금속, 섬유, 자동차, 통신, 조선, 항공 등이 포함되어 있다(환경부 온실가스종합정보센터 2019, 28-29).

할당이 완료되고 거래 기간이 시작되면 할당업체는 이행연도 종료 후 배출권 제출을 위해 기존의 할당받은 당해 이행연도분의 배출권 외에 부족분이 발생할 경우 배출권 거래를 통해 조달해야 하고 반대로 잉여분은 매매 처리할 수 있다. 거래는 장내와 장외로

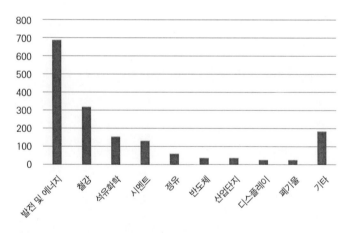

그림 3-1. 제1차 계획기간 업종별 최종할당량
출처: 환경부 온실가스종합정보센터(2019)의 데이터를 바탕으로 직접 작성

이루어지며 장외의 경우 한국거래소(KRX) 플랫폼 바깥에서 거래 쌍방의 합의하에 이루어지는 것으로서 거래 가능 종목 및 기간에 제한이 없다.

배출권은 크게 할당배출권과 상쇄배출권으로 구분된다. 전자는 정부가 할당해 준 배출권이며 후자는 외부에서 감축한 실적을 인정해 주는 것이다. 한국의 경우 할당배출권은 Korean Allowance Unit(KAU)이며 상쇄배출권은 Korean Credit Unit (KCU)이다. 이 외에 외부사업감축량인증실적(Korean Offset Credit, KOC)도 있는데 이것은 거래는 가능하지만 배출권 제출 가능 대상은 아니다. 따라서 KOC를 제출하기 위해서는 KCU로 전환해야 하기 때문에 실제로는 이 거래량은 KCU의 거래량에 포함되게 된다.

처음 개장이 되고 2015년 10월까지 거래가 없다가 10월에 첫 거래가 발생하였으나 그 해 말까지 거래량은 약 30만 톤으로 매우 미미하였다. 그러다가 1차 이행연도의 거래가 마감되는 2016년 6월 말 직전에 정부가 예비분 중 90만 톤 정도를 경매하여 약간의 거래가 발생하였으나 거래량이 크게 늘어나지는 않았다(ADB 2018). 더군다나 거래된 배출권 중 KAU는 39%를 차지하여 다소 부진했던 반면 KCU는 61%를 차지하였다. 이는 CDM사업을 통해 다량의 CER을 보유하고 있던 업체들이 이를 외부사업감축량으로 인정받아 장외거래에 참여했기 때문이다. 결국 1차 계획기간 첫 해인 2015년의 총 거래량은 4.8백만 톤이었고 이는 최종 제출량의 1%를 차지하였다. 그러나 2016년에는 14.1백만 톤(3%), 그리고 2017년에는 40.0백만 톤(7%)으로 증가하였다. 이렇게 해서 제1차 계획기간 배출권 총 거래량은 58.9백만 톤이 되었고 이는 최종 제출된 배출권의 4%에 해당하였다. 총 거래량 58.9백만 톤 중 KAU는 55.5백만 톤, KCU는 3.4백만 톤을 차지하였다(환경부 온실가스 종합정보센터 2019, 48).[6]

1차 계획기간 중 전체 26개 업종 중 25개 업종이 매도에 참여하였고(요업 제외), 24개 업종이 매수에 참여하여(정유 및 목재 제외) 거의 대부분의 업종이 거래에 참여하였다. KAU의 경우 총 매도량 55.5백만 톤 중 70%가 7개 업종(발전·에너지 17%, 철강 16%, 석유화학 10%, 집단에너지 9%, 반도체 7%, 정유 7%, 디스플레이 6%)에서 골고루 발생한 반면, 매수량의 경우 78%가 3개 업종(발전·에너지 63%, 석유화학 11%, 시멘트 8%)에서 집중적으로 발생하였다. KCU의 경우 매도는 5개 업종(폐기물 38%, 석유화학 31%, 수도 18%, 디스플레이 11%, 철강 1%)에서 발생하였으며, 매수는 11개 업종에서 발

표 3-2. 1차 계획기간 준수 결과

(단위: 백만 톤)

범주	2015	2016	2017	전체
업체 수	524	562	592	
총 할당량	538.8	560.8	586.0	1,685.6
배출량	542.7	554.3	572.0	1,669
결과	-3.9(0.7%)	6.5(1.15%)	14.0(2.39%)	16.6(0.98%)

출처: Ministry of Environment(2018)

6   첫해에는 KCU가 KAU를 압도했으나 둘째 해에는 KAU가 두 배 이상 증가하여 KCU를 압도하고 마지막 해에는 KAU는 세 배 이상 증가한 반면 KCU 거래가 발생하지 않았다. 따라서 최종적으로는 1차 기간 3년 동안 KAU가 압도적으로 많았다.

생하였는데 이 중 발전·에너지가 61%를 차지하였다(환경부 온실가스종합정보센터 2019, 49-50).

1차 계획기간 동안의 준수 결과를 보면 〈표 3-2〉에서 보는 바와 같이 총 할당량인 16억 8천 6백만 톤에 비해 총 배출량은 16억 6천 9백만 톤을 기록함으로써 약 1천 6백 60만 톤 정도의 잉여가 발생하였다. 연도별로는 첫해에는 배출량이 할당량을 초과하였으나 2016년부터 잉여가 발생하였다.

III 한국 배출권 거래제도의 특징과 문제점

1. 제도상의 특징

앞서 언급한 대로 한국은 유럽연합과 뉴질랜드에 이어 세 번째로 전국단위로 의무적인 ETS를 시행하는 나라가 되었다. 그런데 뉴질랜드의 경우 온실가스 배출량이 한국의 약 1/10 정도 수준이며 산업 구성도 한국과 매우 상이하기 때문에 한국은 주로 EU ETS를 참고하였다(Biedenkopf and Wettestad 2018, 155). 따라서 KETS와 EU ETS는 유사한 측면이 많으며 그럼에도 불구하고 몇몇 규정들에서는 차이를 보인다. ETS가 가진 세부 규정들은 할당방식, 이월과 차입, 상쇄, 검증 및 벌칙, 시장안정화 기재(가격 조정 메커니즘) 등으로 나눌 수 있다. 이를 EU와 비교하여 차례로 살펴보면 다음과 같다(표 3-3).

먼저 할당방식의 경우 앞서 언급한 대로 한국은 1차 기간

표 3-3. KETS와 EU ETS의 규정 비교

	유럽연합	한국
시작연도	2005	2015
온실가스 배출량(2016)*	4,353 Mt	694.1 Mt
기간	1차(2005-2007) 2차(2008-2012) 3차(2013-2020)	1차(2015-2017) 2차(2018-2020) 3차(2021-2025)
가격(2018)	USD 18.76	USD 20.62
전체 배출량 중 ETS가 커버하는 비율(%)	40	70
무상/유상 할당 비율	1차: 무상 100% 2차: 무상 90% 3차: 무상 43% (전력부문은 100% 유상임)	1차: 무상 100% 2차: 무상 97% 3차: 무상 90%
할당 방식	기본적으로 GF이나 제조업의 경우 BM	기본적으로 GF이며 일부 업종에서 BM
이월(Banking)	2차 기간부터 무제한 허용	제한적으로 허용
차입(Borrowing)	불허	제한적으로 허용
상쇄(Offset)	양적, 질적으로 제한적으로 허용함	양적, 질적으로 제한적으로 허용함
산정·보고·검증(MRV)	연도별 보고서 제출, 제3자 검증	
벌금	톤당 USD 118 이내	톤당 USD 91 이내
시장안정화 조항	2019년 1월부터 상한선과 하한선 설정	할당위원회의 양적 조정 제도

* 토지이용에 따른 증감분(LULUCF) 제외
출처: ICAP 2019a, ICAP 2019b를 바탕으로 직접 작성

에 전면 무상할당을 실시하였고 2차와 3차 시기에 유상할당 비율을 각각 3%와 10%로 늘릴 것을 계획하였다. 실제로 2차 기간 중 2019년 1월에 최초의 경매가 실시되었는데 총 7개 기업이 참여하

여 4개 기업이 성공적으로 할당을 받았다(ICAP 2019a). EU ETS도 이와 유사하게 처음에는 업체들에게 가는 부담을 최소화하기 위해 무상할당을 하고 이후 시기별로 점차로 유상할당의 비율을 높여나 갔다.[7] 다만 차이점은 EU ETS의 경우 3기부터 전력 부문은 전량 유상할당을 하고 있다는 점이다. 또한 KETS의 경우 1차 기간에는 대부분의 경우 GF방식으로 할당되었으나 정유, 항공, 시멘트 등 일부 업종에는 BM방식으로 할당되었는데 EU ETS의 경우도 일부 업종(제조업)에서만 BM방식을 사용하고 있다.

다음으로는 이월(banking)의 경우 한국은 제한적으로 실시하고 있으며 EU는 2차 기간부터 전면 무제한으로 실시하고 있다. 한국에서는 법 28조에 따라 할당대상업체가 보유하고 있는 배출권 혹은 배출권 제출 이후 남은 배출권을 해당 계획기간 내의 다음 이행연도 또는 다음 계획기간의 최초 이행연도로 이월할 수 있다. 이러한 제한은 1차 기간 동안에 정부가 지나친 이월을 막고 매도를 적극적으로 유도하여 시장 수급 불균형을 해소하기 위한 조치였다. 1차 기간 중 실제 이월된 배출권은 85.8백만 톤으로 전체 배출권 제출량(1,668.9백만 톤)의 5% 수준이었으며 거의 모든 업종에서 이월하였다. 2차 계획기간에는 이월 제한 규정이 더욱 세분화되어 절대량 기준에 순매도량 기준이 추가되었다(환경부 온실가스종합정보센터 2019, 55-57). 그러나 한국도 향후 거래가 충분히 이루어질

---

7   EU ETS는 1차 기간에는 법적으로는 5% 이내로 유상할당을 허용하였으나 실제로 0.12%만 유상할당되어 사실상 거의 100% 무상할당되었다. 2차 기간의 경우 법적으로 10%의 유상할당을 허용했는데 실제 3%만이 유상할당되었다. 그러나 3차 기간부터는 본격적으로 유상할당이 증가하기 시작하였다.

경우 유럽과 같이 이월 제한이 완화될 수 있을 것이다.

차입(borrowing)의 경우 유럽은 불허하지만 한국은 제한적으로 허용하고 있다. 한국에서는 법 28조에 의거하여 할당대상업체가 배출권을 제출할 때 제출해야 하는 수량보다 보유한 배출권의 수량이 부족하여 제출 의무를 이행하기 곤란한 경우 동일 계획기간 내의 다른 이행연도분의 할당배출권 일부를 차입할 수 있다. 다만 차입한도를 두고 있는데 1차 기간 차입한도는 할당대상업체가 제출해야 하는 배출권의 100분의 20에 해당하며, 2차 기간에는 이러한 단일 한도 기준 대신 이행연도별 차입 기준을 세분화함으로써 배출권 시장의 수요가 분산될 수 있도록 하였다. 단 1차 및 2차 기간 모두 다음 계획기간으로부터의 차입은 불가능하다. 즉 동일 기간 내에서의 차입만 가능하다. 1차 기간 배출권 제출에 활용된 차입량은 24.7백만 톤으로서 전체 제출량(1,668.9백만 톤)의 1% 정도이며 역시 거의 대부분의 업종에서 차입에 참여하였다(환경부 온실가스종합정보센터 2019, 54-5).

상쇄(offset) 제도는 기본적으로 조직 외부에서 감축한 실적을 인정해 주는 제도이다. 한국의 경우 법 29조에 의거하여 할당대상업체의 감축의무 이행 시 조직경계 내의 자체감축과 배출권 거래 외에도 감축활동의 선택에 유연성을 부여하기 위해 업체 조직경계 외부에서 발생한 온실가스 감축실적(KOC)을 보유 또는 취득한 경우 이를 상쇄배출권(KCU)으로 전환하여 시장 거래 및 배출권 제출 등에 활용하도록 허용하고 있다. 단 여기에도 제한이 있는데 1차 기간에 사용 가능한 상쇄배출권은 국내에서 시행하여 획득한 외부 감축실적이어야 하며 각 이행연도에 제출해야 하는 배출권의 10% 이내까지만 허용이 된다. 2차 기간의 경우 양적 한도는 10%로 동일하지만 각 이행연도에 제출해야 하는 배출권의 5%까지 국내 업체가 해외에서 시행하여 획득한 CDM사업의 2016년 6월 1일 이후 감축실적을 허용해 주고 있다. 1차 기간 동안 총 139개의 외부 감축사업이 승인·등록되어 22.5백만 톤에 해당하는 감축실적이 KOC로 인증·발행되었으며, 이 중 70%에 해당하는 15.4백만 톤이 KCU로 전환되어 배출권 거래 및 최종 제출에 활용되었다. 이 15.4백만 톤은 전체 제출량(1,668.9백만 톤)의 1%이다(환경부 온실가스종합정보센터 2019, 53). 한편 EU ETS의 경우에도 KETS와 마찬가지로 양적·질적 제한을 두고 있는데, 1기에는 CDM과 Joint Implementation(JI)을 무제한적으로 허용하였으나, 2기에는 핵발전소 부문과 토지이용에 따른 온실가스 증감(Land Use, Land Use Change, Forestry, LULUCF)은 제외하였으며 양적으로도 제한을 두기 시작하였다. 3기에는 신규로 발생하는 외부사업 감축분은 최빈국(Least Developed Countries)에서 시행된 것만 인정하며 양적으로도 총 감축분의 50%까지만 인정을 해 주고 있다(ICAP 2019b).

그 밖에 보고의 경우 일 년 단위로 보고서를 제출하며 그것을 제3자가 검증하는 시스템이며 준수를 못했을 경우 벌금 제도가 시행되는 등의 세부 규칙은 한국과 유럽이 거의 동일하다. 그러나 시장안정화 조항의 경우 유럽은 기본적으로 가격 변동의 한계를 정하여 지나친 가격 변동을 막는 제도를 가지고 있는 반면, 한국은 주로 양적인 조정 제도를 실행하고 있다. 즉 한국은 법 23조에 따라 배출권 가격이 일정 기준 이상 혹은 이하로 급등락하거나 배출권의 공급이 수요보다 현저하게 부족하여 할당대상업체 간 배출권 거래가 어려운 경우 등 배출권 시장의 안정적인 거래가격 형성 및 유동성 관리가 필요하다고 판단될 경우 시장안정화 조치를 취할 수 있는데, 이미 확보해 놓은 시장안정화 조치 예비분을 활용하여 유상으로 추가할당하는 방식(금융기관이나 한국거래소를 통해 위탁매매)으로 공급된다. 1차 기간 동안에 총 2회(2016년 6월 및 2018년 6월)에 걸쳐 시장안정화 조치 예비분(14.3백만 톤)의 34%인 4.9백만 톤이 시장에서 거래되어 1차 기간 배출권 총 거래량(58.8백만 톤)의 8%, 배출권 총 제출량(1,668.9백만 톤)의 0.3%를 차지하였다(환경부 온실가스종합정보센터 2019, 50-1).

2. 1차 기간 실행의 문제점

1차 기간이 종료되고 현재 2차 기간이 진행 중인 시점에서 1차 기간을 전반적으로 평가한다면 총 3년의 기간 동안 점차로 거래가 활성화되고 가격도 안정되어가는 긍정적인 변화 추세를 보였다고 할 수 있다. 그럼에도 불구하고 다음과 같은 문제점들이 발견되었다.

첫째, 무엇보다도 전반적으로 거래가 충분히 이루어지지 못했다. 물론 위에서 언급한 바와 같이 거래량이 3년 동안 계속 증가하였지만 전체적으로는 1년 중 배출권 제출 시점인 6월을 전후로 한 몇 달 동안에 거래가 집중되는 전형적인 약세 장이었다고 할 수 있다. 이는 기본적으로 업계의 우려와는 달리 일부 만성적인 할당 부족을 호소한 업종들(석유화학이나 비철금속 등)을 제외하고는 배출권이 과잉 할당된 것이 1차적인 원인이며 또한 시행 첫 시기이다

보니 여러 가지 국내외적인 불확실성이 거래를 위축시킨 것도 중요한 원인이 되었다고 할 수 있다. 즉 전형적인 매도자 우위 시장이 형성되어 거래가 충분히 이루어지지 않고 기업들이 거래보다는 이월을 선호한 것이다. 사실 이러한 현상은 유럽의 경우도 똑같이 발생하였다. 1차 기간과 2차 기간에는 전반적으로 할당 과잉으로 인해 가격이 폭락하고 거래가 위축되었다. 물론 한국이나 유럽 모두 이월제도로 인하여 기업들이 남은 배출권을 매도하기보다 이월을 선택하여 거래가 위축된 면도 있지만(ADB 2018, 31-2) 기본적으로는 과잉 공급이 가장 일차적인 원인이었다고 할 수 있다.

2차 기간에는 할당 방식에 약간의 변화가 있어 유상할당과 BM방식 할당이 시도되었지만 전체 초기 할당량은 1차 기간과 비교하여 큰 변화는 없다. 따라서 유동성 저하 및 거래 부진 문제는 여전히 남아 있다고 할 수 있다. 또한 한국의 NDC가 배출전망치 대비이기 때문에 국가감축목표 자체가 불확실하여 이것이 근본적으로 기업들의 거래 결정에 있어서 불확실성의 요인이 되는 측면도 있다.

거래량이 충분하지 못하다보니 실제 온실가스 감축효과도 적어도 2016년까지는 발생하지 못했다. 〈표 3-4〉에서 보는 바와 같이 배출권 거래제도 시행 후에도 총 배출량은 감소하지 않았고 약간이나마 계속 증가하였다. 분야별로는 산업공정 분야에서만 감소추세를 보였고 나머지는 증가추세를 보였다.

둘째, 주무부서의 변화이다. 처음 시작할 때는 주무부서가 환경부였으나 2016년 6월 기획재정부로 바뀌었다가 다시 2018년 1월에 환경부로 바뀌었다. 1차 기본계획에 명시된 시행체계와 역할

표 3-4. 한국 분야별 온실가스 배출량, 2012-2016

(단위: 백만 톤)

분야/연도	2016	2015	2014	2013	2012
에너지	604.8	602.4	598.8	606.2	596.9
산업공정	51.5	53.3	56	53.3	53
농업	21.2	20.9	20.8	21.4	21.5
토지이용	-44.5	-42.6	-42.7	-44.7	-49.1
폐기물	16.5	16.4	15.4	15.9	15.7
총합*	694	693	691	696.8	687.1

* 토지이용(흡수량)을 제외한 총 배출량임

출처: 온실가스종합정보센터 홈페이지 http://www.gir.go.kr/home/main.do

분담을 보면 기획재정부가 기본계획을 수립하고 환경부가 주무관청이 되어 할당계획을 수립하고 할당을 시행하며 산정·보고·검증 및 과징금 부과 등 ETS 전반을 운영하는 것으로 되어 있다(기획재정부 2014, 32). 그러나 2016년에 온실가스 배출 및 할당에 관한 법이 개정되면서 주무부서가 다시 기획재정부로 이관되었는데 이는 산업계의 요구를 반영한 것이라고 볼 수 있다(ADB 2018). 기획재정부가 운영 전반을 맡게 되었고 산업통상자원부, 농림축산식품부, 환경부, 국토교통부가 세부 업무를 담당하게 되었으며 이들 간의 협의도 대통령실에서 총리실 산하 기구로 격하되었다, 그러다가 다시 문재인 정부가 출범하면서 체제가 개편되어 2018년 1월에 환경부 총괄체제로 다시 재편되었다.

주무부서의 잦은 변화는 정책일관성을 저하시키고 시장에 또 하나의 불확실성을 추가할 수 있다. 특히 할당을 누가 하느냐의 문제는 산업계에는 중요한 시그널이 된다. 현재는 환경부가 총리실과 함께 총괄도 하고 이와 더불어 배출권 할당 계획 수립 및 집행, 국가온실가스 통계관리, 산정·보고·검증 및 과징금 부과 등 세부 정책도 주관하고 있는 시스템이 되어 확실한 환경부 주도 시스템이라고 할 수 있다.

마지막으로는 시장안정화 정책 등 정부의 적절한 개입이다. 앞서 언급한 대로 유럽의 경우 최근 가격상하한제를 도입하여, 배출량이 상한선을 초과하는 경우 상한선의 12%에 해당하는 물량을 예비분으로 비축하고, 반대로 하한선 미만으로 떨어질 경우 하한선의 12%를 예비분에서 시장으로 방출하는 제도를 운영하고 있다. 한국의 경우에도 시장 가격이 6개월 연속으로 지난 2년간의 평균 가격에 비해 3배 이상 상승했을 때, 그리고 지난달의 시장 가격이 지난 2년간의 평균 가격에 비해 두 배 이상으로 상승하고 거래량도 지난 2년의 같은 달에 비해 두 배 이상 증가했을 때 등의 조건에 따라 예비분을 추가 할당하거나 이월 및 차입의 양을 조절하는 제도를 갖추고 있다. 그럼에도 불구하고 정부가 전반적으로 거래를 활성화하고 결과적으로 기업의 설비투자를 유도하여 결과적으로 온실가스 감축 효과를 내기 위해서는 보다 정교한 개입 시스템을 갖추어야 할 것이다. 따라서 향후 유럽이나 미국 캘리포니아주 등에서 시행하는 가격안정화 정책을 참고하여 실질적으로 거래활성화에 기여할 수 있는 제도가 모색되어야 할 것이다.

IV 한·중·일 탄소 시장 통합 가능성

1. 통합의 의미와 중국과 일본의 현황

III절에서 살펴본 바와 같이 한국의 KETS는 아직도 초기 단계라고 할 수 있다. 1차 기간만을 평가해 본다면 기본적인 시스템을 갖추는 데 성공했으나 전반적으로 거래가 충분히 활성화되지는 못했다. 그러나 동아시아 지역에서 볼 때 한국은 ETS에서는 선두주자이다. 일본은 2010년부터 동경도와 사이타마현에서 의무적인 ETS를 시행하고 있지만 아직까지 전국단위로 시행하고 있지는 않다. 중국은 2017년 12월에 전국단위로 시행한다고 발표하였으나 아직까지도 사실상 준비상태라고 볼 수 있다. 그럼에도 불구하고 중국의 전국단위 시행 발표로 인해 이 세 나라의 배출권 거래제도가 통합될 가능성에 대한 논의가 빈번히 이루어지고 있다(Oh and Oh 2018). 3국의 이산화탄소 배출량은 전 세계의 약 30%를 차지하며 이들의 탄소 시장이 통합될 경우—중국이 제대로 시행한다는 전제 하에—한·중·일의 ETS는 전 세계 배출량의 약 22%까지도 커버할 수 있다(Jin and Ikeda 2017).

    ETS의 통합은 개별 국가가 운영하고 있는 ETS에서 거래되는 온실가스 배출권 혹은 자체 크레딧이 국가를 넘어서서 거래될 수 있다는 것을 말한다.[8] 이를 흔히 탄소 시장의 연계라고 한다. 시장

---

8   자체 크레딧이란 일본이 시행하고 있는 Joint Crediting Mechanism(JCM) 등을 말한다. 중국도 China Certified Emissions Reduction(CCER)을 만들고 있고 이를 향후 배출권 거래제도에 포함할 예정이다.

의 연계는 제도에 참가하는 업체의 수를 늘리고 거래량을 증가시킬 수 있으며 각종 불필요한 거래비용(transaction cost)을 줄여서 효율성을 높이는 효과가 있을 수 있다. 이 때문에 각국에서는 ETS를 처음 만들 때부터 연계를 염두에 두고 설계하는 경우가 많다. 노르웨이의 경우 2005년 처음 ETS를 출범시킬 때부터 EU ETS와의 연계를 고려하였고 2008년에 실제로 연계되었다(Ewing 2018). 2013년 10월에 연계 협정을 체결하고 2014년 1월부터 실제 연계된 캘리포니아주와 퀘벡의 경우도 또 다른 예이며 실제로 통합 이후 거래량이 대폭 증가하였다. 여기에 2017년 9월에 온타리오주가 합류하였다. 또한 EU ETS와 스위스의 ETS도 2017년 11월에 연계가 성사되었다(Mehling 2018).

　동북아 3국 시장의 연계 역시 이러한 긍정적 효과를 기대할수 있다. 경제적으로는 상이한 감축비용을 가진 업체들이 더 많이 참가함으로써 거래활성화로 인해 전반적으로 감축 비용을 절감할수 있으며, 환경 측면에서도 탄소 누출을 방지하고 배출량을 감소시킬 수 있으며, 전략적으로도 탄소 시장이 통합되고 성공적으로 협력이 이루어진다면 한·중·일 3국 사이에 복잡하게 얽혀 있는 안보 및 경제협력의 문제들을 풀어낼 수 있는 새로운 계기가 될 수도 있을 것이다(Ewing 2018).

　일본은 동경도와 사이타마현에서만 의무적인 ETS를 2010년부터 시행해 오고 있고 전국적으로는 또 다른 시장유인 정책인 탄소세 제도를 시행하고 있다. 일본의 ETS는 이산화탄소를 감축하는 데 매우 성공적이었으나(Jin and Ikeda 2017), 이를 전국단위로 확대하기보다는 탄소세 정책을 유지하면서 해외(특히 동남아 지역) 파트너들(정부 및 기업 등)과의 협력을 통해 Joint Crediting Mechanism(JCM)의 형태로 크레딧을 축적하고 이를 감축분으로 인정받는 방식으로 국가감축목표를 달성하고자 한다(Hongo 2018).

중국은 2013년부터 7개 지방정부에서 ETS 시범사업을 시행해 왔으며 전반적으로 모두 성공적이었다. 특히 광동성과 후베이성에서 거래가 활성화되어 감축이 효과적으로 이루어졌다. 그런데 2017년 12월에 전국단위로 시행하겠다고 공표한 이후에도 이 7개 시범사업은 여전히 진행되고 있다. 2019년 6월 현재에도 전국단위 제도는 엄밀히 말하면 거래 시작 전에 제도를 정비하는 단계라고 볼 수 있다. 아직까지 실제 거래는 이루어지지 않고 많은 불확실성이 남아 있다. 또한 전국단위 제도가 기존의 7개 시범사업들을 통합해내지 못하고 있기 때문에 사실상 8번째의 제도가 별도로 운영되고 있는 것과 같다고 말할 수도 있다.[9] 1단계가 제도를 정비하고 2단계가 시뮬레이션을 해 보는 것이라고 할 때 현재는 정확히 1단계와 2단계의 중간 정도에 와 있다고 할 수 있다. 2019년 말에 시뮬레이션 차원에서 첫 할당이 이루어질 것으로 예상하고 있다.[10]

2. 통합을 위한 조건

〈표 3-5〉에는 한·중·일 3국 ETS의 전반적인 특징이 비교되어 있

---

9   북경환경교역소(China Beijing Environment Exchange) 탄소 거래 담당자와의 인터뷰(2016년 4월 19일, 북경환경교역소)

10   북경 청화대학교 중국탄소 시장연구센터 소장과의 인터뷰(2019년 4월 19일, 북경 청화대학교)

다. 3국이 운영하고 있는 ETS의 가장 기본적인 차이는, 한국은 전국단위 의무적 ETS를 시작했고 중국은 엄밀히 말해 이를 아직 준비 중이며 일본은 아직 하고 있지 않다는 점이다. 따라서 대상 업종이 무엇인지, ETS가 커버하는 배출량이 전체 배출량의 몇 퍼센트 정도인지, 가격은 어느 정도인지 등의 차이는 현재로서는 큰 의미가 없다고 할 수 있다. 향후 중국이 본격적으로 시작하고 일본이 전국단위로 확대할 경우 이러한 특징들은 비교적 쉽게 조정해 나갈 수 있을 것이다.

좀 더 세부적인 사항들을 본다면 현재 3국의 특징 중 탄소 시장 통합에 가장 긍정적인 요인은 상쇄를 허용한다는 점이다. 앞서 언급한 대로 상쇄는 조직 외부에서 발생한 감축 실적을 인정해 주는 것이기 때문에 따라서 일단 협력을 위한 기본 조건이 마련되었다고 할 수 있다. 이월 역시 3국 모두 허용하고 있고 차입은 한국을 제외하고는 불허하고 있는데 이것이 통합에 중요한 요인으로 작용하지는 않을 것으로 예상된다. 산정·보고·검증(MRV)의 경우 3국 모두 EU ETS를 기반으로 하였고 벌칙이나 시장안정화 조치의 경우 중국은 아직 불확실하고 일본은 향후 전국으로 확대될 경우 변화될 것이기 때문에 이 역시 통합에 큰 걸림돌이 될 것으로 예상되지는 않는다.

다만 할당 방식의 경우 3국이 약간의 차이가 있다. 한국은 전형적인 사전 할당을 하는 반면 일본은 감축을 초과달성한 경우에만 이를 배출권으로 인정하여 할당하고 이것을 당사자들끼리 거래하는 방식을 택하고 있다(Mattei 2018). 중국은 사전 할당을 하지만 기본적으로 GF가 아닌 BM 방식을 택하고 있다(Kaufman and

Elkind 2018). 그러나 이 역시 현재로서는 상이하지만 향후 한국도 BM 비율을 확대할 것이고 일본도 전국단위로 시행할 경우 변화가 예상되기 때문에 결정적인 장애요인이라고 판단할 수는 없다.

오히려 많은 전문가들이 지적하고 있는 중요한 점은 일본이 ETS를 전국단위로 확대할 정치적 결단을 내릴 수 있는지, 중국과 한국이 이미 도입한 ETS를 지속적으로 발전시켜 나갈 정치적 의지가 있는지이다. 이를 위해서는 한국의 경우 국가감축목표를 배출치 전망이 아닌 확실한 양적 목표로 보여주어야 하며 중국도 역시 GDP 단위가 아닌 절대량을 명시한 감축목표를 제시해야 한다는 것이다(Kaufman and Elkind 2018; Mattei 2018; Mehling et al. 2018). 즉 이렇게 국가감축목표가 불확실하거나 상이하기 때문에 ETS를 정착시키고 효율적인 감축 수단으로 만들기 위한 정치적 결단을 최종적으로 내리지 못하고 있는 것이 한국과 중국의 현실이라고 볼 수 있다. 따라서 통합을 논의하기에 앞서 3국이 국내 차원에서 전국단위의 의무적 ETS를 지속적으로 실행하고 정착시키고자 하는 의지가 확고한지가 최종 확인되어야 한다. 또한 통합에서도 기술적 장벽을 제거하는 것이 중요한 것이 아니라 통합의 정치적 의지를 확인하는 것이 중요하다(Teng 2018). 결국 제도상의 차이보다는 의지의 문제인 것이다.

한 가지 염두에 두어야 할 점은 앞서 언급한 대로 3국이 상쇄배출권을 인정함으로써 외부 감축분을 공유할 수 있는 길을 열어놓았다는 점이다. 한국은 NDC에 국가감축목표인 37% 중 11.3%를 해외에서 감축하겠다고 표명하였기 때문에 상쇄배출권 부분을 확대할 가능성이 높다. 일본은 JCM을 통해 파리협정 제6조에 명

표 3-5. 한·중·일 배출권 거래제도의 특징 비교

	한국	일본	중국
시작연도	2015	2010	2018
적용범위	전국	동경도 및 사이타마	전국
기간	1차(2005-2007) 2차(2008-2012) 3차(2013-2020)	1차(2010-2014) 2차(2015-2019) 3차(2020-2024)	1차(기반 구축) 2차(시뮬레이션) 3차(실제 거래시작)[i]
온실가스 배출량 (2016) (백만 톤)[ii]	732	1,310	12,700
가격(2018)	USD 20.62	USD 5.89	
전체 배출량 중 ETS 가 커버하는 비율(%)	70	20[iii]	30
취급하는 온실가스	CO_2, CH_4, N_2O, PFCs, HFCs, SF_6	CO_2, CH_4, N_2O, PFCs, HFCs, SF_6	CO_2
업종	전력, 산업, 빌딩, 교통, 폐수, 공공	상업용/산업용 빌딩의 연료, 열, 전기소비	전력(향후 확대 계획)
할당 방식	무상할당(유상 비율 점차 증가)+GF	GF	무상할당, BM
이월(Banking)	제한적으로 허용	연속되는 다음 기간으로만 이월가능	허용
차입(Borrowing)	제한적으로 허용	불허	불허
상쇄(Offset)	양적, 질적 제한을 두고 허용	양적 제한은 없고, 4가지 방식으로 허용	3차 기간에 부분적으로 허용 예정
산정·보고·검증 (MRV)	연도별 보고서 제출, 제3자 검증(EU ETS 기반)		
벌칙	벌금	추가감축, 위반 사업장 명단 공개, 벌금	위반 사업장 명단
시장안정화 조치	양적 조정 제도	없음	미정

i) 정확한 기간은 정해지지 않았음
ii) 각주 1에 있는 WRI 데이터를 이용하였음
iii) 동경도에서 발생하는 총 이산화탄소 배출량의 20%를 커버함
출처: ICAP 2019a, ICAP 2019b, ICAP 2019c, ICAP 2019d를 바탕으로 직접 작성함

시된 완화성과의 국제적 이전을 추진하겠다고 선언하였다(Swarts 2018). 따라서 처음부터 공식적인 통합을 위한 단계적 수순을 밟아나가는 것보다는 보다 유연성 있는 비공식적 클럽 형식으로 탄소 시장 연계를 모색해 보는 것이 바람직하다고 할 수 있다(Chung 2018). 또한 역내 협력과는 별도로 한국의 경우 유럽연합 혹은 캘리포니아와 연계를 추진해 보는 것도 중요한 돌파구가 될 수 있을 것이다(Ritchie and Park 2018).

V 결론

이제까지 살펴본 바와 같이 한국의 ETS는 기본적으로 정착은 되었으나 여전히 거래가 충분히 활성화되지 못하고 제도적 불확실성이 남아 있는 상태라고 할 수 있다. 정부는 2기가 끝나기 전에 이러한 제도적 불확실성을 최대한 제거해야 한다. 유상할당의 업종을 향후 어떻게 확대할 것인지, 이월과 차입의 규칙을 바꿀 것인지, 정부의 시장개입의 원칙을 변경할 것인지 등에 있어서 참여자들이 예측 가능한 정도로 미리 정하고 공표해야 할 것이다. 그리고 무엇보다도 중요한 것은 정부가 이 제도를 철저하게 운영하고 발전시킬 의지가 얼마나 있는지를 확실히 보여주는 것이 근본적인 불확실성을 제거하는 지름길이다.

이러한 의지 표명은 역내 탄소 시장 연계에 전제 조건이며 이는 중국과 일본도 마찬가지이다. 앞서 제시한 바와 같이 전 세계적으로 탄소 시장이 연계되어 제도의 효과를 보고 있는 많은 사례들이 있기 때문에 동북아 3국은 향후 이러한 연계 방안을 모색하지 않을 수 없을 것이다. 그러나 연계가 논의되려면 우선 국내 차원에서 ETS가 확실히 안착되어야 하고 따라서 연계에서 중요한 조건은 기술적, 제도적 통합이 아니라 정치적 의지의 표명이다.

향후 동북아 3국이 제도를 정착·강화시키고 이를 바탕으로 연계를 구체적으로 모색한다면 이는 동북아에서 유래 없는 실질적인 환경협력 시도가 될 수 있을 것이다. 동북아지역에는 황사, 어족자원 고갈 문제, 해양 오염, 그리고 최근 미세먼지 등에 이르기까지 심각한 월경성 환경문제가 많았던 것에 비해 이를 해결하기 위한 환경협력은 지극히 미미했다고 할 수 있다. 이러한 상황에서 탄소 시장의 연계 시도는 그동안 지지부진했던 역내 환경협력에 큰 긍정적인 영향을 미칠 수 있으며 환경 분야뿐 아니라 정치외교, 군사안보, 경제 등 다양한 측면에서의 협력에도 기여할 가능성이 있다.

참고문헌

기획재정부. 2014. 『배출권 거래제 기본계획(안)』.

김상배. 2012. "정보화시대의 미·중 표준경쟁: 네트워크 세계정치이론의 시각."
    『한국정치학회보』 46(1): 383-410.

안영환. 2018. "배출권거래 활성화를 위한 위탁경매 활용 가능성 연구."
    『에너지경제연구원 기본연구보고서 18-12』.

오일영·윤영채. 2018. "한국 배출권거래제 정책 변동의 목적 부합성 연구." *Journal of
    Climate Change Research* 9(4): 325-342.

임호선·최은경·이민영·신승철. 2014. "국내 배출권거래제 도입에 따른 주요 쟁점사항
    및 정책적 시사점-국내 반도체 산업을 중심으로." *Journal of Climate Change
    Research* 5(2): 179-187.

최원기. 2018. "파리 기후협정 후속협상: 2018년 5월 회의 평가 및 향후 대응 방향."
    『IFANS 주요국제문제분석』 2018-20.

한진이·윤순진. 2011. "온실가스 배출권 거래제도 도입을 둘러싼 행위자간
    정책네트워크-사회연결망 분석을 중심으로." 『한국정책학회보』 20(2): 81-108.

환경부 온실가스종합정보센터. 2019. 『제1차 계획기간 배출권거래제 운영결과보고서』.

Asian Development Bank(ADB). 2018. *The Korea Emissions Trading Scheme:
    Challenges and Emerging Opportunities.*

Biedenkopf, Katja, and Jørgen Wettestad. 2018. "South Korea: East Asian
    pioneer learning from EU." in Jørgen Wettestad and Lars H. Gulbrandsen
    eds., *The Evolution of Carbon Markets: Design and Diffusion* New York:
    Routledge.

Chung, Suh-Yong. 2018. "Status and Prospects for Article 6 of the Paris
    Agreement: Implications for Cooperation in East Asia." in Robert N. Stavins
    and Robert C. Stowe eds., *International Cooperation in East Asia to Address
    Climate Change.* Harvard Project on Climate Agreements.

Ewing, Jackson. 2018. "Introduction: Incentives and Impediments to Carbon
    Market Cooperation in Northeast Asia." in Jackson Ewing ed., *Carbon
    Market Cooperation in Northeast Asia: Assessing Challenges and Overcoming
    Barriers (An Asia Society Policy Institute Report).*

Hongo, Takashi. 2018. "Climate Change Policy in Japan and the Role of
    "International Contributions." in Robert N. Stavins and Robert C. Stowe
    eds., *International Cooperation in East Asia to Address Climate Change.*
    Harvard Project on Climate Agreements.

International Carbon Action Partnership(ICAP). 2019a. *Korea Emissions Trading
    Scheme* (Last Updated 9 April 2019).

_____. 2019b. *EU Emissions Trading System* (EU ETS) (Last Updated 9 April 2019).

_____. 2019c. *China National ETS* (Last Updated 9 April 2019).

_____. 2019d. *Japan-Tokyo Cap-and-Trade Program* (Last Updated 9 April 2019).

Jin, Zhen, and Eri Ikeda. 2017. *The Latest Progress of Emissions Trading Schemes in Japan, China, and the Republic of Korea.* IGES Issue Brief (2017-08).

Kaufman, Noah, and Jonathan Elkind. 2018. *Can China's CO2 Trading System Avoid the Pitfalls of Other Emissions Trading Schemes?* SIPA Center on Global Energy Policy, Columbia University.

Kim, Weonseek, & Jongmin Yu. 2018. "The effect of the penalty system on market prices in the Korean ETS." *Carbon Management* 9(2), 145-154.

Mattei, Fabrice. 2018. "Comparing Carbon Emission Trading Schemes of China, Japan & Korea." *ROUSE* (21 Sep 2018). https://www.rouse.com/magazine/news/comparing-carbon-emission-trading-schemes-of-china-japan-and-korea-and-assessing-their-readiness-for-linkage/

Mehling, Michael A. 2018. "Linking Carbon Markets: Legal and Institutional Issues and Lessons for Northeast Asia." in Jackson Ewing ed., *Carbon Market Cooperation in Northeast Asia: Assessing Challenges and Overcoming Barriers (An Asia Society Policy Institute Report).*

Mehling, Michael A., Gilbert E. Metcalf, and Robert N. Stavins. 2018. "Linking Heterogeneous Climate Policies (Consistent with the Paris Agreement)." in Robert N. Stavins and Robert C. Stowe eds., *International Cooperation in East Asia to Address Climate Change.* Harvard Project on Climate Agreements.

Ministry of Environment. 2018. *K-ETS Progress & Operational Status.*

Oh, Hyungna, and Il-Young Oh. 2018. "Possible Linkage among Emissions Trading Systems in East Asia." in Robert N. Stavins and Robert C. Stowe eds., *International Cooperation in East Asia to Address Climate Change.* Harvard Project on Climate Agreements.

Ritchie, Alistair, and CJ Park. 2018. "Recommendations for Linkage in Northeast Asia." in Robert N. Stavins and Robert C. Stowe eds., *International Cooperation in East Asia to Address Climate Change.* Harvard Project on Climate Agreements.

Swartz, Jeff. 2018. "Building the Foundation for Regional Carbon Market Linkage in Northeast Asia." in Jackson Ewing ed., *Carbon Market Cooperation in Northeast Asia: Assessing Challenges and Overcoming Barriers (An Asia Society Policy Institute Report).*

Suk, Sunhee. 2017. "Korean Companies' Understanding of Carbon Pricing and

Its Influence on Policy Acceptance and Practices." 『자원 · 환경경제연구』 26(4), 577-612.

Teng, Fei. 2018. "Linking NDCs through Article 6 of the Paris Agreement." in Robert N. Stavins and Robert C. Stowe eds., *International Cooperation in East Asia to Address Climate Change*. Harvard Project on Climate Agreements.

필자 소개

신상범 Shin, Sangbum

연세대학교 국제관계학과 교수
고려대학교 역사교육학 졸업, 고려대학교 정치외교학 석사, Indiana University (미국
인디애나대학교) 정치학 박사

논저 "Infectious Disease Control in Northeast Asia: A Comparative Case Study
of Disease Surveillance Systems and Regional Cooperation in Japan, China,
and Korea" "The Market Incentive Climate Change Policies in Northeast Asia: A
Comparative Case Study of China, Japan, and South Korea"

이메일 sshin@yonsei.ac.kr

제4장

기후변화와 북한
— 국제 레짐 참여의 의의 및 전망

Climate Change and North Korea: Implications of its Regime
Participation and Prospects

한희진 | 부경대학교 글로벌자율전공학부 조교수

북한은

주체사상이라는 이념하에 국제사회에서 독자적 외교정책을 취하며 고립을 자처해 왔다. 북한에 대한 기존 연구들은 1990년대 이후 정권의 고립을 고착화하고 북한의 경제·사회의 발전을 지연시켜온 원인들로 냉전의 종식이 가져온 국제 정치경제 및 안보 지형의 변화, 폐쇄적 사회주의 계획경제의 고수, 핵무기 및 미사일 개발과 실험 등을 꼽아 왔다. 본 연구는 1990년대 이래 북한 체제의 위기를 심화시켜 온 또 하나의 주요 원인으로 환경 요인인 기후변화에 주목한다. 북한은 1990년대 중반 홍수와 가뭄 등 기후변화로 인한 전례 없는 규모의 자연재해를 겪으며 인적, 물적 피해 및 국내 경제 질서의 붕괴 현상을 경험했다. 지속적 국제적 고립, 경제발전의 부재 및 정부 역량과 자원, 기반시설의 부재, 자연환경의 파괴 등으로 인해 북한은 여전히 기후변화에 가장 취약한 국가들 중 하나로 남아 있다. 본 연구는 그럼에도 불구하고 북한 정권이 기후변화 문제에 대응하기 위해 국내·외적으로 다양한 노력을 기울여 왔음을, 특히 국제 레짐 참여의 측면에서 논의한다. 본 연구는 국제정치에서 가장 고립된 국가인 북한 역시 기후변화라는 전 지구적 현상으로부터 자유로울 수 없음을 밝히며 북한의 기후변화 레짐 참여 및 국제사회와의 상호작용의 의의, 제약 및 도전과제들을 고찰한다.

Worth Korea has remained isolated from the rest of the international community, pursuing the self-reliance(juche) path. Existing studies on North Korea have demonstrated how the end of the Cold War, the regime's pursuit of socialist planned economy and a series of missile and nuclear weapons experiments have deepened the country's isolation and delayed the growth of its already dilapidated economy. This study pays attention to climate change as another factor that has deepened the regime's socio-economic crisis and instability in the post-Cold War era. Particularly since the 1990s, North Korea has experienced a series of climate change-induced natural disasters such as droughts and floods, which have led to huge losses in terms of human and material resources and infrastructure. North Korea remains one of the most vulnerable regimes due to its continued international isolation, environmental degradation, and the lack of economic development, government capacity, and infrastructure. While much of these challenges remain unresolved, this research discusses how North Korea has made various efforts to respond to climate change at both domestic and international levels. This study demonstrates how even the most isolated regime in the world cannot be free from global climate change and its impacts, and analyzes the implications of North Korea's interaction and engagement with international climate change regimes. This study concludes with the discussion of several limitations and challenges in the country's participation in the international regimes.

KEYWORDS 북한 North Korea, 기후변화 climate change, 레짐 regime, 완화 mitigation, 적응 adaptation

I 서론

1. 연구 배경: 기후변화와 북한

기후변화는 지난 몇 십 년에 걸쳐 인류의 삶과 지구의 지속가능한 발전을 위협하는 국제 문제로 부상해 왔다. 기후변화는 선진국, 개발도상국, 최빈국을 포함한 모든 유형의 국가들에 다양한 영향을 미치며 다양한 양상의 도전 과제를 제기한다.

국제사회는 기후변화 문제의 심각성을 인식하고 이에 대처하기 위해 1988년 정부간협의체(Intergovernmental Panel on Climate Change)를 구성하고 매 5~7년마다 보고서 발행을 통해 기후체계의 온난화에 관한 상당한 과학적 증거가 존재한다는 점과 이는 대부분 산업화 등 인간 활동에 의한 것임을 밝혀왔다. 이 협의체에 따르면 지구온난화의 진행속도는 점차 가속화되고 있으며 온실가스의 대기 중 농도 역시 점차 증가하는 추세다. 이와 같은 과학적 연구 결과들을 토대로 국제사회는 인류 문명 발전과 가파른 경제성장 및 산업화가 기후변화를 야기한 주요 원인임을 인정하며 이 지구적 문제에 대한 대응책을 고안하기 시작했다. 그 일환으로 1992년 기후변화에 관한 유엔기본협약(United Nations Framework Convention on Climate Change, UNFCCC)이 출범했으며, 1997년에는 국제사회의 기후변화 대응을 위한 구체적 실천 방안으로 교토의정서(Kyoto Protocol)가 채택되었고 이는 2005년 발효되었다. 이어 국제사회는 2015년 UNFCCC 제21차 당사국총회(Conference Of the Parties, COP)에서 교토체제를 대체하는 포스트교토 신기후체제의 수립을 위한 파리기후변화협정(Paris Agreement)을 채택하였다. 이와 같이 국제사회의 주요 행위자인 주권 국가들은 범지구적 레짐(regime) 아래 기후변화를 위한 노력들에 동참해 왔으며 자국 및 역내에서도 다양한 완화(mitigation) 및 적응(adaptation) 정책을 채택하며 지구온난화와 기후변화에 대처해왔다.

한반도도 지구온난화를 포함한 기후변화의 흐름에서 예외가 아니다. 한반도는 세계 평균보다 높은 수준의 온난화와 기후변화 추이를 보이고 있으며 기상 이변이나 자연재해의 발생 비중 및 빈도 역시 기후변화 추세에 따라 가중되고 있는 등 기후노출 정도가 높다. 한반도 전체에서 온난화는 매우 빠른 속도로 진행되고 있다. 남한의 기온이 20세기 100년간 약 1.5°C 상승했다면 북한의 기온은 같은 기간 동안 1.9°C 상승했는데, 이는 전 세계 기온 상승폭인 약 0.7°C에 비해 약 3배에 가깝다(이유진 2007, 74). 미래 연평균 기온의 상승 폭도 남한보다는 북한에서 더 클 것으로 전망되며 고온 관련 극한 지수 역시 지속적으로 상승할 것으로 예상된다. 기후변화 신시나리오(RCP 8.5)에 따르면 21세기 말 한반도의 평균기온은 현재(1981-2010년)보다 5.9°C 상승하며 북한의 기온상승(+6.0°C)이 남한(+5.3°C)보다 클 것으로 예상된다(송민경 2017, 2).

〈그림 4-1〉은 기상청의 북한 기상관측 자료에 의하여 1973년부터 2016년까지 44년간 북한 지역의 기온 변화 경향을 나타낸 것이다. 농업생산이 주로 이루어지는 7개 지점(신의주, 평양, 사리원, 해주, 원산, 김책, 청진)에서 농업활동이 활발한 6~9월의 평균기온을 분석한 결과 7개 지점에서 모두 유의미한 상승을 보였고, 특히 평양(0.42°C/10년)과 원산(0.34°C/10년)에서 상승폭이 컸다. 즉,

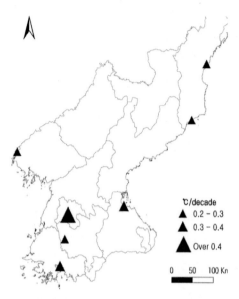

그림 4-1. 북한의 6월에서 9월 사이 평균기온 추이 (1973~2016)

출처: 김홍주·이승호 (2017), 291.

100년에 각각 4.2°C, 3.4°C 상승으로 급격한 상승 추세를 보였다. 최고기온의 상승은 더 뚜렷하게 나타나 신의주, 사리원, 원산, 김책에서 각각 0.40°C/10년, 0.41°C/10년, 0.45°C/10년, 0.44°C/10년의 비율로 상승하였다(김홍주·이승호 2017, 291).

이렇듯 한반도에서도 북한 지역에서 온난화의 정도는 더욱 심하게 나타날 전망이며 이는 북의 생태환경, 겨울철 적설량, 수자원과 산림관리의 취약성 등에 부정적 영향을 미칠 것이다(최영은 외 2018). 또한 온난화에 따른 해수면의 상승은 취약 지역의 범람을 야기할 것이며, 홍수, 폭우 등은 경작지의 침수, 생산 및 사회기반시설의 파괴, 인명 피해 등으로 이어질 것이다. 특히 남한에 비해 북한의 경우 자연재해 예측시스템이 부재하고 재해 방지를 위한 사회기반시설이 극도로 열악하여 적응 역량이 낮아 더욱 심각한 피해를 경험해 왔으며 향후에도 상황은 지속적으로 악화될 것이다. 국제적십자사·적신월사연맹에 따르면 1995년부터 2015년까지 북한에서 자연 재난으로 인한 사망자 수는 61만 명으로, 같은 기간 전 세계에서 자연재난으로 발생한 사망자 수의 28.8%에 이른다(송민경 2017, 2).

기후변화에 따른 식량생산, 에너지, 물 공급의 변화, 이상 기상의 출현, 해수면의 상승, 자연재해 등의 출현은 북한 사회의 안정에 불안을 야기하는 요소로 부상해 왔다. 특히 농업 위주의 경제적 구조로 인해 자연 환경의 변화는 농업 생산성과 식량 공급의 안정성 등에 부정적 영향을 미친다. 기후변화는 북한의 경제 전반에 불안과 장애를 초래할 수 있으며 이는 국내·외적 사회적, 정치적 파급효과를 불러올 수 있다. 예를 들면, 기후변화로 인한 영양 부족, 아사 등은 소외지역 주민들의 기후 난민화 현상을 야기할 가능성이 있으며 이는 한반도와 주변국들에 영향을 미칠 것이다(최현정 2014). 즉, 기후변화는 북한이라는 국가의 안위에 장기적이며 지속적 영향을 미칠 구조적 요인 중 하나인 것이다.

국제사회도 기후변화에 있어 북한의 높은 노출도 및 취약성에 주목해 왔다. 독일 민간 연구소인 German Watch(Harmeling, 2011)가 2012년 183개국을 대상으로 1990년부터 2010년까지 총 20년에 이르는 기간 동안 이상기후에 따른 사망자와 구매력, 국내총생산(GDP) 감소율 등을 비교, 분석해 발표한 기후위기지표(Global Climate Risk Index)에 따르면 북한은 세계에서 아홉 번째로 기후변화로 인한 자연재해에 취약한 나라로 평가되었다. 북한은 관찰 기간인 20년간 33회의 홍수, 가뭄 등의 자연재해를 겪었고 연평균 74명의 인명 피해를 입었다. 북한과 더불어 상위 10개국에 포함된 국가들은 방글라데시, 미얀마, 온두라스, 아이티, 베트남, 파키스탄 등으로, 최빈국들이 기후변화에도 취약할 수밖에 없는 현실을 여실히 보여준다. 동 연구소는 2013년 북한의 위험지수를 7위로 평가하면서 북한에서 자연재해가 발생할 때마다 국내총생산의 약 8%에 이르는 재산 피해가 발생한다고 분석했다(김은지 2015).

이와 유사하게 식량농업기구(FAO)가 자연재해, 정부능력, 지역사회의 취약성 등 50개 지표를 종합하여 발표한 2016년 위기지수 보고서에서도 북한은 4.4점을 받아 전체 조사 대상 중 하위 27% 수준인 191개국 중 52번째로 높은 위험 노출도를 보였다. 이와 비교해 한국은 위험지수가 1.7로 191개국 중 169번째의 위험 노출도를 기록했다(김홍주·이승호 2017, 300). 이러한 국제적 기후변화 위기 지수들은 공히 북한에서 발생하는 자연재해의 규모나 빈도에 비해, 또한 비슷한 경제 수준의 다른 국가들과 비교해, 북한의 피해규모가 상당하다는 점을 지적하고 있다.

북한 당국도 현재까지 기후변화가 자국의 경제 및 사회에 미쳐온, 또한 미래 성장에 미치게 될 부정적 영향을 인식하기 시작했으며, 제한적으로나마 다양한 적응 정책들을 도입해 왔다. 국제적 수준에서는 1994년 12월 UNFCCC, 2005년 4월에는 교토의정서, 2016년 8월 파리기후변화협정을 비준하는 등 국제사회의 기후변화 문제 해결을 위한 공동 노력에 참여해 왔다. 2017년 6월 1일 트럼프 대통령이 미국의 파리기후변화협정 탈퇴 의사를 표명하자 북한조선중앙통신(Korean Central News Agency)은 "근시안적이고 어리석은"(shortsighted and silly) 결정이라 비판하면서 기후변화는 인류가 오늘날 당면하고 있는 문제들 중 가장 심각한 도전과제라고 언급하기도 했다(Taylor 2017).

기후변화 문제에 있어 북한의 행동은 경제적, 정치적 고립을 초래한 주체사상의 고수나 국제사회에서 핵과 미사일 실험 등으로 벼랑 끝 전술(brinksmanship)을 구사해 온 폐쇄적이고 강경한 북한의 외교 행보를 고려할 때 이례적인 것으로 보인다. 이는 기후변화가 북한 정권의 유지와 생존, 국가 안보에 영향을 미치는 직접적 요인이 될 수 있다는 지도부의 총체적 상황 인식을 반영한 것으로 볼 수 있다. 다시 말해 기후변화라는 비전통안보(non-traditional security) 문제가 정권과 사회의 안전에 미칠 위협에 대한 북한 당국의 위기의식이 고조되고 있다.

2. 연구 목적

이러한 배경 하에서 본 연구는 북한 정부의 기후변화 대응 동향 및 국제 레짐 참여에 관한 분석을 제공함으로써 글로벌 기후변화 정치의 논의를 풍부하게 하고자 한다. 기후변화에 관한 국제정치의 기존 연구들은 선진국, 혹은 개발도상국이라는 이분법에 근거하여 그들의 다양한 이해관계 및 레짐 참여 양상을 다루어 왔기에 북한과 같은 전제 정권이면서 다소 예외적 정치, 경제, 외교 모델 및 정책을 추구해온 국가들에 대한 연구는 부족한 실정이다. 이는 기후변화가 북한의 환경에 미치는 영향 등에 대한 북한 당국의 과학

적 자료 부족, 또한 외국 연구자의 자료 접근에 있어서의 한계 등
을 고려하면 당연한 결과인지도 모른다. 이에 본 연구는 북한 당국
의 소식지, 국제기구의 분석 보고서, 국내·외 연구자들의 기존 연
구 등의 제한적 자료에 근거하여, 기후변화가 북한에 미쳐온 영향
및 북한의 국제 기후변화 레짐 참여를 개괄적으로나마 살펴보고
자 한다.

　앞서 살펴본 바와 같이 기후변화가 미치는 부정적 영향들이
북한에서도 이미 상당기간 동안 관찰되어 왔음에도 불구하고 그
중요성은 1990년대부터 시작된 북한의 경제위기와 겹쳐지면서 오
히려 축소된 경향이 있다. 냉전이 종식되고 소련이 몰락하면서, 또
한 중국의 개혁개방으로 북한의 고립은 가속화되었고 내부적으로
는 사회주의 계획경제가 흔들렸다. 이러한 내, 외부적 정치경제 환
경의 변화는 북한의 경제 및 사회에 위기를 가져 왔다. 북한에 관
한 기존 연구들은 따라서 1990년대 중반 이후의 북한 경제·사
회 위기가 종종 냉전의 종식으로 인한 공산권으로부터의 대외 원
조 삭감, 공산주의 경제 모형의 실패, 내부 지도층의 문제 등 대내
외적 정치경제적 요인들에 기인한 것으로 분석하고 있다. 그러나
1990년대 이후 북한이 경험한 경제 위기는 비단 이러한 경제, 정
치, 사회적 요인들 때문만은 아니다.

　본 논문은 기존 연구에서 소홀하게 다루어진 환경 요인, 특히
기후변화에 주목한다. 북한의 경제위기가 기후변화로 인한 기상
이변 등의 환경 변화 및 내부의 환경관리 실패 등 환경적 요인에
근거한다는 분석은 비교적 드물다. 정치생태학(political ecology)
및 문화생태학(cultural ecology)의 관점에서 북한 경제위기와 대

규모 기아 사태가 자연환경의 변화와 밀접하고 직접적인 연관성이 있음을 논한 소수의 연구만 있을 뿐이다(Woo-Cumings 2002; 최현정 2014).

북한은 1990년대 초 이래 국내 계획경제의 붕괴 및 침체, 냉전 종식 후 국제적 고립 속에서 만성적 에너지 및 식량난을 해결하기 위한 자구책을 추진하면서 그 결과 무분별한 산림 벌채 및 농경지의 황폐화를 경험해 왔는데 이러한 문제들은 기후변화로 인한 홍수, 가뭄 등의 환경적 요인들과 결합되며 위기는 더욱 확대되어 왔다(김병로 2013; 이유진 2007, 74). 북한에서의 기상 이변과 자연재해는 1990년대 초부터 기후변화라는 전 지구적 현상의 일환인 엘니뇨의 영향을 받으며 눈에 띄게 증가했다. 1994년에는 가뭄, 1995-1996년에는 폭우와 홍수, 1997-1998년에는 슈퍼엘니뇨가 야기한 가뭄과 홍수 등으로 인해 아사자는 33만 명에 달했고 이러한 자연재해는 농업 등에서의 생산력 저하 등을 야기했다(최현정 2014, 4).

기후변화는 이렇듯 북한의 경제, 산업, 주민들의 삶 전반에 부정적 영향을 미쳐왔으며 북한의 열악한 경제·사회 기반은 이러한 환경 변화가 미치는 부정적 영향을 더욱 증폭시켜 왔다고 할 수 있다. 이로써 북한은 1990년대 중반부터 2000년대까지 소위 "고난의 행군" 시기를 거치게 된다. 자연환경의 변화가 가속화한 경제·사회적 위기는 북한의 전통적 공공배급제도에 의존한 경제 시스템을 붕괴시키기 시작했고 이에 장마당이라는 시장경제 제도가 북한 주민들 내에 형성되며 북한의 아래로부터의 변화를 추동하는 등 기후변화는 북한 체제와 사회에 큰 변화를 일으켜 왔다(최현정

2014, 5). 또한 1995년 극심한 홍수를 겪으며 북한은 8월 역사상 처음으로 유엔인도국(UN Department of Humanitarian Assistance)에 홍수피해 복구 및 식량지원을 공식 요청하고 WFP, 국제구호단체, 남한, 중국 등으로부터 식량원조를 받기도 하는 등 기후변화라는 요인이 북한의 국제사회와의 접촉과 상호작용을 이끌어 내기도 했다(김병로 2013, 222).

자연환경의 변화와 북한의 정치·경제체제 사이의 상관관계를 관찰, 분석한 소수의 연구들과 마찬가지로 본 연구 역시 "불량국가"라고 불리며 국제사회에서 고립의 길을 걸어온 북한이 기후변화에 어떻게 대응해 왔는지에 대한 분석과 함의를 제공한다. 즉, 본 연구는 기후변화라는 지구환경 변수가 국제사회에서 관찰되는 북한의 행동에 어떠한 영향을 미쳐왔는지 고찰한다.

이러한 연구를 통해 남북, 북미 정상회담 등을 통해 한반도에 비핵화와 평화를 위한 논의가 진전되고 있는 현 상황에서 기후변화 및 환경 분야에서 대한민국을 포함한 국제사회와의 협력이 북한의 변화를 유도, 촉진할 수 있는 하나의 방안이 될 수도 있음을 제시하고자 한다. 민감도의 수준이 상대적으로 낮은 하위정치(low politics)의 분야에서 국가 간의 기능적 협력의 경험이 그들 사이의 안보, 군사 등의 상위정치(high politics) 영역들에 긍정적인 파급효과를 낳게 된다는 기능주의(functionalism)적 관점을 따르면(이재승·김성진·정하윤 2014; Haas 1972; Nye 1971), 기후변화 부문에서 국제사회와의 교류 및 협력을 통해 북한은 점진적으로 외국 정부 및 UN을 포함한 국제기구들과의 상호작용을 통해 신뢰 및 네트워크를 구축하게 될 것이다. 이는 점진적으로 북한이 지속 가능한 발전 및 개혁 노선을 취하도록 유도함으로써 한반도의 안보 및 군사적 대립과 긴장완화 및 동북아 지역의 평화와 안정이라는 결과를 도출하는 데 기여할 것이다.

본고는 다음과 같이 구성된다. 다음 절에서는 기후변화가 북한에 어떠한 영향을 미쳐왔으며 북한 정부는 기후변화에 대해 어떠한 대응 정책들을 도입해 왔는지 논의한다. 그 다음 절에서는 기후변화 부문에서 북한의 국제 레짐 참여 및 국제협력의 상황을 개괄적으로 살펴본다. 결론은 이전의 논의를 정리하고 전망과 도전 과제들을 제시한다.

II 북한과 기후변화: 현상과 국내적 대응

1. 기후변화와 북한: 북한의 기여 및 영향

기후변화가 북한에 미치는 영향을 좀 더 구체적으로 살펴보기 전에 북한이 지구온난화 및 기후변화에 미친 영향을 가늠해 보고자 한다. 기후변화에 관한 북한의 역사적 책임을 구체적으로 제시할 과학적 자료는 부족하나 북한의 경제발전 및 산업화의 정도를 감안할 때 기후변화 문제에 있어 북한의 책임 부분, 즉 기여도는 선진국들과 비교해서 작다고 볼 수 있다. 2007년 북한은 지구 전체 배출량의 약 0.32%에 해당하는 이산화탄소 기준 약 9,400만 톤의 온실가스를 배출했다(Ministry of Land and Environment Protection of DPRK 2012). 1인당 온실가스 배출량의 측면에서도 기후변화에 대한 북한의 책임은 일본, 한국, 중국 등 이웃 국가들에 비해 미미하다. 2008년 1인당 배출량은 0.9톤으로 세계 평균 1.3톤보다 낮은 수준을 기록했다.

Boden, Marland, and Andres(2011)에 따르면 북한에서의 이산화탄소 배출량은 1950년부터 1993년까지 연평균 11.2%의 상승세로 증가하여 7,100만 메트릭 톤(metric tons)의 배출량을 기록했으나 이는 1993년 이후 급격히 감소하였다(그림 4-2 참조). 1인당 배출량에 있어서도 1990년도 초반 최고치를 기록한 이래 1990년

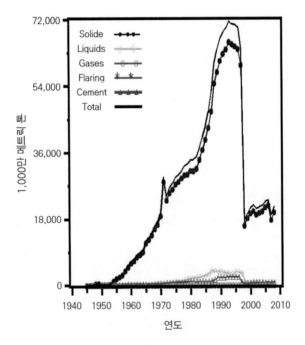

그림 4-2. 북한의 CO_2배출량(단위 1000 메트릭 톤)

출처: Carbon Dioxide Information Analysis Center at https://cdiac.ess-dive.lbl.gov/trends/emis/kor.html.

대 중반부터 고난의 행군 시기를 거치며 지속적 감소 경향을 보였다.

Carbon Dioxide Information Analysis Center에 따르면 화석연료 연소, 시멘트 제조, 가스 소각(gas flaring)으로 인한 CO_2배출량 부문에서 2014년 한국(160,119톤)이 총 220개국 중 9위를 기록했다면 북한은 같은 기간 66번째(11,052톤)로 높은 배출량을 보였다. 이와 같이 북한의 이산화탄소 배출량은 세계 전체를 두고 보면 약 상위 삼분의 일에 해당한다. 북한의 순위는 그러나 규모는 작지만 도시화 및 산업화가 상당히 진행된 홍콩의 배출량(12,605톤으로 60위를 기록)과 비교할 때 비교적 높은 수준으로 볼 수 있다 (Boden, Marland, & Andres 2011).

북한의 온실가스 배출원을 살펴보면 북한이 석탄 생산량 측면에서 세계 14위 정도를 차지하는 국가임을 고려할 때 대부분의 온

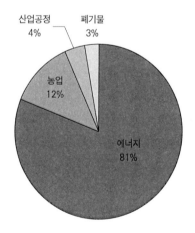

그림 4-3. 북한 부문별 온실가스 배출 비중

출처: 장우석(2015, 4-5).

실가스는 석탄 연소에서 발생할 것임을 유추할 수 있다. 2008년을 기준으로 약 93%의 이산화탄소가 석탄 연소에서 배출되었으며 3.4%가 석유 사용, 그 외에는 시멘트 제조 등의 배출원이 있다. 장우석(2015)에 따르면 2007년 기준으로 북한의 온실가스 배출 비중을 부문별로 보면 에너지가 81%로 가장 높았고, 농업 12%, 산업공정 4%, 폐기물 3%의 순으로 나타났다(그림 4-3).

서두에서 밝힌 바와 같이 가장 고립된 정권 및 사회 중 하나인 북한이라고 해서 기후변화의 부정적 영향으로부터 예외일 수 없다. 물론 온난화가 부정적 영향만 초래해 온 것은 아니다. 지구온난화로 인해 농작물의 생육과 이모작에 유리한 기후 조건이 생성되고 있으며 동해안 지역에서 냉한 현상이 약화되고 있다(이유진 2007, 76). 한반도 전체에서 사과 주산지가 북쪽으로 이동하고 있으며 남한에서 고랭지 채소의 농사가 점점 어려워지는 반면 북한에서는 여전히 가능하다. 또한 맥류의 재배 지역이 점차 북상하여 북한에서도 맥류의 이모작이 가능해졌다(심교문 외 2008). 따라서 기후변화가 북한의 농산물 생산과 식량 수급에 제한적이나마 긍정적 영향을 미쳐온 측면도 존재한다.

그러나 집중호우, 폭우, 혹한현상 등의 재해성 이상기후 현상은 더욱 빈번하게 발생하고 있으며 이러한 자연재해는 북한의 빈약한 사회기반시설과 재난 대비 시스템으로 인해 더욱 큰 파괴력을 지닌다(송민경 2017). 자연재해는 상당수의 북한 인구에 부정적 영향을 끼치고 있다. 2012년에 자연재해로 영향을 입은 사람의 수는 313만여 명(국제적십자연맹 2013)으로 이는 유엔인구기금(United Nations Fund for Population Activities, UNFPA) 통계로 북한 인구가 2012년 기준으로 약 2,490만 명임을 감안할 때 전체 인구의 약 12.5% 이상이 영향을 받은 것으로 볼 수 있다. 2013년에도 집중호우로 인해 평양과 함경북도를 제외한 대부분의 북한지역이 홍수로 인한 피해를 입었다. 당시 북한 외무성 보고에 따르면, 80만 명이 홍수의 영향을 받았고 4만 8천여 명의 이재민이 발생했으며 11천여 헥타르의 농경지가 침수된 것으로 나타났다(이종찬 2015, 123).

경작 가능 지역이 이미 국토의 20% 정도에 불과해 고질적 식량부족 문제를 지닌 북한 사회에 홍수, 가뭄, 태풍으로 인한 피해는 미래에도 북한의 농업 생산량에 상당한 타격을 가할 것이며 1990년대와 같은 대규모 기아사태는 아닐지라도 식량난으로 인한 주민들의 동요 및 사회 불안정을 초래하는 요인이 될 수 있다. 특히 중국과 국경 지역인 자강도, 양강도에서는 식량난 해소를 위한 주민들의 탈북사태가 발생할 가능성도 있다(최현정 2014, 11).

정확한 통계는 없으나 탈북 주민을 대상으로 한 조사 결과 북한 주민들 대다수가 실제 기후변화 현상을 직접 체감한 것으로 응답했다. 북한 전체 시도별 1인 총 10명에 대해 실시한 조사에 따르면, 북한 거주 당시 기후변화에 대한 체감 여부를 질문한 결과 73%가 그렇다고 답하였고 응답자들은 주로 여름철 폭염과 겨울철 혹한, 폭설과 태풍 및 집중호우 같은 자연재해 증가를 체감했다. 북한에서 체험한 극한 기후현상에 대해서는 가뭄과 혹한 현상을 가장 많이 경험한 것으로 나타났다. 또한 응답자의 60%가 기후변화와 관련된 피해를 직접 경험한 것으로 대답했다(이종찬 2015, 123). 이와 유사하게, 한국환경정책·평가연구원이 지난 2013년 한국 정착 탈북자 320명을 대상으로 실시한 설문조사에 의하면, 응답자의

73%가 북한 거주 당시 기후변화를 체감했으며 여름철 폭염, 겨울철 혹한, 폭설 증가, 태풍이나 집중호우 등 자연재해 증가, 평균 기온상승의 순으로 기후변화를 체감했다(김은지 2015).

북한 당국도 기후변화가 자국에 미치는 영향의 심각성을 감지하면서 인민의 경각심을 고취하고 있다. 박미선, 윤여창, 이효원(2013)의 연구에 따르면 1990년대 『로동신문』, 『민주조선』 등의 기관지는 약 53차례 기후변화에 대한 기사를 보도했으나 이 수는 2000년대에는 약 151개로 세 배 증가했다. 또한 2007년부터 2011년 사이의 기사는 1990년부터 2012년까지의 보도량의 절반을 차지할 정도로 최근 들어 기후변화가 미치는 영향과 그에 따른 자국 정부와 외국 정부들의 정책들에 대한 북한 미디어의 보도량이 증가했다.

김정은 정권에서도 북한은 기후변화에 관한 보도량이 꾸준히 증가되고 있다. 최현정(2014 17)에 따르면 『로동신문』은 "기후변화로 초래되는 이상기후현상과 혹심한 자연재해"(2014. 7. 19.), "인류의 생존을 위협하는 기후변화"(2014. 3. 10.), "시급한 국제적 대응을 요구하는 기후변화"(2014. 2. 4.), "시급히 리행되어야 할 몬트리올의정서"(2013. 9. 16.), "최근년간 우리나라의 기후변동 상태와 앞으로의 전망"(2013. 7. 15.), 세계식량위기에 대처하여"(2012. 10. 16.), "날로 심각해지는 생물멸종위기"(2012. 6. 16.), "세계 물의 날, 물과 식량안전"(2012. 3. 22.), "풍력자원을 적극 리용하라"(2011. 11. 27.) 등 기후변화와 관련된 기사를 실으며 국가 기관들과 주민들의 기후변화 및 환경문제들에 대한 인식과 경각심을 고취했다. 일례로 2014년 7월 19일자 "기후변화로 초래되는 이상기

후 현상과 혹심한 자연재해"라는 제목의 『로동신문』 기사는 2014
년의 최대 위협을 기후변화, 식량위기, 먹는 물 위기로 꼽으며 기
후변화로 인한 이상기후 현상과 자연재해가 인류에게 미치는 영향
은 매우 심각하여 지구상의 자연생태 환경을 파괴하며 인류의 생
존을 위협하고 경제에 부정적 영향을 미친다고 설명했다(최현정
2014, 13).

이러한 미디어 보도를 통해서뿐만 아니라 북한 정부는 특히
2013년 이후부터 중고등 교과서에서 기후변화를 기존과 비교해
심도 있게 다루면서 북한 주민들의 기후변화 소양(climate change
literacy)을 높이고 있다(안새롬 외 2019). 이와 같이 북한 당국은 매
체와 교육을 통해서도 제한적으로나마 기후변화 관련 정보를 국민
들에게 제공하고 있다.

2. 기후변화와 북한의 대응: 국내 대응

기술한 바와 같이 기후변화는 북한 정부 및 주민들이 체감할 정도
로 북한 경제 및 사회 환경에 광범위한 부정적 영향을 미치고 있
다. 이에 북한 정권도 기후변화와 자연재해 및 경제의 상관성을 예
의 주시하기 시작했으며 자연재해의 피해를 최소화하기 위한 조치
들을 포함한 다양한 기후변화 정책들을 입안하고 실행해 왔다.

북한의 기후변화 정책들은 완화보다는 적응정책이 주를 이룬
다. 북한 정권은 급증하는 자연재해가 미치는 사회경제적 피해를
최소화하기 위해 하천 관리, 농경지 보수, 토지정리 사업 등 다양
한 국토관리 조치들을 실시해 왔다. 홍수 등 자연재해 발생 시 효

과적 수자원 관리에 실패했던 1990년대의 경험을 바탕으로 관개 용수 관리를 위한 대대적인 물길 공사를 2002년, 2005, 2006년에 걸쳐 실시했고, 실제 이러한 관개개수 관리 시설 개선 등의 기반시 설 설치 및 보수 작업을 통해 2012년 가뭄 발생 시 이전에 비해 인 명피해나 경제적 손실을 줄일 수 있었다(최현정 2014, 8).

북한은 또한 산림의 황폐화가 북한의 기후변화 완화 및 적응에 있어 중요한 요소임을 인식하고 산림 관리에 주의를 기울이고 있다(송민경 2017). 이종찬(2015, 131)에 따르면 북한은 이미 1972년 「산림보호관리규정」을, 1992년에는 「산림법」 등을 채택하며 산림보호와 관리를 위한 정책을 추진해 왔지만 산림황폐화가 상당부분 진행된 1990년대 중반부터에야 그 심각성을 인지하기 시작했다. 이에, 1996년 국토환경보호부, 1998년 국토환경보호성을 신설하면서 적극적 문제해결을 모색해 왔다. 2000년에는 북한 최초의 산림 복구를 위한 장기적 계획이라 평가되는 〈산림조성 10개년 계획〉을 수립하고 유엔사막화방지협약(UN Convention to Combat Desertification)에 제출하였으나 이를 실행할 재정적·기술적 여건이 부족하여 제대로 추진하지 못하였다. 2009년에 조선로동당에서 주민들의 저항에도 불구하고 산림녹화 방침을 정하여 산림 이용반에 의해 경작되던 소토지를 회수하고 연료림을 조성할 것을 지시하기도 하였다. 대외적으로는 2011년 5월 발리에서 열린 국제회의에서 산림황폐화를 해결하기 위한 국제적 지원을 요청하는 등 산림 문제를 해결하기 위해 개방적인 태도를 취하고 있다.

북한은 김정은 정권이 들어서면서 기후변화 및 환경관리를 위한 정책들을 더욱 적극적으로 추진하고 있다. 김정은은 2011년 12

월 말 조선인민군 최고사령관, 2012년 4월 11일 조선노동당 제1 비서, 뒤이어 4월 12일 국방위원회 제1위원장에 취임하며 최고 권력자 자리를 공식적으로 계승하게 되었다. 김정은이 4월 6일 인민들에게 발표한 노작(勞作, 북한에서 최고지도자의 저서나 담화 등을 일컫는 표현)이 "위대한 김정일 동지를 우리 당의 영원한 총비서로 높이 모시고 주체혁명위업을 빛나게 완성해 나가자"였다면 공식적으로 최고 권력자의 자리에 오르며 대중들에게 공개 발표한 노작은 국토관리 및 자연재해 예방의 중요성에 관한 것이었다(최현정 2014, 7). 이는 가뭄 및 홍수 등과 같이 북한의 식량난을 가중시킬 수 있는 자연재해가 체제의 위협 요인이 될 수 있다는 정권의 인식을 반영한 것이다. 따라서 김정은은 자연재해에 대처하고 예방할 수 있는 사회기반시설을 구축하고 국토 환경 전반을 개선해 기후변화 시대에 북한의 대응 능력 제고에 정책 우선순위를 두며 이를 기반으로 궁극적으로는 정권 안정을 꾀한다고 볼 수 있다.

일례로 산림관리에 있어 김정은 정권은 2012년 4월, '10년 내에 벌거숭이산을 수림화하겠다'는 목표를 제시하고 2015년 말에는 당, 군, 전 인민이 "산림복구 전투"(war on deforestation)에 참여할 것을 선포하는 등 전례 없이 산림녹화에 대한 강한 의지를 내비치고 있다(송민경 2017). 기술적으로도 가정용 땔감 문제를 해결하기 위해 바이오매스, 펠릿 등의 개발과 열복사체식 보온부뚜막 등의 도입을 시도하고 있다. 김정은은 또한 정규적으로 산림 현지시찰을 수행하고 불법 벌목 등에 대해서는 사형 등의 중형을 명령하는 등 산림관리에 대해 높은 관심을 보이고 있다(Silberstein 2019).

III 북한의 기후변화 레짐 참여 및 국제 협력

북한은 특유의 경제 및 정치노선으로 인한 국제적 고립, 낙후한 경제발전 상황, 열악한 기반시설, 생존을 위한 자연환경의 파괴 등으로 인해 기후변화가 미치는 제반 영향에 있어 가장 취약한 국가들 중 하나로 남아 있다. 그러나 북한은 기후변화에 대응하기 위하여 앞서 살펴본 바와 같이 국내적 조치들을 취함과 동시에 국제사회의 일원으로 제한된 범위에서나마 다양한 국가들 및 기구들과 환경협력 분야에서 공조함으로써 기후변화에 대처하기 위한 노력들을 펼쳐왔다(Kim & Ali 2016). 즉, 상위정치인 군사, 안보와는 별개로 기후변화라는 지구환경 문제에 있어서는 관여(engagement)정책을 보이고 있다.

1. 국제 환경 및 기후변화 레짐 참여

1948년 정부 수립 이래 2016년까지 북한은 환경부문에서 43개가 넘는 다자(multilateral) 협약 및 5개의 양자(bilateral) 협력을 맺었으며(Kim & Ali 2016) 그 몇몇 사례는 〈표 4-1〉에 제시되어 있다. 기후변화와 관련하여 북한의 국제협력과 참여는 기상, 농업, 환경 등의 분야에서 유엔 산하 국제기구들과의 협력 및 기후변화 문제의 전담을 위해 설립된 UNFCCC하에서의 활동 등으로 구분해 설명할 수 있다. 본 섹션에서는 북한의 최근 UNFCCC의 참여를 중점적으로 북한의 국제 환경 레짐 참여를 논한다.

우선 다양한 유엔 산하 기구들과의 협력을 먼저 살펴보자. 예

표 4-1. 북한의 국제 환경 레짐 참가 사례

시기	참가 사례
1991	UNDP "대기오염 방지 및 재생에너지 기술개발을 위한 UNDP동북아환경회의"
1991	UNEP 동북아해양환경 보전을 위한 회의
1992	브라질 리우데자네이로 환경과개발에 관한 유엔회의 참석, 리우 선언, 의정21 채택
1994	생물다양성보존협약 가입, 유엔기후변화협약 가입
1995	오존층보호를 위한 비엔나협약과 몬트리올 의정서 비준
2002	잔류성 유기오염물질에 관한 스톡홀름협약 가입
2004	UNEP와 공동으로 북한환경상태 보고서 2003 발간(2013년 UNEP, GEF와 2차 보고서), 유엔 사막화방지협약 가입
2005	교토의정서 가입
2008	유해물질의 국경 이동 및 그 처분 규제에 관한 바젤협약 시행
2016	UNFCCC에 국가결정기여(INDC)로 2030년까지 비조건부로 8%, 조건부로 40.25%까지 감축공약

출처: 김병로(2013), Kim & Ali(2016) 등 다양한 출처에 근거하여 저자 정리

를 들어 북한은 1995년 수해 이후 여름 집중호우로 인한 인명 및 재산 피해를 경험하면서 기상 수문 분야의 투자를 확대하는 등 자연재해의 예방에 주의를 기울여 왔으며 그 일환으로 세계기상기구(World Meteorological Organization, WMO)와의 협력을 강화해 왔다. 북한은 기상관측예보시스템 개선을 위해 WMO에 두 차례에 걸쳐 첨단 기상설비 지원을 요청한 바 있다. 1975년도에 WMO에 가입한 북한은 WMO의 자발적 협력프로그램(Voluntary Cooperation Program, VCP)을 통해 중국으로부터는 2000년 이래 매년 기상설비를 지원받고 있고, 영국도 VCP 프로그램을 통해

2002년 7월 위성수신장비, 고층기상관측설비, 통신설비 및 관측설비 프로그램을 지원했다(이유진 2007, 85).

유엔개발계획(UNDP)도 2011년부터 북한에서 재생에너지를 포함한 친환경 분야의 사업을 본격화하였다. 특히 농촌의 에너지 효율성, 풍력 에너지 개발 및 보급, 재생에너지 확대 및 농촌 에너지 지원 사업을 위한 전문가들의 해외 연수 및 기술적 역량 발전 등의 측면에서 북한 지원 계획을 수립했다. 또한 홍수, 가뭄 등 재난 관리에 있어 북한의 역량강화를 지원해 왔다(정아름 2011).

유엔환경계획(UNEP)은 북한이 2003년 최초로 산림, 수질, 대기 및 토양오염, 생물종다양성 등을 포함한 포괄적 환경 문제를 조사하고 보고서를 작성하는 데 기여했고 2012년에도 기후변화와 관련한 제2차 국가보고서 작성을 지원하는 등 북한이 자국의 환경에 대해 과학적이고 전문적인 정보와 지식을 획득하며 이를 국제사회와 공유할 수 있도록 역량강화에 도움을 주고 있다. UNDP와 UNEP등 유엔 기구들은 지구환경기금(Global Environmental Facility, GEF)을 통해 1991년부터 2012년까지 미화 6,155,405달러를 제공하여 북한의 기후변화 관련 역량을 재정적으로 지원하였다(NCCE 2012).

또한 2017년 1월, 유엔은 북한과 'UN 5개년 전략협약'을 체결하고, 북한 농업생산을 위한 다양한 지원 사업들을 발표했다. 전략협약은 북한의 국가개발과 유엔 새천년개발 목표 달성을 위해 유엔 각 기구가 통일된 전략을 짜고, 큰 틀에서 활동 계획을 세우려는 것이다. 유엔은 이 협약에 따라 2017~2021년 기간 동안 10개 이상 유엔 기구들을 통해 사업을 진행한다. 참여 기구 가운데

UNDP, 세계식량계획(WFP), 유엔아동기금(UNICEF), 세계보건기구(WHO), FAO, 유엔인구기금(UNFPA) 등은 북한에 상주 사무소를 두고 있다. 지원 분야는 총 4개로, 식량과 영양 안보, 사회개발사업, 대처능력 강화(resilience and sustainability), 데이터와 개발관리 등이다(김홍주·이승호 2017, 302). 유엔아태경제사회위원회(UNESCAP) 또한 에너지, 환경, 수자원, 교통 등의 영역에서 2000년대 중반 이래로 북한과 협력하고 있다. 이들 국제기구들은 사무소를 통해 다양한 영역들에서 북한의 기후변화 적응 정책을 지원하고 기후변화가 북한 환경과 경제사회에 미치는 영향을 줄이기 위한 노력들을 기울여 왔다.

이어 기후변화와 직접적으로 연관된 국제 레짐인 UNFCCC에 북한의 참여 정도를 살펴보면 북한은 다른 국제기구나 협약에 비교하여 적극적으로 참여해 왔음을 알 수 있다. 서론에서 언급했듯 북한은 1994년 12월 UNFCCC, 2005년 4월에는 교토의정서, 2016년 8월 파리기후변화협약을 비준하는 등 기후변화에 대응하기 위한 국제사회의 공동 노력에 참여하기 시작했다. 2000년과 2012년에는 UNDP와 GEF의 지원하에 국가보고서(first and second national communications)를 UNFCCC 사무국에 제출해 자국의 온난화 경향과 이상기후, 재해 등에 대해 보고하면서 북한 사회 및 경제의 기후변화 적응 능력을 향상시킬 방안들을 제시하기도 했다(김은지 2015). 이들 보고서에서 북한은 국가 현황, 부문별 국가 온실가스 인벤토리 구축, 기후변화영향 및 적응 수단, 기후변화 감축 대응 방안, 기타 기후변화 관련 정보 확보와 능력배양 및 재정지원 필요성 등 국제사회에 대한 요청사항을 기재하였다(송민경 2017, 5). 북한의 국가보고서에 따르면 에너지부문 온실가스 배출량은 전체의 88.6%를 차지해 에너지 부문의 편중이 심하고 산림 훼손이 심각하며 에너지 설비 노후화에 따라 낮은 에너지 효율을 보이고 있다(배성인 2010, 77).

북한은 또한 2008년 청정개발체제(Clean Development Mechanism, CDM) 사업의 국가승인기구인 DNA(Designated National Authority)를 국가환경조정위원회(National Coordinating Committee for Environment) 산하에 설립하는 등(송민경 2017, 3), CDM 사업을 위한 기본체계를 구축했다(배성인 2010, 77). 북한은 2016년을 기준으로 총 8건의 CDM사업을 UNFCCC에 공식 등록하였다. 이 8건은 대부분 소규모 수력 발전 사업(예성강 3·4·5호, 금야수력발전소, 함흥수력발전소, 백수산 선군청년 수력발전소 등)으로 북한이 투자하고 체코의 토픽 에너르고사가 탄소 배출권을 양도받아 판매하는 역할을 담당한다. 2013년 등록된 2건은 광산 및 산업 폐수에서 발생하는 메탄가스를 활용하는 사업으로 영국과 추진 중이다(장우석 2015, 5). 그러나 등록 이후 사업이 순조롭게 진행되지 않아 현재 모니터링 및 배출감축실적(Certified Emission Reductions) 발급 단계는 진행되지 않은 상황이다. 등록된 사업이 성공적으로 추진될 경우 연간 감축량은 약 35만 톤에 이를 전망이다(장우석 2015, 5). 이외에도 북한은 7건의 사업 추진 사전의향서(Project Idea Note, PIN)를 UNFCCC에 제출한 바 있다.

또한 북한은 2012년 독일에서 열린 "지속가능한 산림 협력 남북워크숍"에서 탄소배출권 거래에 관심을 표명하고 교토의정서의 CDM사업, 산림파괴 방지를 통한 온실가스 감축(Reducing

Emissions from Deforestation and Forest Degradation, REDD)에도 관심을 표명했다. 2014년 몽골에서 열린 과학기술 협력을 위한 국제 워크숍에서는 북한의 참여자들이 CDM사업과 관련해서 예산과 태양광 및 바이오 가스 등을 통한 CDM시범사업의 추진을 촉구하기도 하고 에너지 자급 마을 도입, 탄소배출권 거래와 관련한 초기 투자, 정보 공유 등에 대한 북한의 수요 등을 밝히기도 했다(이종찬 2015, 132).

이렇듯 북한은 기후변화의 심각성을 인지하고 제한적이나마 국제사회의 노력에 동참하는 모습을 보여 왔다. 북한은 교토의정서를 대체할 파리기후변화협정에도 참여해 왔다. 북한은 2016년 8월 1일 파리기후협정을 비준하였고 10월에는 UNFCCC에 당사국의 감축의지 및 기후변화에 대한 정책적 대응 계획을 밝힌 국가결정기여(Intended Nationally Determined Contribution, INDC)를 제출했다(송민경 2017, 3).

북한의 INDC는 2030년까지 온실가스 배출전망치(BAU) 대비 40.25%, 즉 대략 7,550만 CO_2t의 온실가스를 감축한다는 목표를 제시하고 있다(그림 4-4). 이 40.25%는 비조건부(unconditional) — 즉 북한이 국가 내부의 자원을 이용해 자발적으로 이행할 감축분—8%와 조건부(conditional) 감축분—즉, 국제사회의 재정적, 기술적 지원을 가정한 상황에서의 감축분—32.25%로 구분된다. 후자인 조건부 감축분은 북한 당국이 국제사회의 다양한 기후변화 레짐 및 국제기구, 선진국 정부들로부터 지원받고자 하는 "wish list"로 볼 수 있다(Von Hippel & Hays 2017). 북한 환경, 에너지 전문가인 Von Hippel & Hays(2017)는 북한의 INDC가 고도로 정

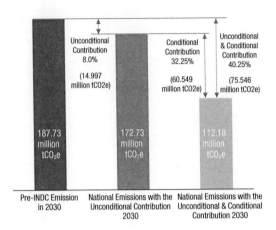

그림 4-4. 북한의 국가결정기여(INDC)

출처: DPRK(2016)

확하게 기술된 것은 아니지만 국제적으로 공인된 감축 방법을 사용했을 때 북이 감축할 수 있는 근사치에 상당히 가까우며 북한이 이러한 문서를 국제사회에 공표했다는 사실 자체만으로도 향후 북한과 국제사회 간의 기후변화 협력의 가능성을 보여주는 청신호라 평가했다.

북한의 INDC의 내용을 구체적으로 보면 김정은 정권하에서 북한은 이미 기후변화와 환경보호의 영역에서 산림조림, 자연보호구역의 설정, 소수력 발전 등 수력 에너지의 개발, 에너지 공급 및 수요에서 효율성 증진, 저탄소 건축, 재생에너지 사용 등의 정책을 통해 상당한 성과를 거두었다고 자평하고 있다(DPRK 2016). 이러한 긍정적 평가 후 북한은 감축 및 적응 분야에서 자국의 정책 우선순위를 열거했다. 두 분야에서 공히 북한은 국제사회로부터의 지원 및 기술 이전 등을 가정한 상황에서의, 즉 조건부 상황에서의, 우선순위를 상정하고 있다(표 4-2).

표 4-2. 북한의 완화 전략

우선순위	완화 전략
1	송배전 손실을 6%로 감축
2	2GW 용량의 원자력발전소 건설
3	1GW 용량의 태양광 PV 발전소 설치
4 & 5	1GW 용량의 풍력발전소 건설(해상 500MW+육상 500MW)
6	가정과 사무실의 석탄 난방 기기를 고효율 에어컨 및 히트펌프로 대체
7	석탄·목재연료 대신 가축분뇨와 생활하수에서 나오는 바이오가스로 요리
8	석탄 대신 태양열 온수시스템으로 가정 온수 공급
9	농촌지역의 기존 목재난로를 고효율 목재난로로 교체
10	왕겨를 연료로 쓰는 열병합 발전소 건설
11	도시고형폐기물(MSW)의 퇴비화 시설 도입
12	아임계압(subcritical) 석탄발전소를 초초임계압(ultra supercritical) 석탄발전소로 대체
13	시멘트 생산 시 고로슬래그·플라이애쉬 첨가율을 50%로 증대
14	도시고형폐기물(MSW)을 이용한 바이오가스 발전소 건설
15	가정의 요리용 석탄난로를 고효율 전기조리기로 대체
16	기술 현대화를 통해 산업부문 에너지 소비량 25% 절약
17	터널 벽돌 가마를 수직 샤프트 벽돌 가마로 대체
18	대도시에 간선급행버스(Bus Rapid Transit) 체계 도입
19	산림복합경영(agroforestry; 농업과 임업을 겸하면서 축산업까지 도입해 서로의 장점으로 지속농업을 가능케 하는 복합영농; 혼농임업)과 지속가능한 산림관리 확대

출처: DPRK(2016)

적응 분야에서 북한은 자연재해에 대한 대응 및 예방, 수자원 관리, 농업, 연안지방 관리, 공공 보건, 생태계 보존 분야에서 북한 사회 전반의 기후변화 부문 회복탄력성(resilience)을 향상시킬 수 있는 다양한 방안들을 열거하고 있다(표 4-3).

표 4-3. 북한의 적응 전략

분야	기후변화가 미치는 영향	우선적 적응 방안
전반	• 자연재해로 인한 피해 증가	• 기후변화 적응을 위한 연구 역량 강화 • 기후 정보 서비스 및 관찰 네트워크 향상 • 기후변화의 부정적 영향과 그에 대한 정책 관련 교육과정 개발 • 커뮤니티 중심의 재난대응시스템을 위한 역량 배양 • 주요 유역에 조기경보 시스템 구축
수자원	• 가용 수자원 감소 • 수질 악화 • 홍수, 가뭄, 산사태 빈도 및 강도 증가	• 수질오염예방 및 효율적 정화 기술 도입 • 주요 유역의 통합수자원 관리위한 역량 강화 • 수자원의 합리적 배분과 소비 체계 구축 • 저수지와 하천 관리 역량 배양
농업	• 재배 적합 지역의 변화 • 작물 성장 기간의 변화 • 작물 생산성의 감소 • 해충으로 인한 피해 증가	• 기후변화에 대처하기 위한 선진 농업기술의 개발 및 보급 촉진 • 경작가능토양의 통합적, 지속가능한 관리 시스템 구축
연안 지역	• 연안 침수 • 해안선 후퇴 • 염수 침범 • 홍수로 인한 피해 증가	• 연안지역 통합 관리를 위한 역량 강화 • 연안지역에 방조제나 보호시설 등 인프라 구축 • 인구와 경제활동의 재배치
공중 보건	• 전염병 발생 증가	• 위생 및 유행병방지 작업 강화 • 고온으로 인한 질병 관련 의료 서비스 강화 • 다양한 전염병의 데이터베이스 및 질병의 지속적 감시 체계 구축
생태계	• 생물군집의 구조 변화 • 종의 수와 범위 변화 • 종의 서식지 손실 • 삼림해충으로 인한 피해 증가	• 지역사회의 훼손된 삼림 복구 및 연료를 위한 삼림 관리 • 기후변화로 인한 삼림해충 발생의 통제 및 통합 관리 • 서해 연안 지역 생태계 보존 개선 • 기존 자연보호지역 관리 개선

출처: DPRK(2016)

위에서 살펴본 바와 같이 북한은 국제사회에서 UNFCCC를 포함한 국제기구들과의 교류 및 협력을 확대하고 제한적이나마 기후변화 문제 해결을 위한 국제사회의 노력에 참여해 왔다. 북한은 UNFCCC에 INDC를 제출하고 자국의 감축 및 적응 계획을 공표하며 국제사회로부터의 기술적, 재정적 지원을 호소해 왔다. 즉 북한은 기후변화라는 문제에 직면하여 농업, 에너지 부문 등 자국의 산업 위기를 타개하고 생산력을 향상시키며 재난에 대비할 능력과 기반시설을 개선하기 위한 수단으로 UNFCCC를 이용하고자 한다고 볼 수 있다(Habib 2014).

북한은 2019년 1월 UNFCCC의 개도국 당사자로서 UNFCCC 산하에서 개도국의 기후변화 대응 사업을 지원하는 특화기금이자 국제기구로 2013년 인천 송도에 사무국을 개소한 녹색기후기금 (Green Climate Fund, GCF)과의 공식적인 연락창구인 국가지정기구(NDA)를 등록하고 대북 공식 연락 담당자로 국토 환경성 소속 리경심 국장을 지정했다. 북한으로부터 지원에 대한 정식 요청서가 접수되었는지는 확인되지 않았지만, 이는 자원 및 기술 이전에 대한 북한의 관심을 보여주며 국제협력사업 추진을 위한 공식 통로가 활성화되기 시작했음을 의미한다(송찬영 2019).

2. 양자 간 협력: 남북 협력

북한은 또한 가장 중요한 양자(bilateral) 간 관계 중 하나인 한국과의 관계에서도 1990년대 초부터 다양한 환경 보존 분야에서 협력할 것을 합의해 왔다(표 4-4). 환경 협력에 관한 한 남한 정부는 비

표 4-4. 남북한 환경 분야 관련 합의

구분	내용
〈남북기본합의서〉 (1991. 12. 13.)	제3장 남북교류·협력 제16조 남과 북은 과학·기술, 교육, 문화·예술, 보건, 체육, 환경과 신문, 라디오, 텔레비전 및 출판물을 비롯한 출판·보도 등 여러 분야에서 교류와 협력을 실시한다.
〈남북공동선언〉 (2000. 6. 15.)	4. 남과 북은 경제협력을 통하여 민족 경제를 균형적으로 발전시키고, 사회 문화 체육 보건 환경 등 제반분야의 협력과 교류를 활성화하여 서로의 신뢰를 다져나가기로 하였다.
〈남북한 환경 교류협력을 위한 후속합의서〉 (2007. 11. 16.)	제3조 산림녹화 및 병해충방제, 환경오염방지를 위한 협력 사업을 추진하고, 남북경제협력 공동위원회 산하 환경보호 등을 담당하는 분과위원회 구성에 합의하여 환경교류협력을 추진하는 방안도 마련하였다.
〈남북경제협력 공동위원회 제1차 회의 합의서〉 (2007. 12. 6.)	제6조 제2항 양묘장 조성과 이용, 산림녹화 및 병해충방제 사업 및 생태계보존과 환경오염을 저감한다고 명시하였다.
〈평양공동선언〉 (2018. 9. 19.)	제2조 남과 북은 상호호혜와 공리공영의 바탕위에서 교류와 협력을 더욱 증내시키고, 민족경제를 균형적으로 발전시키기 위한 실질적인 대책들을 강구해나가기로 하였다. 3항 남과 북은 자연생태계의 보호 및 복원을 위한 남북 환경협력을 적극 추진하기로 하였으며, 우선적으로 현재 진행 중인 산림분야 협력의 실천적 성과를 위해 노력하기로 하였다.

자료: 김종삼(2015, 41) 등을 바탕으로 저자 정리.

교적 초당적으로 그 필요성과 당위성에 공감해 왔다. 한국 정부는 소위 "그린 데탕트"라고도 명명되는 북한과의 환경협력을 통해 미래 통일 과정에서 발생할 북한 영토의 환경복구 비용을 선제적으로 낮추고 한반도의 지속가능한 국토관리 및 친환경 발전을 꾀한다는 입장을 유지해 왔다(강택구 외 2016; 이재승 외 2014; 정성헌 외 2017; 추장민 외 2013). 또한 한국 정부는 환경 협력을 통해 자국 환경산업의 북한 진출과 투자를 유도함으로써 친환경산업 부문에서 주변국과의 경쟁에서 주도권을 확보하고 이를 한국의 신성장동력으로 발전시키자는 입장이다. 또한 기능주의적 관점에 입각, 환경이라는 기능적 영역에서 북한과의 협력과 신뢰구축을 통한 환경공동체 형성은 후자의 개방적인 변화를 점진적으로 유도하여 한반도 군사적 긴장을 해소하고 통일을 위한 평화와 안정 창출에 기여할 것이라 기대해 왔다.

기후변화와 관련해서 특히 주목할 만한 남북 협력분야는 환경, 에너지, 산림, 재난 등의 분야일 것이다. 에너지 부문을 보면 석탄은 수력과 함께 북한의 주요 에너지원이자 온실가스 배출원이다. 따라서 기후변화에 대응하기 위해 석탄연소를 줄이고 에너지 설비 및 효율을 개선하며 재생에너지원의 사용을 확대할 필요가 있다. 북한은 2001년부터는 〈자연에네르기 개발 5개년 계획〉을 수립했으며, 2013년 〈재생에네르기법〉 제정을 통해 태양광, 조력, 풍력 등의 재생에너지 개발과 이용을 장려하고 있다. 또한 만성적 에너지난, 열악한 손·배전망의 문제를 극복하기 위해 지역중심 재생에너지를 생산, 사용 정책을 고무하고 있다.

한국으로서는 남북 재생에너지 CDM을 통해 북한의 지속가능 발전을 지원하고 자국의 배출권을 확보하며 감축을 위한 국제적 노력에 동참할 수 있다(정우진 2009). 남북 CDM 협력 사업을 통해 북한이 확보할 수 있는 전력생산 잠재량은 연간 8,915TWh 규모로 추정된다. 분야별 잠재량은 태양광발전이 8,902TWh로 가장 크고, 풍력발전 7,989GWh, 소수력발전 5,256GWh 순으로 나타났다. 한편, 남한이 가져올 수 있는 탄소배출권 잠재량은 약 108억 톤 CO_2, 경제적 가치로는 연간 112조 원 규모로 추산된다(장우석 2015).

〈표 4-4〉도 제시하듯 남북은 또한 산림협력에 이미 상당한 관심을 기울이고 있다. 북한은 COP21, 22에서 고위급 세션 연설을 통해 이미 산림복구 노력을 통한 기후변화 대응을 강조한 바 있고 INDC에서 밝힌 감축(감축 부문 19개 현안과제 중 3개 항목)과 적응분야에서도 산림부문을 비중 있게 다루었다(송민경 2017, 3). 남한과는 산림녹화 및 양묘장 조성 등에서 이미 제한적이지만 협력이 진행 중이다. 양국은 2018년 4월 27일 남북정상회담의 결과인 판문점선언을 발표한 이후 7월 판문점에서 산림협력을 위한 실무회담을 열고 국경지대에서 산림병, 해충 등의 문제에 대한 공동대처, 산림구성과 보호에 관한 협력 방안, 묘목장 현대화, 임농업, 산불방지, 침식 관리 등의 문제를 논의하였다(Ji 2018).

산림분야에서의 남북협력은 한국이 2030년까지 BAU대비 37%의 온실가스 감축목표를 달성하는 데 도움이 될 수 있다. 한국은 목표치 37%중 11.3%를 국제시장을 통한 해외배출권의 활용으로 감축하는 내용의 INDC를 제출한 바 있다. 한국은 2010년 저탄소녹색성장기본법을 근간으로 녹색성장 패러다임을 구축하였으며, 온실가스 에너지 목표관리제, 온실가스 배출권거래제, 배출권거래제 상쇄제도 등 국가 온실가스 감축목표 달성을 위한 다양한 정책을 이미 추진 중이다. 2012년 온실가스 배출권의 할당 및 거래에 관한 법률을 제정해 2015년부터 탄소배출권 거래제(ETS)를 시행했다. 2012년 탄소 흡수원 유지 및 증진에 관한 법률 제정과 함께 2017년 7월부터 산림탄소배출권의 시장거래를 허용해 제도적으로 안착 단계에 접어들었다.

문재인 정부는 남한의 민간자본을 독려하여 북한 산림 복구를 확대할 수 있고 제3국을 통한 간접 지원도 고려할 수 있다. 산림청은 신기후체제에 대응하기 위한 산림분야의 대응전략 수립을 위한 〈2030 국가 온실가스 감축목표에의 국내외 산림탄소 활용방안〉(2016)에서 감축목표 달성을 위해 국제적 산림탄소 크레딧의 개발 가능성, 추진절차 마련 등을 제시하였다. 이 방안에서 산림청은 북한의 산림복구 현황 및 국제기구들과의 협력 현황을 파악하고 남·북간의 REDD＋(산림 파괴·산림 황폐화 방지를 통한 온실가스 감축)의 추진을 통한 한반도 기후변화 공동 대처의 가능성을 분석하고 시사점을 도출했다. 한국은 이미 2009년부터 인도네시아, 미얀마, 캄보디아, 라오스에서 REDD＋ 시범사업을 진행해 오고 있으며 인도네시아의 경우 정부 간 협의를 거쳐 사업이 진행 중이며 이러한 사업들로부터의 교훈은 미래 남북 산림협력 사업에서 활용될 수 있다.

이렇듯 산림은 북한 정부의 수용성이 큰 분야다. 다만, 북한에서 산림은 에너지 및 식량이라는 측면도 있음을 고려할 때 산림 복원은 임농업의 한 축으로 결합될 때 더욱 효과적일 수 있다. 식량 안보와 경제개발 및 환경보호에 기여하는 토지관리시스템인 임농업은 현재 북한의 상황을 개선할 최적의 협력 사업이 될 것이고 기업들은 REDD＋ 외에도 CDM으로의 확장이 가능하기 때문이다. 물론 이렇게 확보한 탄소배출권이 남한에서 거래될 수 있도록 제도를 정비할 필요가 있을 것이다(송상훈 2018).

IV 결론 및 전망

지구환경정치에서 기후변화는 점차 주류 담론을 형성해 왔다. 그러나 기존 연구들은 주로 선진국 대 개발도상국과 같은 이분법에 근거하여 다양한 정치·경제 형태를 지닌 국가들의 기후변화에 대한 대응 방식에 대해서는 깊은 분석과 논의를 제공하지 못하고 있다. 본 연구는 기후변화정치의 논의와 연구를 더욱 풍성하게 하기 위해 북한과 기후변화의 상관관계를 고찰하였다. 본고는 기후변화가 북한에 어떠한 영향을 미쳐왔으며 북한 당국은 이에 대응하기 위하여 어떠한 국내·외 정책들을 채택해 왔는지를, 주로 북한의 대외교류 및 협력에 초점을 맞추어 살펴보았다.

북한은 주체 이데올로기에 입각한 경제적, 외교적 고립정책의 추구 및 핵미사일의 개발과 핵무기비확산 규범에의 도전 등을 통해 한반도 및 동북아를 포함한 국제사회의 안정과 평화를 위협하는 소위 "불량국가"로 인식되어 왔다. 그러나 이러한 북한 정권도 기후변화라는 전 지구적 현상이 자국의 경제 및 사회 전반의 안정된 발전의 저해 요인임을 인식하기 시작했다. 또한 안보, 군사 등의 상위정치(high politics) 분야에서와의 행보와 달리 기후변화라는 이슈에 관한 한 국제사회의 일원으로 국제 레짐에 참여하고 국제기구들과의 협력을 모색하는 등 관여(engagement) 정책을 채택해 왔다. 본 논문은 기후변화에 대한 북한 정권의 국내·외적 대응을 살펴봄으로써 북한의 국제문제 현황에 대한 이해 및 국제사회와의 관계에 대한 인식이 어떻게 변화해 오고 있는지를 추적하는 하나의 바로미터(barometer)로 삼았다.

기후변화는 북한의 환경에 점점 더 가시적인 부정적 영향을 미치고 있다. 북한의 낙후된 경제 및 기반시설을 감안할 때 당국의 적극적 노력이 없는 한 기후변화에 대한 북한 사회의 취약성은 더욱 높아질 전망이다. 북의 온실가스 배출은 선진국과 비교하여 낮은 수준이지만 북한 사회는 여러 취약국가들과 마찬가지로 기후변화가 야기하는 부정적 영향들에 별다른 대응책 없이 노출되어 있다.

그러나 북한은 국제사회에서 UNEP, UNDP, UNFCCC를 포함한 국제기구들과의 교류 및 협력을 확대하고 제한적이나마 기후변화를 위한 노력에 동참해 왔다. 북한은 UNFCCC에 INDC를 제출하고 자국의 완화 및 적응 계획을 공표하며 국제사회로부터의 기술적, 재정적 지원을 호소해 왔다. 즉 북한은 기후변화라는 문제에 직면하여 농업, 에너지 부문 등 자국의 산업 위기를 타개하고 생산력을 향상시키며 재난에 대비할 능력과 기반시설을 개선하기 위한 수단으로 UNFCCC를 이용하고 있다(Habib 2014). 또한 남한과도 환경협력의 일환으로 산림협력 등에서의 협력을 강화함으로써 기후변화에 대응하기 위한 노력들을 기울이고 있다.

국제사회의 북에 대한 대응은 현재까지 홍수와 같은 대규모 자연재해 발생 후 구호물자를 지원하는 등 사후적 지원정책이 주를 이루었으나, 기후변화의 시대에는 북한의 적응을 돕기 위한 더욱 선제적이고 적극적 차원에서의 재해 예방 프로그램 등의 통합적 지원과 협력 정책들을 고안해야 한다. 또한 유·무상 원조 등을 통해 북한이 INDC에서 제시하고 있는 다양한 목표 및 정책과제들을 지원함으로써 북의 온실가스 감축 목표치 달성을 촉진하고 기후변화 역량을 강화하는 데 기여해야 할 것이다. 북한의 INDC는 선진국으로부터의 재정 및 기술지원, 능력배양을 조건부로 BAU대 비 40% 이상의 감축이라는 야심찬 목표를 상정하고 있느니 만큼 이들 분야에서 국제사회의 지원이 절실하다.

북한의 기후변화 대응을 비롯한 환경부문에서의 다양한 지원들에 있어서 국제사회는 정치화될 수밖에 없는 안보, 군사적 영역과는 별도로 분리 지원하는 방안을 추구해야 한다. 유엔 등의 대북 제재의 큰 틀을 벗어나지 않는 범위 내에서 국제기구 및 국제 비정부조직들을 통해 북한과의 환경협력이 실질적 프로그램 차원에서 중단 없이 이행되도록 할 필요가 있다. 재생에너지 혹은 산림녹화 등의 부문에서 소규모의 파일럿(pilot) 프로그램들을 실행한 후 북한의 이행과정과 그 효과를 평가한 후 점차 확대, 양산해 가는 것이 프로그램의 지속성을 확보하는 하나의 방안이 될 수 있다. 파일럿을 통한 성공사례의 축적은 북한과 국제 파트너 간의 신뢰 구축에 도움이 되고 정책의 지속성과 확장을 가능케 한다.

다만 북한의 핵, 미사일 도발이 계속되는 한 대북 제재의 국면은 경색된 상태로 유지될 가능성이 높기에 기후변화를 포함한 환경 분야에서 남한 정부를 포함한 다양한 대북 파트너들은 이러한 제재 국면을 넘어 협력을 지속, 확대하기 위한 방안을 모색해야 할 것이다. 예를 들면 북한의 기후변화 협력 파트너들은 북한 당국보다는 주민들과 지방정부들을 대상으로 하는 비교적 소규모의 기후변화 대응 사업들을 인도주의적 관점 및 비전통적 안보 개념으로 프레이밍(framing) 함으로써 사업의 설득력과 정당성을 제고하려는 노력을 기울임으로써 제재 국면을 극복할 수 있을 것이다.

이미 CDM과 같은 국제기후변화 메커니즘에 사업을 등록한 경험이 있는 북한은 프로그램들을 확대해 국제사회로부터 기술적, 재정적 지원을 통해 자국의 경제 및 환경 개선 및 기후변화에의 기여를 통한 국제사회로부터의 인정을 동시에 꾀하는 등의 국익을 추구할 수 있다(Park 2018). 다만 북한의 감축 프로그램들은 체계적이고 투명한 보고, 측정과 검증을 통해 탄소 감축량의 이중 계상 등을 방지하도록 해야 한다. 예를 들어 북한의 조림(forestation) 사업을 통해 한국 등이 산림 탄소배출권을 획득하는 경우 이중 계상의 문제가 발생하지 않도록 해야 하며 북한은 국제 검증단, 사찰단의 방북에 제한적 태도를 취해서는 안 될 것이다(Heo & Kim 2018, 222). 국제적 검증은 국제사회의 기후변화 관련 지원 물자들이 북한의 군사적 목적으로 전용되는 것을 방지하기 위해서도 필수적인 절차라 할 수 있다.

북한의 국제 레짐 참여가 수사적이고 선언적 수준에 머물지 않고 실질적으로 기후변화를 포함한 지구환경문제를 해결하기 위한 프로그램 및 정책으로 이어지기 위해서는 김정은 정권하에서 북한 당국의 의지가 무엇보다 중요하다. 북한은 기후변화 문제에 한해서라도 자국의 국제적 공신력을 확보하기 위해 UNFCCC 및 다양한 유엔 산하의 기구들과 적극 공조하고 INDC에서 공표한 목표들을 성실히 이행하는 태도를 보여야 할 것이다.

이를 위해서 환경 및 기후변화 협력에 있어 북한 정권의 파트너 국제기구, 비정부조직들 및 한국을 포함한 정부들은 이러한 협력이 김정은을 포함한 북한 지도부와 정권의 직접적이고 구체적 이익에 부응하는 것임을 보여줌으로써 실질적이고 유의미한 협력이 일어날 수 있는 유인책을 지속적으로 제시해야 한다. 기후변화 부문에서의 협력을 통해 이익을 누리는 북한 정권 및 사회 내부의 이해당사자 집단의 규모가 커질수록 안보, 군사 문제와 독립적으로 이 분야에서의 협력이 지속성을 띠게 될 것이다. 또한 이러한 이해당사자들은 국제 협력 파트너들과 인지공동체를 포함한 네트워크 형성을 통해 더 많은 정보 및 기술의 공유와 신뢰구축을 통해 한반도 및 동북아시아의 군사적 긴장을 완화하는 초석으로 작용할 수 있을 것이다.

참고문헌

강택구 외. 2016. "통일 대비 북한지역 자연재해 대응을 위한 자료 구축과 남북협력
    방안 연 구(Ⅰ)." 한국환경정책평가연구원 사업보고서. 2016-04-02.
김란희·김현우·이재희·이승훈. 2016. "위성자료를 이용한 북한지역 토지피복 및 식생
    변화 추정."『국토연구』117-128
김병로. 2013. "자연재해인가 정책실패인가?: 북한의 문화생태 현실과 구조".
    『평화학연구』14(1): 219-242.
김윤성. 2018. "재생에너지, 남북한 에너지 협력 물꼬될까". 이투뉴스. 5월 14일,
    http://www.e2news.com/news/articleView.html?idxno=108846.
김은지. 2015. [기획보도: 유엔 기후변화협약 정상회의] "북한, 기반시설 미비로
    기후변화 피해 가중" VOA. 11월 20일, https://www.voakorea.com/a/30664
    84.html
김흥주·이승호. 2017. "북한의 농업생산과 먹거리보장의 가능성."『기후연구』12(4):
    289-304.
명수정·홍현정·최현일·정주철. 2008. "북한의 자연재해취약지 추정 및 남북협력 방안
    연구." 환경정책평가 연구원 연구보고서 RE-16.
박미선·윤여창·이효원. 2013. "북한 미디어에 나타난 기후변화 프레임."『환경정책』
    21(4): 151-172.
배성인. 2010. "북한의 에너지난 극복을 위한 남북 협력 가능성 모색-신재생에너지를
    중심으로."『북한연구학회보』14(1): 59-90.
산림청. 2016. "2030 국가 온실가스 감축목표에의 국내외 산림탄소 활용방안."
송민경. 2017. "북한의 산림부문 기후변화대응 동향 및 시사점." 국립산림과학원.
    국제산림정책토픽 제50호. 5. 1.
송상훈. 2018. "기후변화가 북한체제 보존을 위협한다." 프레시안. 5월 14일자, http://
    www.pressian.com/news/article?no=196512#09T0
송찬영. 2019. "북한, 녹색기후기금(GCF) 공식 접촉 창구 개설." 데일리한국.
    3월 26일자, http://daily.hankooki.com/lpage/society/201903/
    dh20190326145203137820.htm
심교문·김건엽·정현철·이정택. 2008. "지구온난화에 따른 한반도의 농업환경
    영향평가와 적응." 한국생물환경조절학회 학술발표논문집 17(1): 78-81.
안새롬·윤순진·이찬희·홍종호. 2019. "북한의 기후변화 교육: 기후변화 교육의 남북
    협력을 위한 탐색적 연구."『환경교육』32(1): 1-16.
이유진. 2007. "남북한 기후변화 대응 협력방안 모색."『경기논단』9(4): 73-93.
이재승·김성진·정하윤. 2014. "환경협력을 통한 평화구축의 이론과 사례: 한반도에의
    적용에 대한 고찰."『한국정치연구』23(3): 163-188.
이종찬. 2015. "북한 기후변화 대응을 위한 환경 협력 모델 제안." 한국환경정책학회
    학술대회논문집, 121-137.

장우석. 2015. "한반도 르네상스 구현을 위한 VIP리포트: 남북 재생에너지 CDM 협력사업의 잠재력." 현대경제연구원. 통권 636호 15-39. 11월 29일 출판.
정성헌 외. 2017. 『통일한반도의 녹색비전: 생태-평화철학과 녹색협력』서울: 한국문화사.
정아름. 2011. "UNDP, 대북 에너지, 환경 사업 박차." 자유아시아방송. 7월 21, https://www.rfa.org/korean/in_focus/undpnk-07212011163843.html
정우진. 2009. "북한 CDM 사업 잠재력 분석 및 남북 협력방안 연구." 에너지경제 연구원. 기본연구보고서 09-10.
_____. 2016. "북한의 전력증산정책과 과제." KDI 북한경제리뷰. 5월호.
최영은·김유진·김민기·박미나. 2018. "북한의 기후 특성을 반영한 한반도 기후변화와 미래전망." 대한지리학회 학술대회논문집, 72-73.
최현정. 2014. "2014년 기상이변과 북한사회의 위기 가능성." 아산정책연구원 이슈 브리프. 2014-22. 8월 8일.
추장민·정성운·정소라·박선규. 2013. "한반도「그린 데탕트」추진방안에 관한 연구." 한국환경정책평가연구원 정책보고서 2013-19.

Boden, T.A., G. Marland, and R.J. Andres. 2011. "Global, Regional, and National Fossil-Fuel CO2 Emissions." Carbon Dioxide Information Analysis Center, Oak Ridge National Laboratory, U.S. Department of Energy, Oak Ridge, Tenn., U.S.A. doi 10.3334/CDIAC/00001_V2011.
Ministry of Land and Environment Protection (of DPRK) 2012. Environment and Climate Change Outlook.
Democratic People's Republic of Korea (DPRK). 2016. Intended Nationally Determined Contribution of Democratic People's Republic of Korea. September.
Habib, Benjamin. 2014. "North Korea: an Unlikely Champion in the Fight Against Climate Change." The Guardian. May 20. Available at https://www.theguardian.com/world/2014/may/20/north-korea-unlikely-champion-fight-against-climate-change
_____. 2015. "Balance of Incentives: Why North Korea Interacts with the UN Framework Convention on Climate Change." Pacific Affairs, 88(1), 75-97.
Hass, Ernst B. 1972. Beyond the Nation-State: Functionalism and International Organization. Stanford, California: Stanford University Press.
Heo, Man-ho, and Mi-ran Kim. 2018. "Asymmetric Inter-Korean Negotiations on Forest Carbon Offset Projects: Feasibility, Stakes, and Preferential Variables." Pacific Focus 33(2): 209-236.
Hrmeling, Sven. 2011. "Global Climate Risk Index 2012: Who Suffers Most From Extreme Weather Events? Weather-related Loss Events in 2010 and 1991 to 2010." Germanwatch Briefing Paper. November. Available at https://

germanwatch.org/sites/germanwatch.org/files/publication/7175.pdf

Ji, Dagyum. 2018. "Two Koreas Agree to Joint Action on Forest Cooperation, Pest Control." *NK News.* July 4. Available at https://www.nknews.org/2018/07/two-koreas-agree-to-joint-action-on-forest-cooperation-pest-control/

Kim, Rakhyun E and Ali, Saleem H. 2016. "Green Diplomacy – An Opportunity for Peace-building?" *Environmental Policy and Law.* 46(1): 86-96.

National Coordinating Committee for Environment(NCCE). 2012. DPRK's Second National Communication on Climate Change.

Nye, Joseph N, 1971. *Peace in Parts:Integration and Conflict in Regional Organization.*Boston: Little Brown.

Park, Jiyoun. 2018. "The Clean Development Mechanism (CDM) as a Financial Platform for North Korea's Development." *Journal of the Asia Pacific Economy,* 23(3): 496-510.

Silberstein, Benjamin Katzeff. 2019. "The North Korean Economy-June 2019: Kim Jong Un's Reforestation Plans: The Dilemma of Forest Versus Food and Fuel. 38North. July 1. Available at https://www.38north.org/2019/07/bkatzeffsilberstein070119/

Taylor, Adam. 2017. "North Korea slams Trump's decision to pull out of Paris accord as 'the height of egotism'" Washington Post June 7. https://www.washingtonpost.com/news/worldviews/wp/2017/06/07/north-korea-slams-trumps-decision-to-pull-out-of-paris-accord-as-the-height-of-egotism/?noredirect=on&utm_term=.82a07434628f

Von Hippel, David and Hays, Peter. 2017. Going Green? N. Korea's Implementation of Global Climate Change Agreements. June 7. NK PRO. Available at https://www.nknews.org/pro/going-green-north-koreas-implementation-of-global-climate-change-conventions/

_____. 2018. "Energy Insecurity In The DPRK: Linkages To Regional Energy Security and the Nuclear Weapons Issue." NAPSNet Special Reports, January 03, Available at https://nautilus.org/napsnet/napsnet-special-reports/energy-insecurity-in-th—dprk-linkages-to-regional-energy-security-and-the-nuclear-weapons-issue/

Woo-Cumings, Meredith. 2002. "The Political Ecology of Famine: The North Korean Catastrophe and Its Lessons." ADB Institute Research Paper 31. Tokyo: ADB Institute.

필자 소개

한희진 Han, Heejin

부경대학교 글로벌자율전공학부 조교수
강원대학교 영어교육학 졸업, Northern Illinois University(미국 노던 일리노이
주립대학교) 정치학 석·박사

논저 "Governance for Green Urbanisation: Lessons from Singapore's Green
Building Certification Scheme" (*Environment & Planning C*), "China, an
Upstream Hegemon: A Destabilizer for the Governance of the Mekong River?"
(*Pacific Focus*), "Singapore, a Garden City: Authoritarian Environmentalism in a
Developmental State" (*Journal of Environment & Development*)

이메일 polhan@pknu.ac.kr

제5장

파리협정 체결 이후 중국의 기후변화 외교와 대외협력

China's Climate Change Diplomacy and International Climate
Change Cooperation after the Conclusion of Paris Climate
Change Conference

조정원 | 연세대학교 미래사회통합연구센터 연구교수

본고에서는

2015년 12월 제21차 UN 기후변화당사국총회(COP21)에서의 파리협정 체결 이후 중국의 기후변화 외교와 대외협력에 영향을 미치는 정책과 개념, 중국의 기후변화 외교와 대외협력의 현황을 소개하고 그 특성을 분석하였다. 그리고 중국과 다른 개발도상국들 간의 남남협력과 미국, 엄브렐러 그룹 등 선진국들과의 기후변화 외교 및 협상에서의 현안과 쟁점에 대하여 살펴볼 것이다. 이를 바탕으로 향후 중국의 기후변화 외교의 추진 방향과 중국의 기후변화 외교가 글로벌 차원의 기후변화 협상과 협력에 미치게 될 영향에 대하여 예측하고자 한다.

In this chapter, the characteristics of the Chinese climate change diplomacy, related concepts and policies and international climate change cooperation after the conclusion of the Paris Climate Change Conference are analyzed.

In addition, the South-South climate change cooperation between Mainland China and other developing countries is illustrated, and the current affairs and issues in climate-related diplomacy and negotiations between China and advanced countries (the United States, the Umbrella Group) are described. Based on the research results presented in this chapter, the direction of the Chinese climate change diplomacy is illustrated, and the way it affects global negotiations and collaborations on climate change is explained.

KEYWORDS 중국 China, 기후변화 외교 Climate Change Policy, 대외협력 International Cooperation, 개념 Concept, 기후변화 정책 Climate Change Policy, 남남협력 South-South cooperation, 협상 Negotiation, 쟁점 Issue

I 서론

1990년대부터 2010년까지 중국은 기후변화 문제에서 개발도상국들의 입장을 대변하며 유럽연합과 선진국들의 기후변화 관련 의무 부담을 회피하는 데 앞장섰다. 그러나 중국은 2011년 더반에서 개최된 제17차 유엔 기후변화당사국총회(COP17)부터 선진국, 개도국 모두에게 부여되는 감축 합의를 체결할 가능성을 언급했고 로컬 에너지 기업들이 청정에너지 기술협력을 주장하면서 기후변화 외교 방침의 변화를 보이기 시작했다. 그 이후 2015년 3월 시진핑 지도부가 등장한 이후에는 미국 오바마 행정부와의 협력을 통해 동년 12월 파리협정 체결에 기여하였다.

파리협정 체결 이후 중국은 2018년 12월 15일 폴란드 카토비체에서의 제24차 유엔 기후변화 당사국총회(COP24)에서도 선진국들과 개발도상국들 간의 파리협정의 실행에 도움이 될 수 있는 합의를 이끌어 내는 데 공헌하였다.[1] 이와 같이 중국이 선진국들과 개발도상국들 간의 이해 관계를 조정하고 기후변화 의무를 분담하는 역할을 지속적으로 수행하게 된 원인은 무엇일까? 기존 연구에서는 중국의 기후변화 외교 변화의 원인에 대해서 현실주의 제도론의 관점에서는 미국의 행정부 교체와 노선 변경에 따른 외압의 비일관성, 신자유주의 제도론의 관점에서는 신재생에너지 산업

---

[1] 선진국들과 개발도상국들은 카토비체 COP24에서 온실가스 감축 이행 결과 보고 기준과 방식 단일화, 선진국이 보유하는 온실가스 감축과 기후변화 적응 관련 기술의 개발도상국 이전 상황 평가, 선진국의 개도국에 대한 재정 지원 정보 제출, 2025년부터 회원국들이 새로운 재원 조달 목표 설정 협상 개시에 합의하였다.

의 시장 확대, 구성주의의 관점에서는 중국 사회에서 환경규범의 점진적 확산 등의 대내외적 정책 환경 변화에 의한 것으로 보았다 (김유철·이재영 2018).

본고에서는 파리협정 체결 이후인 2016년부터 2019년 상반 기까지 중국의 기후변화 외교에 영향을 미치고 있는 정책과 개념 을 소개할 것이다. 또한 3년 반 동안 중국 기후변화 외교의 특성과 원인을 분석할 것이다. 아울러 중국의 기후변화 외교 및 협상에서 의 쟁점에 대하여 살펴볼 것이다. 이를 바탕으로 향후 중국의 기 후변화 외교의 추진 방향과 중국의 기후변화 외교가 글로벌 차원 의 기후변화 협상과 협력에 미치게 될 영향에 대하여 예측하고자 한다.

II 중국의 기후변화 외교 관련 정책 및 개념

1. 국가 기후변화 대응 규획

중국 국무원 국가발전개혁위원회(国务院 国家发展与改革委员会, 이하 발개위)가 주도하여 내놓은 국가 기후변화 대응 규획은 2014년 9 월에 공개되었지만 제10장 국제교류협력 심화에 2020년까지의 중 국 기후변화 외교에 적용되고 있는 주요 원칙들을 담고 있다.

표 5-1. 국가 기후변화 대응 규획의 기후변화 외교 관련 주요 원칙

주요 원칙	내용
원칙과 기본제도 지지	• 공통의 구분된 책임, 공평, 각자의 능력에 따른 글로벌 기후변화 제도 구축을 위한 국제협상 참여
국제기후변화 다자 협상의 적극적 참여	• 개발도상국들과의 협력을 통한 국제 기후변화 다자협상의 적극적 참여와 의견 개진을 통한 대국으로서의 책임 완수
국제기구들과의 협력	• 기후변화 관련 국제기구들과의 협력을 통한 중국 및 글로벌 차원의 기후변화 대응에 능동적으로 참여
선진국들과의 협력 강화	• 선진국들과의 양자 협력 기제 구축을 통한 양자 협력 사업 추진 • 선진국 기업들의 기후변화 대응 관련 사업 참여 유도
다층적 국제협력 네트워크 구축	• 지방, 기업, 연구기관, 업종별 협회 등과의 협력을 통한 기술과 교육 훈련 협력 강화 • CDM 프로젝트 협력 지속
남남협력 강화	• 관련 국제기구들과의 협력을 통한 남남협력기금 조성 • 중국의 기술, 상품의 개발도상국 시장으로의 진출 활성화 • 개발도상국, 소규모 도서 국가에 대한 무상원조 및 기후변화 대응 관련 교육훈련 지원 • 개발도상국 및 저개발국가, 소규모 도서 국가의 신재생에너지 확산과 에너지 절약, 탄소거래 활성화 등의 기후변화 대응 능력 제고 지원

자료: 国务院. 2014. "国家应对气候变化规划(2014-2020年)." 43-45.

2. 13차 5개년 규획

13차 5개년 규획 기간 동안 중국 중앙정부는 기후변화 대응을 위한 국제협력 관련 정책들을 내놓았다. 가장 먼저 나온 정책은 국무원이 2016년 10월 27일에 내놓은 13차 5개년 규획 기간 온실가스 배출 통제 업무 방안("十三五"控制温室气体排放工作方案, 이하 업무 방안)이다. 국무원은 업무 방안의 제9장 국제협력의 대폭 추진(广泛开展国际合作)에서 온실가스 배출 통제 관련 국제협력 방안을 제시하였다.

표 5-2. 중국의 온실가스 배출 통제 관련 국제협력 방안

주요 원칙	내용
글로벌 기후변화 거버넌스 참여 심화	• 파리협정 관련 담판과 다양한 루트를 통해 진행되는 대화와 협상에 적극적으로 참여 • 공동의 그러나 구분된 책임(共同但有区別的責任): 선진국들과 개발도상국들 간의 기후변화 이행 관련 공동 책임 이행이 필요한 부분과 선진국 그룹, 개발도상국 그룹의 재정과 기술력 등을 감안한 책임 이행 항목의 구분 요구 • 공평 원칙(公平原則), 각자의 능력 원칙(各自能力原則) 준수 • 유엔 기후변화 기본협약(United Nations Framework Convention on Climate Change, 이하 UNFCCC)의 전면적, 효과적, 지속적 실시 추진 • 각국의 참여와 역량 발휘를 바탕으로 실무적이고 효과적이며 상생과 협력이 가능한 글로벌 기후변화 거버넌스 체계 구축 • 유엔의 2030년 지속가능발전 어젠다의 추진, 중국의 저탄소 사회로의 전환에 유리한 환경 조성
실무 협력	• 기후변화 관련 국제교류 강화 • 국가 간 협력 심화 • 국제조직 간 실무 협력 강화 • 국제기구의 저금리 자금과 선진 기술을 활용한 중국 내 기후변화 대응 업무 전개 • 개발도상국들, 소규모 도서 국가들과의 기후변화 대응 실무 협력 강화 • 중국기후변화 남남협력 기금 설립 및 활용 • 개발도상국들의 기후변화 대응, 재난 방지 및 감소 능력 제고 지원 • 청정 에너지, 재난 방지 및 감소, 생태 보호, 기후 적응형 농업, 저탄소 스마트 시티 관련 국제협력의 지속적 추진 • 기후변화 대응 국제협력과 일대일로, 국제 산업 에너지 협력 가이드라인 간의 연계 • 저탄소 프로젝트 협력 추진 • 해외 투자 프로젝트의 저탄소화 추진
온실가스 배출 감축 의무 이행 강화	• 파리협정에서의 중국의 온실가스 배출 감소 의무 이행 준비 • 중국의 국가 온실가스 배출 정보 및 2년 단위 업데이트 리포트의 기한 내 제작, 제출 • UNFCCC 국제협상과 분석 과정 참여 • 온실가스 감축에 대한 국가결정기여(Nationally Determined Contribution, 이하 NDC) 이행 관련 평가 강화 • 온실가스 배출량 감소를 위한 2018년 탈라노아 대화에 적극 참여[2] • UN에 제출할 중국의 21세기 중엽 온실가스 저감 발전 전략 연구

자료: 国务院. 2016. "十三五"控制温室气体排放工作方案." 中华人民共和国 中央人民政府, 10月 27日. http://www.gov.cn/zhengce/content/2016-11/04/content_5128619.htm(검색일: 2019.07.23)

온실가스 배출 통제 업무 방안이 나온 지 6개월여가 지난 2017년 5월에는 중국 과학기술부, 환경보호부(현재 생태환경부), 중국기상국이 기후변화 대응 과학기술 창조혁신 13차 5개년 규획("十三五"应对气候变化科技创新专项规划)을 내놓았다. 기후변화 대응 과학기술 창조혁신 13차 5개년 규획(이하 규획)은 중국의 국내 기후변화 대응 능력 제고와 글로벌 차원의 기후변화 대응 협력을 효과적으로 추진하기 위해 만들어졌다. 규획에서 중국은 기후변화의 완화(mitigation), 적응(adaptation) 관련 정책들을 시행하는 데 필요한 선진국들과의 기술 협력, 개발도상국들에 대한 자금 및 기술 원조를 추진하기로 하였다(科学技术部·环境保护部·中国气象局 2016). 그리고 글로벌 기후변화 대응 담판에서의 협상 능력 제고를 위한 협상전략 연구의 심화도 병행하기로 하였다(科学技术部·环境保护部·中国气象局 2016).

3. 국제 산업 에너지 협력 가이드라인

2015년 3월 중국 국무원 국가발전개혁위원회(国务院 国家发展与改

---

2   탈라노아(Talanoa)는 참여와 포용, 투명성을 지향하며 문제 해결을 모색하는 남태평양 민족의 대화방식을 의미하는 피지어이다. 탈라노아 대화(Talanoa Dialogue)는 UNFCCC에 참여하는 197개 국가들이 기후변화 대응을 위해 공개적으로 토론하며 의견 교환과 조율을 시도하며 기후변화에 관한 정부 간 협의체(Intergovernmental Panel on Climate Change, 이하 IPCC) 총회를 하기 전에 개최한다. 2018년 탈라노아 대화는 9월 19일 오후에 서울 프레지던트호텔에서 개최하였으며 IPCC 총회는 동년 10월 1일부터 5일까지 GCF 본부가 있는 인천 송도에서 개최하였다. 환경부 기후전략과. 2018. "기후변화 대응전략 도출을 위한 열린 대화 개최." 환경부, 9월 19일, 1-7.

革委员会, 이하 발개위)는 일대일로를 중심으로 진행하는 중국의 대외 산업 협력의 효과적인 추진을 위해 국제 산업 에너지, 장비 제조 협력 가이드라인(国务院关于推进国际产能和装备制造合作的指导意见, 이하 국제 산업 에너지 협력 가이드라인)을 내놓았다. 국제 산업 에너지 협력 가이드라인에서는 중국 기업들이 해외에서 에너지 산업 관련 프로젝트를 추진할 때 필요한 자금을 중국 로컬 은행들의 저금리 대출과 프로젝트 파이낸싱을 통해 조달할 수 있도록 하였다 (国务院 2015). 그로 인해 중앙정부와 로컬 기업 차원에서 대규모 자금을 투자하기 어려운 개발도상국들도 중국 정책 은행들의 금융지원과 중국 기업들의 프로젝트 참여를 통해 기후변화 대응 관련 인프라 구축과 신재생에너지 관련 설비와 LED 조명 도입을 할 수 있는 계기가 마련되었다. 가이드라인의 시행 이후 중국은 카자흐스탄의 전기자동차 생산 라인 건설과 태양광 발전소 건설, 타지키스탄의 열병합 발전소 건설 등의 기후변화 대응에 필요한 에너지 산업 프로젝트를 추진하는 데 필요한 자금을 지원받을 수 있었다.

4. 인류운명공동체(人类命运共同体)

2012년 11월 8일 중국공산당 18차 당대회 보고에서 인류운명공동체(人类命运共同体) 개념이 처음 등장했을 때는 자국의 이익을 추구할 때 다른 나라의 입장도 배려해야 한다는 의미를 담고 있었으며 지속가능발전 관련 내용은 포함되지 않았다(钱彤·熊争艳·치劫·刘华 2012). 그러나 시진핑 중국 국가주석이 2015년 3월 28일 보아오포

럼 연례총회에서 인류운명공동체에 지속가능발전을 포함한 신안 보관을 언급하면서부터 중국의 기후변화 외교에 영향을 주기 시작했다(杜尚澤 2015). 인류운명공동체에 지속가능발전에 대한 내용을 포함한 것은 시진핑 국가주석이 지방 근무를 할 때부터 환경과 기후변화 문제를 정책에 반영했던 성향이 반영된 것이다. 시진핑은 저장성과 상하이시에서 근무할 때 재생에너지와 에너지 절약, 온실가스 감축을 적극적으로 추진하면서 중국공산당 중앙당으로부터 경고를 받았었다(서승욱 2016). 시진핑의 온실가스 감축, 신재생에너지 확산을 중심으로 하는 기후변화 대응 중시와 인류운명공동체에 지속가능발전이 중국 중앙정부의 정책 기조에 반영되면서 2015년 미국 오바마 행정부와의 협력, G77과 LMDC 등 개발도상국 그룹과의 의견 조율을 통해 파리협정 체결이 성사될 수 있었다.

5. 생태문명건설과 5대 발전 이념

2015년 11월 30일 파리에서 개최되었던 제21차 유엔 기후변화당사국총회와 2016년 1월 16일 베이징에서 개최되었던 아시아인프라투자개발은행(Asian Infrastructure Investment and Development Bank, 이하 AIIB) 개업식에서 시진핑 국가주석은 생태문명건설과 창조와 혁신(创新), 협조(协调), 녹색(绿色), 개방(开放), 공유(共享)를 5대 발전 이념으로 제시하였다(李正齊 2016). 생태문명건설과 5대 발전 이념은 2015년 10월 중국공산당 18차 중앙위원회 제5차 전체회의에서 중국공산당의 새로운 경제사회발전 이념으로 제시되었다(中国共产党 2015). 이는 중국이 환경오염을 감수하는 양적 경제성장에서 경제사회발전과 환경 개선을 병행하는 경제성장의 수준 제고를 통한 뉴 노멀 제시와 연계되어 있다. 또한 G77에 속해 있는 134개 개발도상국들에 대한 지원과 협력을 통한 기후변화 대응과 신재생에너지, LED 조명 등의 신산업 확산을 통해 중국의 국익을 극대화하고 중국의 글로벌 기후변화 대응 관련 이니셔티브를 확보하려는 시도로 연결되고 있다.

III 파리협정 체결 이후 중국 기후변화 외교와 대외협력의 특성

1. 국가주석, 국무원 중심의 정책 결정

2013년 3월 시진핑 지도부 출범 이전까지 중국의 기후변화 정책과 기후변화 외교는 경제구(经济口)를 관할하는 국무원을 중심으로 진행되었다. 특히 2007년 6월 12일에 당시 국무원 총리였던 원자바오(溫家宝)가 좌장을 맡은 국가 기후변화대응 및 에너지 절약, 배출량 감소 업무 영도소조(国家应对气候变化及节能减排工作领导小组, 이하 기후변화대응 영도소조)가 만들어지면서 국무원과 국무원 산하 국가발전개혁위원회(国家发展与改革委员会, 이하 발개위)가 기후변화 정책과 외교의 컨트롤타워 역할을 수행하였다.

    그러나 상하이와 저장성에 근무할 때부터 기후변화 대응을 중시하는 시진핑이 2013년 3월 국가주석에 취임한 후부터는 시진핑의 의지가 반영된 기후변화 대응 정책의 변화가 발생하였다. 2015

년 9월 25일에 시진핑 국가주석과 당시 미국 대통령이었던 버락 오바마가 동년 12월 파리 COP21에서 온실가스 배출량 감축과 글로벌 저탄소 경제 전환, 21세기 중엽에 지구 평균기온 상승 2도 이내 억제에 합의하였다(美国驻华大使馆 2015). 또한 동년 11월 시진핑 국가주석은 파리 COP21에서 개발도상국들에 10개의 저탄소 시범구, 100개의 기후변화 완화, 적응 프로젝트, 1,000개의 기후변화 교육훈련 프로그램 운영을 약속하였다(习近平 2015). 그 이후 중국은 개발도상국과 소규모 도서 국가에 태양광을 중심으로 하는

표 5-3. 중국 기후변화대응 영도소조 구성 인원 현황

성명	직위	영도소조에서의 역할
리커창(李克强)	국무원 총리	조장
한정(韩正)	국무원 부총리	부조장
왕이(王毅)	국무위원	부조장
딩쉐둥(丁学东)	국무원 부비서장	구성원
쿵시엔어우(孔铉佑)	외교부 부부장	구성원
장융(张勇)	발개위 부주임	구성원
천바오성(陈宝生)	교육부 부장	구성원
왕즈강(王志刚)	과학기술부 부장	구성원
마오웨이(苗圩)	공업 및 정보화부 부장	구성원
황슈셴(黄树贤)	민정부 부장	구성원
푸정화(傅政华)	사법부 부장	구성원
류쿤(刘昆)	재정부 부장	구성원
루하오(陆昊)	자연보호부 부장	구성원

리간제(李干杰)	생태환경부 부장	구성원
왕멍웨이(王蒙徽)	주택도시농촌건설부 부장	구성원
리샤오펑(李小鹏)	교통부 부장	구성원
어징핑(鄂竟平)	수리부 부장	구성원
한창빈(韩长赋)	농업농촌부 부장	구성원
중산(钟山)	상무부 부장	구성원
왕샤오타오(王晓涛)	국제발전협력서 서장	구성원
리바오룽(李宝荣)	국무원기관사무관리국 국장 국무원 부비서장	구성원
뤄슈강(雒树刚)	문화여행부 부장	구성원
마샤오웨이(马晓伟)	위생건강위원회 주임	구성원
이강(易纲)	인민은행 행장	구성원
샤오야칭(肖亚庆)	국가자산관리위원회 주임	구성원
왕쥔(王军)	세무총국 국장	구성원
장마오(张茅)	시장감독관리총국 국장	구성원
닝지저(宁吉喆)	발개위 부주임 국가관리위원회 국장	구성원
바이춘리(白春礼)	중국과학원 원장	구성원
류야밍(刘雅鸣)	중국기상국 국장	구성원
누얼 바이커리(努尔·白克力)	국가에너지국 국장 발개위 부주임	구성원
장젠룽(张建龙)	임초국 국장	구성원
양위둥(杨宇栋)	교통운수부 부부장 철도국 국장	구성원
펑정린(冯正霖)	교통운수부 부부장 민항국 국장	구성원

자료: 2019. "国家应对气候变化及节能减排工作领导小组." 百度百科, 7月 16日. https://baike.baidu.com/item /%E5%9B%BD%E5%AE%B6%E5%BA%94%E5%AF%B9%E6%B0%94%E5%80%99%E5%8F%98 %E5%8C%96%E5%8F%8A%E8%8A%82%E8%83%BD%E5%87%8F%E6%8E%92%E5%B7%A5% E4%BD%9C%E9%A2%86%E5%AF%BC%E5%B0%8F%E7%BB%84 (검색일: 2019.08.12.)

신재생에너지의 확산, 에너지 절감에 도움이 되는 제품들의 보급에 앞장서고 있다. 또한 시진핑 국가주석은 2017년 9월 5일 샤먼에서 개최된 브릭스 국가들과 개발도상국들 간의 회의에서 중국이 개발도상국들의 기후변화 대응 지원을 포함한 남남협력 원조 기금 조성을 위해 5억 위안을 지원할 계획을 공개하였다(习近平 2017).

그 이후 기후변화대응 영도소조는 시진핑 국가주석의 기후변화 대응을 위한 국제 협력에 대한 의지를 정책에 반영하고 점검하고 있다. 이를 위해 국무원 산하의 기후변화와 관련된 모든 부처들의 부장(장관), 부부장(차관)이 기후변화대응 영도소조에 참여하여 국제 협력과 외교에 필요한 정책과 법규, 자금 문제를 논의하고 있다.

2. 개발도상국들의 기후변화 대응 관련 지원

개발도상국들은 온실가스 저감과 기후변화 대응에 필요한 자금과 기술, 제품을 자체적으로 조달하기 어렵기 때문에 선진국들의 자금과 기술, 제품이 필요하다. 그러나 선진국들의 개발원조와 기후변화 관련 지원은 개발도상국들의 수요를 완전히 충족시키기 어려웠다. 중국은 세계 최대 규모의 외환보유고와 개발도상국들보다 비교우위에 있는 제조업 생산 능력을 활용하여 12차 5개년 규획 기간의 첫 해인 2011년부터 개발도상국들에 대한 기후변화 대응 관련 지원을 시작했다. 발개위 기후변화대응사 순시원 시에지가 2017년 9월 6일 중국신문망과의 인터뷰에서 공개한 내용에 따르면, 중국은 2011년부터 2017년 9월 5일까지 개발도상국들에

표 5-4. 파리협정 체결 이후 중국의 개발도상국 기후변화 대응 물자기증 MOU 및 추가
협의서 체결 현황

MOU 체결 국가	일시	주요 내용
이란	MOU: 2016.01.23. 추가 협의서: 2017.07.27.	태양광 발전 시스템 533대, LED 에너지 절약형 조명 240,000대 지원
네팔	MOU: 2016.03.21.	태양광 발전 시스템 3.200대 지원
쿠바	MOU: 2016.09.24.	태양광 발전시스템 및 LED 등 지원
이집트	MOU: 2017.01.16.	태양광 LED 가로등, 태양광 LED 형광등, 태양광 발전 시스템, 에너지 절약형 에어컨 기증
기니	MOU: 2017.09.05.	태양광 발전 시스템 950대, LED 에너지 절약형 조명 130,000대 지원
사모아	MOU: 2016.09.23.	LED 가로등 2,500대, 태양광 LED 가로등 500대, LED 형광등 18,000대 지원
필리핀	MOU: 2017.11.16.	기후변화 대응 관련 물품 지원

지료: 国务院 国家发展与改革委员会. 2016. "发展改革委与尼泊尔人口环境部签署关于应对气候变化物资赠
送的谅解备忘录." 中华人民共和国 中央人民政府, 3月 23日. http://www.gov.cn/xinwen/2016-03/23/
content_5056762.htm (검색일: 2019.07.21)
驻萨摩亚中华人民共和国大使馆. 2016. "驻萨摩亚大使王雪峰在中国援萨应对气候变化物资交接仪式上的讲话."
中华人民共和国 外交部, 9月 23日. https://www.fmprc.gov.cn/chn//gxh/tyb/zwbd/dszlsjt/t1400018.
htm(검색일: 2019.07.12)
国务院 国家发展与改革委员会. 2016. "发展改革委与古巴外贸外资部签署关于应对气候变化物资赠送的
谅解备忘录." 中华人民共和国 中央人民政府, 10月 8日. http://www.gov.cn/xinwen/2016-10/08/
content_5115925.htm(검색일: 2019.07.21.)
中华人民共和国政府·菲律宾共和国政府. 2017. "中华人民共和国政府和菲律宾共和国政府联合声明."
中华人民共和国 外交部, 11月 16日. https://www.fmprc.gov.cn/web/ziliao_674904/1179_674909
/t1511205.shtml(검색일: 2019.07. 23)

대한 기후변화 대응 관련 지원 금액은 6억 위안을 넘어섰다(謝极
2017). 또한 중국은 같은 기간 동안 27개 국가들과 기후변화 물자
기증 MOU를 체결하며 중국산 태양광 발전 시스템, 에너지 절약
형 에어컨, LED 가로등, LED 에너지 절약형 조명을 지원하였다(謝
极 2017).

중국이 개발도상국들과 소규모 도서 국가인 사모아에 지원한 물품들은 중국산 태양광 발전 시스템, 중국산 LED, 에너지 절약형 에어컨의 무상 제공을 통해 에너지 절약과 에너지 효율 제고, 태양광 발전의 확산을 지원하는 데 초점을 맞췄다. 이 품목들은 중국이 다른 개발도상국, 소규모 도서 국가들보다 비교우위에 있다. 또한 태양광 발전 시스템과 LED, 에어컨을 제조하는 로컬 업체들의 해외 시장 진출을 통한 이윤 증대가 필요한 품목들이다.

중국의 기후변화 남남협력 업무와 관련해서 역할이 증대되고 있는 중앙정부 부처는 과학기술부이다.[3] 과학기술부는 기후변화 남남협력 관련 실무와 연구개발을 수행하고 있다. 과학기술부 산하 기관인 중국과학원의 연구소들은 개발도상국들의 기후변화 관련 현지조사와 공동 연구를 수행하며 개발도상국들의 기후변화 대응 능력 제고를 지원하고 있다.

중국은 개발도상국들에 대한 기후변화 대응 관련 물자와 제품 제공 외에 시진핑 국가주석이 2015년 11월 파리 COP21에서 약속한 대로 기후변화 관련 교육훈련에 대한 지원도 계속하고 있다. 2019년 9월 2일에는 일대일로 관련 개발도상국들에서 30여 명을 베이징 칭화대학으로 초청하여 제1기 일대일로 기후융자 교육훈련반을 운영하고 있다(中国日报 2019). 칭화대학 기후변화지속가능

---

3 과학기술부는 2015년부터 산하 기관인 중국21세기어젠다관리센터(中国21世纪议程管理中心, 이하 21세기 어젠다관리센터), 중국과학원(中国科学院), 중국기상국(中国气象局), 공정원(工程院)과 함께 국가기후변화평가보고서를 발간하는 주무 부처 역할을 하고 있다. 또한 기후변화 대응 관련 연구 프로젝트들을 입안하고 수행을 지원하는 기후변화 연구개발 주무부처의 역할도 수행하고 있다. 生态环境部. 2018. "中国应对气候变化的政策与行动 2018年度报告." 生态环境部, 43.

발전 연구센터에서 교육을 담당하고 있는 일대일로 기후융자 교육 훈련반에서는 25개 국가에서 온 수강생들에게 기후변화 관련 융자 루트들에 대한 소개와 활용 방안. 기후변화 금융 관련 해외 전문가들의 특강, 녹색기후기금(GCF)과의 협력을 통한 자금 조달 방안을 교육할 예정이다(中国日报 2019).

3. 적극적 참여: 의제 설정과 네트워킹, 실무 협의

중국은 파리협정 체결 이후 기후변화 대응 관련 어젠다 설정과 다자 네트워킹, 실무 협의에 적극적으로 참여하고 있다. 우선 중국은 2019년 6월 30일부터 7월 1일까지 아부다비에서 개최된 UN 기후변화 정상회담에서 뉴질랜드 정부와 함께 자연 기반 해결방안(Nature-based Solutions, 이하 NBS)에 대한 논의를 주도하였다(新华网 2019). NBS는 식량안보, 기후변화, 수질안전, 인간의 건강, 재난 위험, 사회 및 경제 발전과 같은 문제를 해결하면서 물리적 및 사회적 회복력을 위한 생물다양성 보전의 중요성을 강조하는 개념이다(최윤의 2019). 기후변화 남남협력에 적극적으로 참여하고 있는 중국은 뉴질랜드와 함께 국제사회에서의 NBS 논의를 주도하면서 NBS와 관련된 생태 농업 협력, 도시 지역의 저강도 개발, 기후변화로 인한 수자원 부족 및 수질오염 문제의 해결을 위한 양자 협력, 다자 협력을 추진하는 데 활용할 수 있다.

또한 중국은 기후변화 대응을 위한 과학기술 협력과 선진 기술 이전에 있어서 개발도상국들의 협의체인 G77과 공조하며 개발도상국으로의 기술 이전과 개발도상국의 수요를 반영한 과학기술 협력을 주장하고 있다. 이를 위해 중국 과학기술부 산하기관인 중국 21세기 어젠다관리센터(中国21世纪议程管理中心, 이하 21세기 어젠다관리센터)는 기후변화 대응 관련 환경협력과 기술협력 관련 업무를 담당하고 있다. 특히 21세기 어젠다관리센터는 2018년 12월 폴란드 카토비체에서 개최되었던 제24차 기후변화당사국총회(COP24)에서 국가 간의 기후변화 관련 기술협력에 대한 지원을 강화하는 합의가 나온 이후에는 기후기술센터네트워크(Climate Technology Center and Network, 이하 CTCN)에서 국가 간 기술협력과 개발도상국들에 대한 자금 지원에 대한 구체적인 방안을 논의하는 데도 적극적으로 참여하고 있다(科学技术部 2019).

IV 중국 기후변화 외교의 쟁점

1. 선진국들의 개발도상국 기후변화 대응 추가 지원

파리협정 체결 이후 중국과 G77은 선진국들의 기후변화 대응기금의 구체적 지원 계획을 요구하고 있다. 그러나 선진국들은 각국의 기후변화 완화, 기후변화 적응 관련 공적개발원조를 제공하고 있지만 매년 별도의 금액을 책정하는 기후변화 대응기금 제공에 대해서는 구체적인 언급을 피하고 있다. OECD 개발원조위원회(Development Assistance Committee, DAC) 회원국들의 2016년과 2017년의 온실가스 감축, 기후변화 적응 ODA의 제공 현황을 살펴보면 일본과 독일이 많은 금액을 지원하고 있다. 특히 일본은

표 5-5. OECD 개발원조위원회 회원국들의 온실가스 감축, 기후변화 적응 ODA

순위	국가	온실가스 감축 ODA	기후변화 적응 ODA	기후변화 지원 금액 합계	기후변화가 전체 ODA 금액에서 차지하는 비중
1	일본	7,438.96	1,810.96	9,249.93	38.87
2	독일	5,396.53	2,404.87	7,801.4	27.22
3	프랑스	1,932.62	1,080.86	3,013.48	24.36
4	미국	1,338.49	1,045.21	2,383.7	6.44
5	영국	614.57	1,077.51	1,692.08	15.19
6	스웨덴	329.28	622.8	952.08	20.19
7	캐나다	425.31	502.49	927.79	18.24
8	네덜란드	218.65	587.48	806.13	16.82
9	호주	257.88	392.35	640.23	19.53
10	노르웨이	474.12	91.38	565.5	11.87
11	스위스	192.16	205.45	397.61	15.02
12	벨기에	136.77	207.40	344.17	15.77
13	한국	63.98	234.56	298.54	10.73
14	덴마크	102.89	82.8	185.69	8.31
15	이탈리아	72.77	66.07	138.84	2.64

제공 현황(2016 - 2017)
자료: 임소영. 2018. "지속가능발전목표의 국내이행과 개발협력 간 일관성에 관한 국별 비교와 시사점 - 기후변화 분야 - ." 『국제지역연구』 22(4), 222. OECD DAC 통계시스템 데이터(https://stats.oecd.org/)

기후변화가 전체 ODA 금액에서 차지하는 비중이 38.87%, 독일은 27.22%를 차지할 정도로 ODA를 통한 글로벌 기후변화 대응에 앞장서고 있다.

그러나 선진국들의 ODA 제공만으로는 개발도상국들의 기후변화 대응 관련 인프라와 산업 경쟁력 구축, 인력 양성 수요를 충족시키기에는 한계가 있으며 국가 재정과 기술력이 부족한 국가들에게는 더 많은 자금과 기술 지원이 필요하다. 이를 위해 2017년 선진국들을 포함한 40개국이 101억 달러 규모의 녹색기후기금(GCF)을 설립했지만 GCF를 활용한 기술 이전과 재정 지원 프로그램은 현재 논의가 진행 중이다(임소영 2018).

중국은 CTCN에서 GCF를 비롯한 가용 자금을 활용한 구체적인 기후변화 대응 지원 프로그램 마련을 주도하고 있다. 그러나 독일과 일본을 제외한 대다수 선진국들은 자국의 경기 침체로 인하여 기후변화 관련 기금 조성에 거액의 자금을 추가 지원하는 데 적극적으로 나서지 않고 있다.

2. 파리협정 제6조, 기후변화 대응 기술협력에 대한 평가 방법

파리협정 제6조의 국제탄소 시장 구축 방안은 2019년 12월 칠레 산티아고에서의 제26차 유엔 기후변화당사국총회(COP26)에서 논의될 예정이다. 그러나 국가 간의 국제탄소 시장 구축에 대한 합의점을 찾기가 쉽지 않다. 현재 유럽연합 외에 지역별 혹은 국가들 간의 탄소 시장 연계가 제대로 되어 있지 않은 점도 논의의 진전을 어렵게 하고 있다.

그리고 선진국과 개발도상국들 혹은 중국과 다른 개발도상국 간의 기후기술 협력사업이 '기술 메커니즘'의 CTCN 기술지원을 통해 진행되면 영향평가에서 온실가스배출 감축량 예상치가 정량적으로 도출되어야 한다(박인혜·이원아·오채운 2019). 그리고 기술협력이 '파리협정 제6조'에 기반해 어떠한 형태로든 국제탄소 시장 하에서 이루어질 경우, 기술협력을 통해 생산된 온실가스 감축 결과물이 '국제적으로 이전가능한 감축 결과물'로서 인정받기 위해서는 온실가스 감축 정량치가 도출되어야 한다(박인혜·이원아·오채운 2019). 그러나 CTCN에서 기술협력의 영향 평가에 대한 국제적인 방법론에 대한 논의와 공유, 기술협력의 영향 평가 관련 방법론 개발에 대한 논의가 미흡해서 어떤 방식으로 감축 정량치를 도출할지에 대한 구체적인 방안이 마련되지 않은 상태이다. 이에 대한 중국과 다른 참여 국가들 간의 보다 구체적인 논의와 기술협력의 영향 평가 방법론에 대한 확정이 필요하다.

V 결론

중국의 기후변화 외교에 가장 큰 영향을 주는 국내적 요인은 현재의 시진핑 지도부가 이전 지도부들보다 기후변화 이슈에서 적극적인 역할을 견지하고 있다는 점이다. 중국의 정치 구조하에서는 중국공산당과 중앙정부의 리더십과 정책, 재정 지원 없이 중국의 기후변화 외교가 현재와 같은 기조를 유지하기가 어렵다. 시진핑 지도부의 기후변화 외교와 기후변화 관련 대외협력에 대한 적극성으로 인하여 로컬 기업들의 해외시장 진출과 투자, 중국과 선진국들 간의 기후변화 관련 기술협력과 재정 지원 문제도 더욱 활발한 논의가 진행되고 있다. 그리고 2015년 5월 중국 국무원이 내놓은 중

국제조 2025에서 기후변화 대응에 필요한 산업의 육성을 포함했는데 이를 위해서는 선진국들과의 협력을 통한 선진 기술과 투자의 유입이 필요하다(国务院 2015).[4] 또한 중국이 다른 개발도상국들과 소규모 도서 국가들에 비해 비교우위에 있는 태양광, LED 조명, 에너지 절약형 에어컨 등을 제조하는 로컬 업체들의 해외시장 진출을 통한 이윤 증대도 중요하다. 그렇기 때문에 중국은 파리협정 체결 이후 기후변화 대응을 위한 외교와 대외 협력에 보다 적극적으로 참여하며 의제 설정과 기후변화 대응을 위한 구체적인 재원과 프로그램 마련을 위한 논의에 앞장서고 있다.

그리고 중국은 개발도상국, 소규모 도서 국가에 대한 기후변화 대응 지원, 기후변화 대응에 활용될 수 있는 남남협력 기금 설립을 통해 기후변화 남남협력의 활성화도 주도하고 있다. 아울러 중국과학원 산하 연구소들은 개발도상국, 저개발국가의 기후변화 관련 문제 해결과 관련 연구에 동참함으로써 중국이 대내외적으로 기후변화에 보다 효과적으로 대응할 수 있는 기반을 마련하려 하고 있다. 이는 트럼프 행정부 출범 이후 기후변화 대응 관련 국제 협력에 소극적으로 변화한 미국의 공백을 보완하며 글로벌 기후변

---

4 '중국 제조 2025'는 5대 프로젝트와 10대 전략사업으로 이뤄져 있다. 5대 프로젝트는 공업기초강화, 친환경제조, 고도기술장비혁신, 스마트제조업육성, 국가 제조업 혁신센터 구축을 의미한다. 10대 전략사업으로 지목된 제조업 분야는 ▲차세대 정보 기술(IT) ▲고정밀 수치제어기(자동선반)와 로봇 ▲항공우주 장비 ▲해양 장비▲선진 궤도교통 장비▲ 에너지 절감·신에너지 자동차 ▲전력 장비 ▲신소재 ▲생물 의약과 고성능 의료기계 ▲농업기계 장비이다.
国务院. 2015. "国务院关于印发《中国制造2025》的通知." 工业和信息化部, 5月 8日, 1. http://www.miit.gov.cn/n973401/n1234620/n1234622/c4409653/content.html(검색일: 2019.02.11.)

화 대응을 위한 리더십 확보에 도움을 주고 있다. 또한 개발도상국들의 협의체인 G77과의 연대는 중국에게 필요한 선진국들의 기후변화 대응 관련 자본과 기술을 추가로 유입하는 데 도움이 될 수 있다.

이와 같은 중국의 적극적인 기후변화 외교는 중국이 대국으로서의 책임을 다함으로써 국제사회에서의 이미지와 위상을 제고하기 위한 것이다. 또한 중국은 국내의 이상기후로 인한 폭우와 가뭄 등의 자연재해로 인한 피해의 예방과 최소화, 중국 내부의 기후변화 대응 관련 데이터 수집, 분석 능력과 NBS 기반의 기후변화 대응 능력의 제고를 위해서도 기후변화 관련 외교와 대외협력의 강화를 추진하고 있다. 그러나 독일, 일본을 비롯한 선진국들과의 유기적인 협력이 없이는 중국의 기후변화 외교가 기후변화 대응에 필요한 선진 기술 확보를 하기가 쉽지 않을 것이다. 이를 위해 중국의 지적재산권 보호, 중국과 선진국 연구 기관들 간의 공동 연구가 선행되어야 한다. 또한 중국에게는 G77 외에 다른 선진국들과의 협력을 통해 기후변화 대응 관련 국제 산업협력, 기술협력에 대한 구체적인 논의 및 도출도 필요하다. 그리고 중국은 세르비아를 비롯한 다른 개발도상국들에 석탄 화력발전소 건립을 지원하는 이율배반적 행태를 지속하고 있다(이정민 2019). 중국의 해외 석탄화력발전소 건립 지원은 중국의 석탄 화력발전 산업의 국내 이윤 감소를 해외 시장 진출로 보충해 주기 위한 것이다. 그러나 이는 환경과 보건 문제를 중시하는 해외 학계와 매스컴, 석탄 화력발전 소재지 주민들의 비판을 초래하고 있으며 중국의 글로벌 기후변화 리더십 확보와 유지에 부정적으로 작용하고 있다. 이에 대한 근본적 해결 방안이 없다면 중국의 기후변화 외교를 통한 글로벌 리더십과 국가 이미지 제고가 한계에 직면할 수도 있다. 아울러 중국은 파리협정 제6조의 국제 탄소 시장 구축과 기후변화 기술협력의 온실가스 감축치의 정량 평가 방법론에 대한 구체적인 방안 마련에도 다른 기후변화 당사국들과 함께 협력해야 한다. 이는 중국의 탄소배출권 거래 시장의 활성화와 기후변화 기술협력의 성과 관리에도 중요한 문제이기 때문이다.

중국이 기후변화 외교, 남남협력에 적극적으로 참여하며 다른 개발도상국들과 소규모 도서 국가들에게 재정 지원과 교육 제공을 하고 있는 것은 개발도상국들과 소규모 도서 국가들의 기후변화 대응 능력 제고에 도움을 줄 것이다. 그러나 일본과 독일을 제외한 선진국들이 개발도상국들과 소규모 도서 국가들에 대한 기후변화 지원 관련 기금 마련에 적극적이지 않다. 이 때문에 중국이 G77과 함께 선진국들에게 개발도상국, 소규모 도서 국가들에 대한 구체적인 기후변화 대응기금 마련과 기금 집행 방안을 요구한다고 해서 선진국들이 실질적인 방안을 제안하기는 어려울 것이다. 2008년 글로벌 금융위기 이후 세계경제의 불확실성이 사라지지 않고 있고 미국, 일본, 독일을 제외한 선진국들의 국내 경제가 활성화되고 있지 않기 때문에도 중국의 적극적인 기후변화 외교만으로 선진국들의 글로벌 기후변화 대응기금 관련 태도의 변화를 이끌어내기는 어렵다.

향후 중국의 기후변화 외교가 글로벌 강대국으로서의 위상 제고와 국내외 기후변화 대응에서 중국이 목표하는 성과를 창출하려면 선진국들과의 기술 협력, 국제 산업 협력 논의에서 구체적인 방

안 도출에 기여해야 한다. 그리고 이를 토대로 중국이 기후변화 대
응과 지구온난화 방지 관련 기술 발전과 개발도상국으로의 보급과
이에 대한 남남협력에 공헌해야 한다. 특히 2008년 글로벌 금융위
기 이후 일본과 독일을 제외한 선진국들의 기후변화 관련 원조 공
여가 늘지 않고 있다. 그렇기 때문에 외환보유고 세계 1위인 중국
의 기후변화 대응 연구개발과 남남협력에서의 보다 적극적인 역할
이 필요하다.

참고문헌

김동원. 2018. "개발도상국의 기후변화적응과 개발 간 통합모형에 관한 연구."
『한국행정연구』 27(2): 243-275.

김유철·이재영. 2018. "중국 기후변화외교의 변동요인: 제도적 권력, 이해관계, 규범의
확산을 중심으로." 『21세기정치학회보』 28(2): 163-188.

박인혜·이원아·오채운. 2019. "2019년도 상반기 유엔기후변화협약 하
기술 메커니즘 회의 결과 제18차 기술집행위원회(TEC)와 제13차
기후기술센터네트워크(CTCN) 이사회 회의를 중심으로." 녹색기술센터, 1-57.

서승욱. 2016. "6년 전 시진핑 '중국판 녹색성장' 강한 의지." 『중앙 SUNDAY』 465호,
2월 6일, 4면.

이정민. 2019. "세르비아와 중국의 경제협력 가속화." kotra 해외시장뉴스, 7월 29일.
https://news.kotra.or.kr/user/globalBbs/kotranews/3/globalBbsDataView.
do?setIdx=242&dataIdx=176433 (검색일: 2019.08.12)

임소영. 2018. "지속가능발전목표의 국내이행과 개발협력 간 일관성에 관한 국별
비교와 시사점 – 기후변화 분야 –." 『국제지역연구』 22(4): 209-227.

최원기. 2018. "파리 기후협정 후속협상: 2018년 5월 회의 평가 및 향후 대응 방향."
『IFANS 주요국제문제분석』 2018-20.

최윤의. 2019. "회복력 있는 도시를 위한 조경가의 역할." Lafent, 8월 7일. http://
www.lafent.com/mbweb/news/view.html?news_id=124766 (검색일:
2019.09.15)

환경부 기후전략과. 2018. "기후변화 대응전략 도출을 위한 열린 대화 개최." 환경부,
9월 19일, 1-7.

Craig Hart, Zhu Jiayuan, and Ying Jiahui. 2018. *Mapping China's Climate &
Energy Policies* Beijing: Embassy of the Federal Republic of Germany
Beijing, British Embassy Beijing, and Embassy of Switzerland in China.

United Nations. 2018. 『The United Nations World Water Development Report
2018』 1-154.

钱彤·熊争艳·刘劼·刘华. 2012. "中共首提"人类命运共同体"倡导和平发展共同发展."
新华网, 11月 10日. http://www.xinhuanet.com//18cpcnc/2012-11/10/
c_113657062.htm (검색일: 2019.07.10.)

国务院. 2014. "国家应对气候变化规划(2014-2020年)." 43-45.

_____. 2015. "国务院关于印发《中国制造2025》的通知." 工业和信息化部, 5月 8日,
1. http://www.miit.gov.cn/n973401/n1234620/n1234622/c4409653/
content.html(검색일: 2019.07.11.)

_____. 2015. "国务院关于推进国际产能和装备制造合作的指导意见." 中华人民共和国

中央人民政府, 5月 16日. http://www.gov.cn/zhengce/content/2015-05/16/
content_9771.htm (검색일: 2019.02.07.).

_____. 2016. "十三五"控制温室气体排放工作方案." 中华人民共和国 中央人民政府,
10月 27日. http://www.gov.cn/zhengce/content/2016-11/04/content_512
8619.htm (검색일: 2019.07.23.)

国务院 国家发展与改革委员会. 2016. "发展改革委与尼泊尔人口环境部签署关于应对
气候变化物资赠送的谅解备忘录." 中华人民共和国 中央人民政府, 3月 23日.
http://www.gov.cn/xinwen/2016-03/23/content_5056762.htm (검색일:
2019.07.21.)

_____. 2016. "发展改革委与古巴外贸外资部签署关于应对气候变化物资赠送的谅
解备忘录." 中华人民共和国 中央人民政府, 10月 8日. http://www.gov.cn/
xinwen/2016-10/08/content_5115925.htm (검색일: 2019.07.21.)

驻萨摩亚中华人民共和国大使馆. 2016. "驻萨摩亚大使王雪峰在中国援萨应对气候变化
物资交接仪式上的讲话." 中华人民共和国 外交部, 9月 23日. https://www.fmp
rc.gov.cn/chn//gxh/tyb/zwbd/dszlsjt/t1400018.htm (검색일: 2019.07.12.)

杜尚泽. 2015. "习近平 四观 倡导国际新秩序." 人民网, 3月 29日. https://baike.baidu.
com/reference/1096715/4eb7HmrWYZ20JgDEKwH0C5bUp91fmjVhJGe_a
aTBAPg0aS6ZpsQDku9_oSRe0bRzbexnutzmUF5N_ogUjvm-YrUvGXHYqe-
gLN4eXI1Y_3S1lMnl63wR (검색일: 2019.07.11.)

美国驻华大使馆. 2015. "情况说明书: 美国和中国就气候变化'新国内政策承诺和在巴黎达
成富于雄心的气候协议的共同愿景发表元首联合声明." 美国驻华大使馆, 9月 29日.
http://chinese.usembassy-china.org.cn/fact-sheet-united-states-and-china-
issue-joint-presidential-statement-2015.html (검색일: 2019.06.23.)

习近平. 2015. "习近平在气候变化巴黎大会开幕式上讲话." 英语点津, 12月 1日. http://
language.chinadaily.com.cn/2015-12/01/content_22596034.htm (검색일:
2019.07.21)

_____. 2017. "习近平: 中国将在南南合作援助基金项下提供5亿美元的援助." 新华网,
9月 5日. http://news.cctv.com/2017/09/05/ARTIHlPfIn1VOlJoZwk89n9917
0905.shtml (검색일: 2019.07.09)

科学技术部. 2016. "一张看懂十三五科技创新专项规划 之应对气候变化篇.", p.1. http://
www.most.gov.cn/kjbgz/201705/P020170523704909372592.pdf (검색일:
2019.07.13.)

李正窗. 2016. "习近平向世界阐释五大发展理念 为全球治理提中国思路.", 中国青年网,
1月 26日. http://news.youth.cn/wztt/201601/t20160126_7568125.htm
(검색일: 2019.06.11)

_____. 2017. "第二十四次"基础四国"气候变化部长级会议联合声明." 4月11日, 1-4.

谢极. 2017. "中国六年斥资逾7亿元开展气候变化南南合作." 新华网, 9月 6日. http://
www.xinhuanet.com/politics/2017-09/06/c_1121617684.htm (검색일:
2019.07.11.)

中华人民共和国政府·菲律宾共和国政府. 2017. "中华人民共和国政府和菲律宾共和国
　　政府联合声明." 中华人民共和国 外交部, 11月 16日. https://www.fmprc.gov.cn/
　　web/ziliao_674904/1179_674909/t1511205.shtml (검색일: 2019.07.23.)
生态环境部. 2018. "中国应对气候变化的政策与行动 2018年度报告." 生态环境部, 1-57.
科学技术部. 2019. "21世纪中心参加联合国气候技术中心与网络咨询委员会第十三次
　　会议." 新浪 新闻中心, 5月 21日. https://news.sina.com.cn/o/2019-05-21/doc-
　　ihvhiews3472732.shtml (검색일: 2019.08.12.)
新华网. 2019. "近期气候外交议程综述." 碳道小编, 7月 4日. http://ideacarbon.org/
　　news_free/49487/ (검색일: 2019.06.22.)
中国日报. 2019. "第一期 一带一路 气候融资培训班 在清华大学启动." 中国日报 中文网,
　　9月 2日. http://cn.chinadaily.com.cn/a/201909/02/WS5d6cdb64a31099ab
　　995dd714.html (검색일: 2019.08.11)

필자 소개

조정원 Cho, Jungwon

연세대학교 미래사회통합연구센터 연구교수
국민대학교 중어중문학 졸업, 중국인민대학 국제정치 석사, 중국인민대학 경제학 박사

논저 "중국의 사회·기술시스템 전환은 왜 어려운가?: 신에너지자동차 정책을 중심으로", "중국의 셰일가스 개발: 정책과 현황, 동인과 장애 요소를 중심으로"(공저), "생태도시 건설의 정치: 중국 상하이 동탄 생태성 건설 실패 사례"(공저)

이메일 cjwsun2007@gmail.com

제6장

국가 전력시스템의 기후변화 적응역량 강화를 위한 정책방향

Policy Direction for Strengthening the Climate Change
Adaptation Capacity of the National Electricity System

김성진 | 한양대학교 에너지거버넌스센터 전임연구원

인간 활동에 의한 온실가스 배출량이 급증하면서, 전 지구적으로 기후변화가 가속화되고 있다. 이에 따라 이상기후의 빈도와 강도가 늘어나면서 위험성이 증가하고 있으며, 국가는 사회 기반시설의 설계와 관리에 있어 기후변화의 위험을 고려해야 하는 상황이다. 여러 기반시설 중 전력시스템은 국가안보와 성장의 핵심 요인으로, 기후변화에 대비하여 사전에 적응대책을 마련하고 적응역량을 높여야 할 필요가 있다. 한국 정부도 그 중요성과 필요성을 인지하여 국가 전력시스템의 대부분을 관리하는 전력공기업에 대해 기후변화 적응대책 수립지침을 지시하였으나, 여전히 많은 한계를 지니고 있다. 전력공기업의 기후변화 적응역량을 강화하기 위해서는 법률에 근거 조항을 마련하여 구속력 있는 수립대책을 의무화해야 하며, 경영평가에 있어 기후변화 적응과 관련된 지표의 가중치를 높일 필요가 있다. 이에 더하여, 기후변화 종합정보체계를 국가 차원에서 구축·운영함으로써 전력공기업이 효과적으로 기후위험 분석을 할 수 있도록 지원해야 할 것이다.

The rapid increase in greenhouse gas emissions from human activities is accelerating global climate change. As the frequency and intensity of extreme weather events increases, the risk is also increasing. The state needs to consider the risk of climate change in the design and management of public infrastructure. Among many infrastructures, the electricity system is a key factor for national security and growth, and it is necessary to prepare adaptation measures and increase adaptation capacity in advance in preparation for climate change. Recognizing its importance and necessity, the

Korean government instructed climate change adaptation measures for public companies to manage the national electricity system, but the policy still has many limitations. In order to strengthen the climate change adaptation capacity of public electricity companies, it is necessary to make provisions based on the law and enforce binding measures, and to increase the weight of indicators related to climate change adaptation in public institution management evaluation. In addition, by establishing and operating a comprehensive climate change information system at the national level, the government should support public electricity companies to conduct climate risk analysis effectively.

KEYWORDS 기후변화 Climate change, 전력시스템 Electricity system, 전력인프라 Electrical infrastructure, 적응역량 Adaptation capacity

I 서론

2012년 10월 29일, 미국 뉴욕에 초대형 태풍 샌디(Sandy)가 상륙
했다. 최대 직경이 1,520km, 최대 풍속이 초속 50m에 달한 3등급
허리케인으로, 북대서양에서 관측된 최대 규모의 태풍이었다. 샌
디는 뉴욕 상륙 후 약 9만여 개의 건물에 침수·단전 피해를 입혔
으며, 약 850만 명의 피해자를 발생시켰다. 뉴욕시의 상당수 송·
배전망에는 침수·자동중단·과부하가 일어났으며, 전력망 붕괴로
인해 뉴욕시의 여러 지역은 대규모 정전을 겪었다. 이로 인해 뉴욕
시민 약 100만 명에게 가스·전기·난방을 공급하는 회사인 콘에디
슨(ConEdison)은 복구비용이 3억 달러 이상 소모될 만큼 큰 피해
를 입었으며, 그 대응책으로 2013-2016년 기간 동안 10억 달러를
투자하여 회사의 모든 설비를 새로운 기후변화 예측에 따라 강화
할 것을 결정했다. 이는 설비 재배치, 홍수 방어벽 설치, 워터펌프
보강, 방수 설비 강화, 송·배전선 지하 설치 등 설비 전반에 대한
대대적인 변화를 요하는 일이었다. 뉴욕시는 콘에디슨의 기후변화
적응 노력이 강화된 "100년 홍수(100-year flood)" 기준 및 "3피트
(91.44cm)" 이상의 기준[1]을 따를 것과, 기후취약성 정보를 수집하
여 미래 태풍 시뮬레이션에 따라 설비를 강화할 것을 강력히 권고
하였다(Braun and Fournier 2016, 47-54).

---

[1] "100년 홍수" 기준이란, 100년에 한 번 발생할 정도의 극단적인 홍수를 가정하
여 시설을 설치하는 것을 의미한다. 그리고 "3피트" 기준은 미국 연방재난관리청
(Federal Emergency Management Agency, FEMA)이 정한 것으로, 3피트 이
상 높이가 넘는 파도의 위험이 있는 지역을 홍수위험지역으로 간주하여 홍수에
대비하기 위한 필수적인 설비·제도를 마련할 것을 규정한다.

19세기 중반 산업화 이후 인간 활동에 의한 온실가스 배출량 급증으로 인해 기후변화가 심화·가속화되고 있다. 21세기에 들어서는 폭염, 한파, 호우, 대설, 강풍, 해수면 상승 등 이상기후 현상의 빈도와 강도가 상승함에 따라, 이로 인한 사회적 피해에 대응해야 할 필요성 역시 높아졌다. 특히 이상기후로 인해 큰 피해가 예상되는 사회 기반시설(infrastructure)은 과학적 분석에 의해 미래의 기후변화를 예상하여 새로이 대비를 해야 하는 상황이다. 이상기후에 따른 위험 가능성을 충분히 고려하지 않은 계획의 수정·보완과, 조정된 기후취약성 분석에 따라 기존의 기반시설에 대한 강화의 필요성이 높아진 것이다.

발전소, 변전소, 송전탑, 송전로, 전신주, 전선 등의 전력시스템을 이루는 기반시설들은 국가안보와 성장의 핵심적인 요소이며, 기후변화로 인해 예상되는 피해에 대해 사전예방을 해야 할 필요가 있다. 그러나 기존의 전력시스템 설계와 운영에서는 기후변화에 대한 전력인프라의 취약성 분석과 이에 대한 적응이 중요한 요인으로 고려되는 일은 드물었다(Ebinger and Vergara 2011, 26). 전력 분야는 주로 온실가스 감축과 관련해서만 논의되어 왔기 때문이다. 화석연료를 사용한 전기의 생산이 온실가스 배출의 주된 원천이기에, 규제, 세금, 탄소배출권 거래제 등 화석연료의 사용을 줄이는 수단과, 재생에너지 등 온실가스를 거의 배출하지 않는 저탄소 에너지원의 사용을 촉진하는 방안이 전력 분야에서 기후변화를 고려하는 핵심 사안이었다. 하지만 기후위기가 심화되는 작금의 상황 속에서, 기반시설로서의 국가 전력시스템에 대한 기후변화 적응 역시 온실가스 감축만큼의 비중을 지니는 중요한 정책목표로 고려되어야 할 필요성이 높아지고 있다.

이러한 문제의식에서, 본 연구에서는 한국 전력시스템의 기후변화 적응역량 강화를 위한 정책적 보완 방향을 모색해보고자 한다. 특히 전력시장이 민영화되어 있지 않고 전력시스템이 대부분 공기업에 의해 운영되는 한국의 특징상, 기후변화 적응역량 강화를 위해서는 전력공기업을 대상으로 하는 정책의 수립·시행이 대단히 중요하다고 판단된다. 이에 따라 현재의 제도를 진단하고, 목적에 더 부합하는 방향으로 강화하기 위한 정책적 구상을 제시하는 일은 중요한 의미를 지닐 것이다.

본문의 구성은 다음과 같다. 먼저 II절에서는 대내·외적으로 기후위기가 심화·가속화되고 있는 상황을 진단하고, 기후변화에 적응하기 위한 국제사회의 제도적 노력과 기후변화가 국가 전력시스템에 미치는 영향을 살펴본다. 다음으로 III절에서는 한국 기후변화 적응정책의 발전 흐름을 검토한 후, 전력시스템 등 국가 기반시설을 운영·관리하는 공공기관들의 기후변화 적응역량 강화를 위한 정책현황을 분석한다. 이후 IV절에서는 국가 전력시스템의 기후변화 적응역량 강화를 위해 정책적으로 보완되어야 할 사안들을 제시하고, V절에서 연구의 결론을 내린다.

II 기후위기의 심화와 전력 부문 기후변화 적응의 중요성

1. 세계 및 한국의 기후위기 가속화

기후변화 분야에서 가장 공신력 있는 인지공동체인 기후변화에 관한 정부간 협의체(Intergovernmental Panel on Climate Change, IPCC)는 2014년 제5차 평가보고서를 발간했다. 평가보고서는 세 개의 실무그룹 보고서("기후변화의 과학적 근거", "기후변화의 영향, 적응, 취약성", "기후변화 완화")와 한 개의 종합평가보고서로 구성되어 있는데, 이 중 제2실무그룹 보고서가 기후변화의 영향과 이에 대한 적응을 다룬다. IPCC는 2013년에 발표한 제1실무그룹 보고서에서 기후변화의 가속화가 심각한 수준에 이르렀다는 사실을 보고한 바 있다. 동 보고서에 따르면, 산업화 이후 인간 활동에 의한 온실가스 배출량의 증가로 인해 기후변화가 가속화되고 있으며, 지난 100여 년(1901-2012년) 동안 지구의 평균기온은 $0.89\,°C(0.69-1.08\,°C)$ 상승했다. 이로 인해 빙하가 녹아 해수면이 상승했는데, 20세기 평균 해수면 상승률은 $1.7(1.5-1.9)$mm/연으로 측정되었으며, 1993년 이후에는 가속화되어 $3.2(2.8-3.6)$mm/연을 기록하고 있다. 온실가스 감축 없이 이러한 추세가 계속될 경우 금세기 말(2081-2100년)의 지구 평균기온은 $3.7\,°C$, 해수면은 63cm 상승하게 되며, 적극적인 감축조치가 시행된다면 금세기말 지구 평균기온은 $1.0\,°C$, 해수면은 40cm 상승할 것으로 IPCC는 전망했다(IPCC 2013).

IPCC 제2실무그룹 보고서는 기후변화의 위험과 이에 대한 적응대책을 제시하고 있다. 기후변화의 위험에 대해 동 보고서는, 해상 및 육상 생물종의 분포범위, 계절활동, 이동형태, 종의 수가 변화하고 있으며, 강수량이 변하고 있고, 눈과 얼음이 녹아 수문학적 체계 자체가 달라지고 있다고 분석한다. 이에 따라 식량생산에 심각한 악영향이 나타나고 있으며, 인간의 건강에도 부정적 영향을 미치고 있고, 열파, 가뭄, 홍수, 산불 등 극한 기후현상의 빈도와 강도가 높아지면서 지구시스템이 취약해지고 있다고 분석한다. 결과적으로 기후변화에 따른 지구시스템의 취약성이 증가하면서 다양한 영역에서 위험도가 높아지고 있으며, 이는 다음의 8개 항목으로 정리된다(IPCC 2014, 13).

① 폭풍 해일, 연안 홍수, 해수면 상승으로 인해 저지대 연안 지역과 군소도서 개도국에서 사망, 부상, 건강 악화 및 생계 붕괴가 발생할 위험

② 내륙 홍수로 인해 일부 지역에서 상당수의 도시인구에게 극심한 건강피해 및 생계의 붕괴가 발생할 위험

③ 사회 기반시설망과 핵심 공공서비스의 파괴를 야기하는 극한현상에 대한 체제적 위험

④ 도시·농촌의 야외근무자와 취약한 도시인구에게 혹서로 인한 사망, 질병이 발생할 위험

⑤ 온난화, 가뭄, 홍수, 강수의 변동성 및 극한성과 연계된 식량 불안정 및 식량 시스템의 붕괴가 도시·농촌 환경의 빈곤층에게 미칠 위험

⑥ 반건조 지역의 농민·목축민을 위한 식수와 관개용수의 부족 및 농업생산성의 저하로 인한 생계와 수입 손실이 발생할 위험

⑦ 연안에 생계(열대와 북극지방의 어업공동체)를 제공하는 서비스와 해양 및 해변생태계, 생물다양성, 생태계 재화 및 기능, 생계유지 기능의 손실 위험

⑧ 육상·내륙의 담수생태계, 생물다양성, 생태계 재화 및 기능, 생계유지기능의 손실 위험

이러한 전 지구적 기후위기의 심화·가속화에 따라, 한국 역시 기후변화의 위험에 직면한 상황이다. 지난 30년간(1981-2010년) 한국의 연평균 기온은 1.2°C 상승했으며, 최근 46년간(1968-2013년) 한반도 주변 해역의 해수온은 약 1.19°C 높아졌다. 또한 지난 30년 간(1981-2010년) 연평균 폭염 일수와 열대야 일수가 계속 늘어나고 있고, 과거 10년(1971-1980년) 대비 최근 10년(2001-2010년)의 호우(일강수량 80mm 이상)의 연간 일수는 평균 1.68일에서 2.62일로 증가했다. 한파와 폭설 등 겨울철 이상기후 빈도 역시 증가 추세를 보이는 중이다. 온실가스 감축 없이 이러한 추세가 계속될 경우, 21세기 후반 한국의 평균기온은 현재(1981-2010년) 대비 5.7°C가 상승할 것으로 전망되며, 온실가스의 감축이 상당히 이루어져도 현재와 비교하여 2.4-3.0°C의 상승이 예상된다. 온실가스 감축이 없다면, 연평균 강수량 역시 21세기 후반에는 현재 대비 17.6%가 증가할 것이고, 연간 호우 일수는 30% 이상, 연간 폭염 일수는 7.3 일에서 30.2일로 증가할 것으로 추정된다. 온실가스 감축이 없다

면 남해안과 서해안의 해수면은 65cm, 동해안은 99cm가 상승하게 되고, 상당한 감축이 이루어지면 남해안과 서해안 53cm, 동해안 74cm 상승이 예상된다. 이에 따라 수자원, 생태계, 산림, 농업, 해양·수산, 산업·에너지, 건강, 인간정주공간·복지 등 국가 전반에 걸쳐 막대한 손실과 피해가 예상되고 있다(관계부처합동 2015, 38-41).

2. 국제기후체제에서의 기후변화 적응 개념의 발전

국제연합기후변화협약(United Nations Framework Convention on Climate Change, UNFCCC) 4조 1(b)항에서는 당사국이 적절한 기후변화 적응을 촉진하는 수단을 마련할 것을, 그리고 4조 1(e)항에서는 기후변화의 영향에 대응하여 적응을 위한 협력을 할 것을 규정한 바 있다. 또한 4조 4항은 기후변화에 특히 취약한 개도국의 적응 비용을 충당하기 위해 선진국이 도움을 줘야 한다고 명시하고 있다. 하지만 UNFCCC 교토의정서에 근거를 두고 형성된 교토 기후체제 초기, 기후변화 대응은 주로 온실가스 감축에 집중되었으며, 기후변화 적응은 상대적으로 간과되었다. 1997년 교토의정서가 채택되고 2005년에 발효되기까지, 적응은 국제협상장에서 거의 논의된 적이 없다. 2001년 모로코 마라케시에서 열린 UNFCCC 제7차 당사국총회(Conference of the Parties, COP)에서 국가적응 계획의 수립과 개도국 기후변화 적응 지원이 중요한 의제로 제시되었으나, 포스트교토체제 논의가 시작되기 전까지는 감축에 비해 상대적으로 거의 다뤄지지 않았다.

그렇다면 왜 감축에 비해 적응은 이렇게 오랜 시간 국제사회에서 외면당했을까? 한 연구에서는 그 이유를 세 가지로 정리한다 (Ciplet, Roberts and Khan 2013, 51). 첫째, 적응 논의를 가급적 회피하고자 한 선진국들의 이익 계산에 따른 결과이다. 개발도상국들, 특히 기후변화에 취약성을 보이는 국가들은 기후변화 적응을 선진국의 역사적 책임과 그에 따른 배상으로 연결하고자 했다. 따라서, 적응의 문제가 본격적으로 논의되기 시작하면 선진국은 개도국의 기후변화 적응을 지원하기 위해 큰 비용을 지불해야 할 것이 자명했다. 둘째, 기후변화 대응 논의에 참여하는 대부분의 구성원들은 온실가스 감축 노력에 높은 비중을 두고 있었기에, 적응 사안에 논의가 집중되면 감축 문제로부터 초점이 분산될 것을 두려워했다. 셋째, 사우디아라비아를 필두로 하는 석유수출국기구 (Organization of the Petroleum Exporting Countries, OPEC)가 적응에 대한 보상을 받고자 했다. OPEC 국가들은 석유라는 화석연료에 기반을 둔 자신의 경제구조를 저탄소경제로 다변화하는 것을 적응전략이라고 주장하면서, 이에 대해 재정적·기술적인 보상을 해줄 것을 요구한 것이다. 선진국은 이를 받아들일 수 없었고, 결과적으로 국제협상장에서의 적응 논의 자체가 무산되는 결과가 나타났다.

하지만 기후변화 대응에 있어 적응은 외면할 수 없는 핵심 사안이기에, 적응 논의는 곧 포스트교토체제의 중요 안건으로 부상했다. 교토의정서 발효 직후인 2006년 케냐 나이로비에서 열린 COP12에서는 나이로비작업프로그램(The Nairobi Work Programme)이 채택되어, 기후변화의 영향, 취약성, 적응 등의 이해와 평가를 제고하고, 기후변화에 대응하는 실제 적응 활동 및 조치를 촉진할 것이 당사국에게 요구되었다. 2007년 인도네시아 발리에서 열린 COP13은 포스트교토체제의 구조를 만드는 중요한 회의였다. 여기에서 적응은 기후변화 대응에 있어 최우선순위의 사안으로 다뤄졌으며, 특히 기후변화에 취약한 개도국의 적응을 돕기 위한 재정적·기술적 지원이 포스트교토체제의 핵심적인 문제로 떠올랐다. 포스트교토체제 합의를 목표로 2009년 덴마크 코펜하겐에서 열린 COP15에서는 개도국의 기후변화 적응을 돕기 위해 2010~2012년 기간에는 긴급자금 300억 달러, 2013~2020년 기간에는 매년 1천억 달러의 기금을 조성할 것이 결정되었고, 2011년 남아프리카공화국 더반에서 열린 COP17에서는 이러한 기금조성·운영의 주체로 녹색기후기금(The Green Climate Fund, GCF)이 설립되었다.

그 사이 멕시코 칸쿤 COP16에서는 칸쿤적응프레임워크(The Cancun Adaptation Framework)가 채택되어, 적응은 감축과 동등한 수준을 지니는 사안으로 명시되었으며, UNFCCC 적응위원회의 설립과 당사국 국가적응계획의 정기적 수립 등이 결정되었다. 이후 다양한 협상을 거쳐 2015년 프랑스 파리 COP21에서 파리협정이 채택됨으로써, 교토기후체제를 대신할 파리기후체제가 모습을 드러냈다. 파리협정은 제2조에서 온실가스 감축, 기후변화 적응, 그리고 이를 위한 재원 조성을 목표로 규정함으로써, 적응이 감축과 동등한 수준의 문제임을 다시금 명시했다. 또한 제7조 7항에서는 칸쿤적응프레임워크를 고려하면서 적응 강화를 위한 협력을 증진시킬 것을 촉구하는 등 기존 적응 논의의 계승과 발전을 목표로 하고 있음을 확인할 수 있다.

파리협정 제7조 9항은 각 당사국의 적응계획 과정과 적응행동 이행을 다루고 있는데, 권고조항인 "should"가 아니라 의무조항인 "shall"로 규정되어 있는 것에 주목할 필요가 있다. 여기에서는 (a)적응행동, 사업, 노력의 이행, (b)국가적응계획을 수립하고 이행하는 과정, (c)국가가 결정하는 행동 우선순위를 수립할 목적으로 취약인구, 장소, 생태계를 고려하여 기후변화 영향 및 취약성 평가, (d)모니터링 및 평가 그리고 적응계획, 정책, 프로그램, 행동으로부터의 학습, (e)경제다변화와 자연자원의 지속가능한 관리 등을 통한 사회경제 및 생태계의 회복탄력성 제고의 다섯 가지를 국가 적응 관련 계획, 정책, 또는 기여의 예로 들고 있으며, 결과적으로 모든 당사국은 이 의무조항에 따라 자국의 기후변화 취약성을 평가하고, 각자에게 적합한 국가적응계획의 수립·이행을 위해 노력할 것이 요청되는 상황이다.

3. 전력시스템에 대한 기후변화의 영향

1) 발전 부문에 대한 기후변화의 영향

2016년 기준 세계 전력소비의 연료별 현황을 보면, 석탄 38.3%, 액화천연가스(liquefied natural gas, LNG) 23.1%, 수력 16.6%, 원자력 10.4%, 재생(태양광, 풍력, 지열, 조력, 바이오매스, 폐기물 등) 7.9%, 석유 3.7%로 집계된다(International Energy Agency 홈페이지). 또한 2017년 한국의 에너지원별 발전량의 비중은, 석탄 43.1%, 원자력 26.8%, LNG 22.2%, 신·재생 5.0%, 석유 1.6%,

수력 1.3%로 나타나고 있다(에너지경제연구원 2018, 182-183). 즉, 화력발전(석탄, LNG)과 원자력발전이 주를 이루는 가운데, 수력과 재생에너지가 이를 보완·대체하는 역할을 하고 있는 상태이다. 재생에너지가 기후변화 대응을 위한 가장 중요한 에너지원으로 각광받으면서 빠른 속도로 비중을 높여가고 있으나, 여전히 온실가스를 다량 배출하는 화석연료의 비중이 세계적으로 높다.

2016년 한국의 온실가스 총배출량은 694.1백만 톤 $CO_2eq.$이며, 이 중 전기 및 열 생산, 제조업·건설업, 수송 등을 포함하는 에너지 분야의 배출량이 604.8백만 톤 $CO_2eq.$으로 국가 총배출량의 87.1%를 차지했다(환경부 온실가스종합정보센터 2018, 35). 에너지 분야에서도 온실가스 배출이 가장 두드러지는 영역은 전기의 생산, 즉 발전이다. 2018년 한국에서 가장 많은 온실가스를 배출한 상위 10개 기관은 포스코, 한국남동발전, 한국남부발전, 한국동서발전, 한국서부발전, 한국중부발전, 현대제철, 포스코에너지, 쌍용양회의 순인데, 철강 기업인 포스코와 현대제철, 시멘트 기업인 쌍용양회를 제외하면 상위 10개 중 7개 기관이 모두 발전기업이라는 특징을 지닌다(환경부 온실가스종합정보센터 홈페이지). 결과적으로 기후변화 대응을 위해서는 온실가스 감축이 핵심이며, 그 중심에는 발전 부문에서의 화석연료 비중의 축소가 자리 잡고 있는 것이 분명한 사실이지만, 서론에서 강조한 대로 이 절에서는 감축이 아니라 그동안 상대적으로 간과되어 왔던 적응 논의에 초점을 맞추고자 한다.

이하의 표에서 볼 수 있듯이, 기후변화로 인한 홍수, 열파, 가뭄의 빈도·강도 증가는 발전 부문의 산출과 효율에 여러 부정적 영향을 미친다. 전력 부문 기후변화 적응에 대한 33개의 논문을 검토한 한 연구에서는 이 중 30개의 논문이 기후변화 적응행동으로 발전 부문에서의 효율저하에 대비한 설비 강화 및 장소 이전 등을 다루고 있다는 점을 보고한다(Gerlak et al. 2018, 17).

발전 부문에서는 발전원별로 기후변화 취약성이 상이하게 나타난다(Ebinger and Vergara 2011, 30-35). 먼저 대내·외적으로 가장 비중이 높은 화력발전소부터 살펴보자. 석탄 또는 LNG를 연료로 하는 화력발전소는 강수량 변화, 폭염, 강풍, 홍수, 해수면 상승 등 다양한 기후요인에 취약성을 드러낸다. 강수량이 늘어 습도가 높아지면 석탄의 품질에 이상이 생기고 이에 따라 연소효율이 감소하게 된다. 강수량이 줄어들면 냉각수 사용에 문제가 발생할 수 있다. 폭염은 보일러, 터빈, 발전기 등에 영향을 미쳐 발전효율을 떨어뜨린다. 강풍이 불면 설비에 물리적 피해를 입을 수 있으며,

표 6-1. 기후변화에 따른 발전 부문에서의 부정적 영향

시설	기후변화	부정적 영향
석탄, LNG, 원자력	• 기온 상승 • 수온 상승 • 사용 가능한 물 부족 • 태풍, 해수면 상승, 해일 • 홍수	• 발전소 효율과 사용 가능한 발전용량 감소 • 발전소 효율과 사용 가능한 발전용량 감소, 방류 한계 초과의 위험 증가 • 사용 가능한 발전용량 감소, 발전원 공급망에의 영향 • 물리적 피해와 해안가 시설 붕괴 위험 증가 • 물리적 피해와 내륙 시설 붕괴 위험 증가
수력	• 기온 상승과 증발 손실 • 강수량 증가와 적설량 감소 • 홍수	• 사용 가능한 발전용량 감소와 운영상의 변화 • 사용 가능한 발전용량 감소와 운영상의 변화 • 물리적 피해의 위험 증가와 운영상의 변화
태양광	• 기온 상승	• 잠재적인 발전용량 감소
풍력	• 바람 패턴의 변화	• 자원 잠재력에 대한 불확실성 증가

※ 출처: United States Department of Energy 2013, iii.

발전소에서 배출되는 오염물질이 더 멀리 확산된다. 홍수, 태풍, 우박, 번개 등은 설비에 큰 피해를 입힐 수 있으며, 이로 인한 지반 붕괴 시 피해는 더 커진다. 해수면 상승과 해일은 해안가에 위치한 발전소 및 창고 등의 건물에 막대한 피해를 야기할 수 있다. 화력발전을 주로 하는 영국의 SSE가 기후변화 적응대책 수집 과정에서 발견한 〈표 6-2〉의 사례들은 기후변화로 인한 화력발전의 피해를 다양한 면에서 보고하고 있다.

기후변화 요인으로 인해 원자력발전소 역시 화력발전소와 마찬가지로 설비 피해를 입을 수 있으며, 원자력이라는 연료의 특성상 대규모 피해까지 발생할 수 있다. 강수량 변화, 강 흐름의 변화, 폭염으로 인해 원자력발전소는 냉각수 부족과 발전효율 저하를 겪을 수 있다. 홍수, 태풍, 해일, 해수면 상승 등은 국가대재앙 수준의 피해를 야기할 수 있는데, 이로 인한 원자력발전소 붕괴 시 대량의 방사선이 흘러나오기 때문이다.

수력 발전 역시 기후변화로 인해 부정적인 영향을 받을 것이 예상된다. 수력 발전설비인 댐, 수압관, 터빈, 발전기 등은 강수량 변화, 홍수, 해빙, 폭염 등 물과 연관되는 이상현상이 발생할 때 특히 취약해진다. 강수량의 패턴이 변화하면 강의 흐름과 수위에 영향을 미쳐 수력 발전의 산출이 변화되며, 펄질화(siltation)가 일어나 저수지 용량이 줄어들게 된다. 홍수와 해빙은 설비에 직접적인 물리적 피해를 입힐 수 있다. 폭염은 물을 증발시켜 물 부족을 야기하고, 이는 발전량 감소로 이어진다.

재생에너지, 특히 태양광과 풍력을 통한 발전은 화석연료를 대체한다는 점에서 온실가스 감축의 가장 중요한 수단으로 평가받

표 6-2. SSE 발전소 기후역량 등록부

범주	재해	결과의 일반적 규모	
홍수, 폭풍 해일	현장의 홍수	발전설비의 일부 완전 폐쇄, 다양한 규모로 기반시설에 수해, 침식으로 인한 배관 균열	심각
	현장에 근접한 노선의 홍수	자재공급 중단, 직원이동 증가, 부적격한 직원이 발전설비 가동의 안전을 유지, 발전설비의 부분·완전 폐쇄	경미
	홍수 및 매우 높은 하천 유량	잔해로 인한 취수 방해, 더 세심한 관리 필요	경미
	폭풍해일	자재공급 중단, 직원이동 증가, 부적격한 직원이 발전설비 가동의 안전을 유지, 발전설비의 부분·완전 폐쇄	심각
극도의 고온	증기터빈 온도	발전소·부품 결함, 저하·용량 상실	보통
	가스터빈 온도	발전소·부품 결함, 저하·용량 상실	보통
물 사용	극고온수 방류	방류 한계의 초과, 부하 감소	보통
	물 이용 시의 가뭄	발전설비 사용에 있어 물 취급 증가, 부하 감소	보통
	물 방류 시의 가뭄	방류 시 허가물질 농도 초과, 부하 감소	보통
	가뭄과 취수 규정 변화	새로운 허가 규정, 추가적인 가동 통제, 부하 제한	보통
여타 기후 재난	폭설	자재공급 중단, 직원이동 증가, 부적격한 직원이 발전설비 가동의 안전을 유지, 발전설비의 부분·완전 폐쇄	경미
	냉각탑 팬의 극저온	동결 방지를 위해 냉각탑 팬 폐쇄	경미
	외부시스템의 극저온	추가 정비·수리, 긴급 물 공급	보통
	냉각탑의 극저온	냉각탑에 얼음 형성, 적재하지 않은 부품 포장 파손 위험	보통
	극도의 강풍	파편조각이 날아다녀 설비 손상 가능성	경미
	기둥 지지에 영향을 주는 기상조건	환경 재해, 적재하지 않은 부품·용량 감소	경미
	지반침하, 산사태	배관 및 기반시설의 손상	보통

※ 출처: 한국환경정책·평가연구원 국가기후변화적응센터 2016, 33.

는다. 하지만 적응의 측면에서 볼 때, 재생에너지는 기후변화에 상대적으로 매우 큰 영향을 받는다는 역설적인 측면이 나타난다. 먼저 태양광을 살펴보자. 폭염이 발생하면 태양전지의 효율이 줄어들어 발전량이 낮아진다. 주변기기인 제어장치, 인버터, 케이블 등도 기온 상승에 부정적 영향을 받는다. 강수량이 늘어나거나 눈이 쌓이는 경우 태양전지에 흡수되는 태양광이 줄어들어 효율이 낮아지며, 구름이 많은 날씨에도 태양광 발전량은 감소한다. 강풍이 불면 태양전지에 먼지가 날아와 쌓일 수 있고, 홍수나 번개 등으로 인해 태양전지가 파괴될 수도 있다. 수상태양광의 경우, 태풍과 해일이 매우 중요한 변수가 된다. 한편, 풍력 발전은 바람과 직접적인 상관관계를 보이는데, 풍속, 풍향, 지속성 등의 변화는 효율의 변화로 이어진다. 한파가 발생하면 터빈 날개가 얼어붙을 수 있고, 태풍과 해일은 특히 해상풍력에 막대한 피해를 입힐 수 있다.

2) 송·배전 및 수요 부문에 대한 기후변화의 영향

송·배전 부문 역시 기후변화로 인한 자연재해에 높은 취약성을 보인다. 기온이 급격히 상승하면 변전소 및 송전설비의 효율이 낮아지거나 단전이 발생하는 등 부정적 영향을 받게 된다. 급격한 이상이 아니더라도, 고온에 장시간 노출된 송·배전설비는 고장을 일으킬 확률이 증가한다. 기온 상승에 따라 출력저하, 전도율 하락, 가공선 처짐 등의 현상이 발생할 수 있으며, 산불의 빈도와 강도 역시 증가하게 되어 물리적 피해의 위험이 더욱 높아진다. 태풍 역시 부정적 영향을 크게 미친다. 태풍, 시속 100km 이상의 강풍, 번개 등으로 인해 변전소, 송전탑, 송전선 등에 피해가 발생할 수 있으며, 태풍에 동반되는 폭우 및 홍수로 인해서 시설물 붕괴 및 침수의 위험이 상시적으로 잠재한다. 폭설, 결빙, 습기 등도 송·배

표 6-3. 기후변화에 따른 송·배전 부문에서의 부정적 영향

기후요인	물리적 피해	영향	영향의 정도
태풍, 강풍	강풍·태풍 피해	가공선, 철탑	보통에서 심각까지
	열대류 증가	가공선	풍속 1m/s 증가 시 20% 증가
기온 상승	출력저하	변압기	매 1℃ 상승 시 1% 저하
	전도율 하락	가공선, 지하 케이블	매 1℃ 상승 시 저항 0.4% 증가, 전선 부하 0.5-1% 증가
	처짐	가공선	50℃ 넘으면 매 1℃ 상승 시 4, 5cm 처짐
	동토층 융해	변전소, 철탑	전체적인 공급 손실 가능성
가뭄	수분이동	지하케이블	55℃ 넘으면 케이블 기능 29% 감소
	건토이동	지하케이블	매 손실마다 수리비 약 500만 원 추가
홍수	침수	변전소	공급망 붕괴
	단선	지하케이블	공급망 붕괴

출처: Asian Development Bank 2012, 37.

전망, 변압기, 개폐소 등에 큰 영향을 미친다(Acclimatise, Climate Finance Advisors and Four Twenty Seven 2018, 20-21).

한편, 기후변화는 전력 수요에도 큰 영향을 미친다. 여름철 기온이 상승하면 자연히 냉방 수요가 늘어나고 이는 전력 수요의 급증으로 이어진다. 또한, 겨울철에 한파가 오면 난방 수요가 늘어나서 전력 수요 역시 증가할 수 있다. 이에 따라 냉방, 난방, 조명 등으로 인해 세계 에너지의 40%를 사용하는 건물 부문에서 전력 수요가 특히 크게 늘어날 것으로 예상된다. 아시아개발은행(Asian Development Bank) 시나리오에 따르면, 2080년까지 지구 평균 기온이 산업화 이전 대비 1.7~3.4℃ 상승한다고 가정할 때, 첨

표 6-4. 기후변화에 따른 발전 부문에서의 부정적 영향

기후요인	시설 영향	영향
기온, 자외선, 습도	냉·난방	여름철 고온에 따른 냉방수요 증가, 겨울철 한파에 따른 난방 수요 증가
	발전, 송·배전	기후변화로 인한 전력 수요 증가로 인해, 에너지 소비 및 첨두전력 수요 증가를 감당할 수 있는 발전소·계통에 대한 대규모 투자 필요

출처: Asian Development Bank 2012, 43.

두전력 수요는 2020년 1.5~3.1%, 2050년 3.7~8.3%, 2080년 6.6~15.3% 상승할 것으로 추정된다(Asian Development Bank 2012, 39).

III 기후변화 적응을 위한 한국의 적응정책

1. 국가 기후변화 적응정책의 발전

참여정부 시기인 2007년 1월에 발표된 『기후변화협약 대응 제3차 종합대책』부터, 한국의 기후변화 대책에 "기후변화 적응"이라는 개념이 포함되기 시작했다. 3차 대책에서는 기후변화 문제에 대한 대처방안으로 온실가스 감축과 더불어 기후변화 적응의 조화를 제시한 기후변화에 관한 정부간 협의체(Intergovernmental Panel on Climate Change, IPCC) 보고서를 인용하며, 감축과 적응이 기후변화 대책의 두 핵심축임을 강조했다. 대책의 방향 역시 감축과 적응을 조화시키는 방향으로 구성되었다. 온실가스를 덜 배출하는 경

제구조로의 전환을 통해 기후변화에 대응하기 위한 국제적 노력에 적극 동참하고, 기후변화 적응을 통해 기후변화가 국민생활에 미치는 부정적 영향을 최소화하는 것이 3차 대책의 큰 틀이었다. 적응을 위한 구체적인 행동으로는 "기후변화 모니터링 및 방재기반 확충"과 "생태계 및 건강 영향평가 관련 연구개발"이 제시되었는데, 관련 기술의 개발과 영향평가에 그치는 정도여서 적응 대책은 아직 본격화되지 않았다고 평가할 수 있겠다. 적응기반 구축사업을 위한 예산은 3년간 1,685억 4천만 원이 할당되어, 전체 대책 예산인 15조 5,080억 원 대비 0.1% 수준에 그쳤다.

2007년 12월에는 『기후변화 제4차 종합대책(5개년 계획)』이 발표되었다. 4차 대책에서는 3차 대책을 평가하면서 "온실가스 감축부문에 비해 기후변화 영향평가·적응 및 연구개발에 대한 투자 미흡"이라는 문구를 명시하고, 3대 중점 핵심분야로 감축, 적응, 연구개발을 제시함으로써 적응 대책을 한층 강화하였다. 적응 분야의 구체적인 행동계획으로는 "기후변화 예측능력 제고", "기후변화 영향평가 및 적응", "범사회적 역량 강화"의 세 가지를 설정했는데, 기후변화 영향평가 및 적응을 위해 2008년까지 기후변화 적응 마스터플랜을 수립하고, 2011년까지 국가 차원의 종합적 영향평가 및 적응대책을 수립할 것을 명시했다.

2008년 2월 이명박 정부가 출범하고 "저탄소 녹색성장(Low Carbon Green Growth)"을 국가비전으로 선포하면서, 기후변화 대응은 최우선순위의 국가전략으로 부상하였다. 이명박 정부는 2008년 9월 『기후변화 대응 종합기본계획』을, 12월에는 한국 최초의 기후변화 적응 종합계획인 『국가 기후변화 적응 종합계획』을 수립하고, 2009년 2월 대통령 직속 녹색성장위원회를 설치하여 컨트롤타워를 확립한 후, 7월에는 『녹색성장 국가전략』과 『제1차 녹색성장 5개년 계획(2009-2013)』을 발표하였다. 또한 2010년 1월 「저탄소 녹색성장 기본법」(법률 제9931호)을 제정하여, 조직, 전략, 법이라는 국가 기후변화 대응 거버넌스의 토대를 마련하였다. 이에 따라 온실가스 감축 분야와 더불어 기후변화 적응 분야 역시 정비된 제도하에서 대책의 수립·추진이 이루어지기 시작했다.

「저탄소 녹색성장 기본법」 제48조 및 동법 시행령 제38조는 기후변화 영향평가 및 적응대책의 추진에 대해 규정하고 있는데, 특히 제48조 4항에서는 기후변화 적응대책을 수립·시행할 것을, 동법 시행령 제38조에서는 환경부장관이 중앙행정기관 장과의 협의 및 위원회의 심의를 거쳐 이를 5년 단위로 수립·시행할 것을 명시하고 있다.

「저탄소 녹색성장 기본법」

제48조(기후변화 영향평가 및 적응대책의 추진)

① 정부는 기상현상에 대한 관측·예측·제공·활용 능력을 높이고, 지역별·권역별로 태양력·풍력·조력 등 신·재생에너지원을 확보할 수 있는 잠재력을 지속적으로 분석·평가하여 이에 관한 기상정보관리체계를 구축·운영하여야 한다.

② 정부는 기후변화에 대한 감시·예측의 정확도를 향상시키고 생물자원 및 수자원 등의 변화 상황과 국민건강에 미치는 영향 등 기후변화로 인한 영향을 조사·분석하기 위한 조사·연구, 기술개발,

관련 전문기관의 지원 및 국내외 협조체계 구축 등의 시책을 추진하여야 한다.

③ 정부는 관계 중앙행정기관의 장과 협의하여 기후변화로 인한 생태계, 생물다양성, 대기, 수자원·수질, 보건, 농·수산식품, 산림, 해양, 산업, 방재 등에 미치는 영향 및 취약성을 조사·평가하고 그 결과를 공표하여야 한다.

④ 정부는 기후변화로 인한 피해를 줄이기 위하여 사전 예방적 관리에 우선적인 노력을 기울여야 하며 대통령령으로 정하는 바에 따라 기후변화의 영향을 완화시키거나 건강·자연재해 등에 대응하는 적응대책을 수립·시행하여야 한다.

⑤ 정부는 국민·사업자 등이 기후변화 적응대책에 따라 활동할 경우 이에 필요한 기술적 및 재정적 지원을 할 수 있다.

「저탄소 녹색성장 기본법 시행령」

제38조(기후변화 적응대책의 수립·시행 등)

① 환경부장관은 법 제48조 제4항에 따라 다음 각 호의 사항이 포함된 기후변화 적응대책을 관계 중앙행정기관의 장과의 협의 및 위원회의 심의를 거쳐 5년 단위로 수립·시행하여야 한다.

1. 기후변화 적응을 위한 국제협약 등에 관한 사항
2. 기후변화에 대한 감시·예측·제공·활용 능력 향상에 관한 사항
3. 부문별·지역별 기후변화의 영향과 취약성 평가에 관한 사항
4. 부문별·지역별 기후변화 적응대책에 관한 사항
5. 기후변화에 따른 취약계층·지역 등의 재해 예방에 관한 사항

6. 법 제58조에 따른 녹색생활운동과 기후변화 적응대책의 연계 추진에 관한 사항

7. 그 밖에 기후변화 적응을 위하여 환경부장관이 필요하다고 인정하는 사항

② 관계 중앙행정기관의 장, 시·도지사 및 시장·군수·구청장(자치구의 구청장을 말한다. 이하 같다)은 제1항에 따른 기후변화 적응대책에 따라 소관 사항에 대하여 기후변화 적응대책 세부 시행계획을 수립·시행한다.

③ 환경부장관은 제2항에 따른 세부 시행계획 시행의 적정성 등을 확인하기 위하여 관계 중앙행정기관의 장, 시·도지사 및 시장·군수·구청장에 대하여 매년 그 실적을 점검할 수 있다.

④ 환경부장관은 제1항에 따른 기후변화 적응대책 및 제2항에 따른 세부 시행계획의 수립·시행을 위하여 관계 중앙행정기관의 고위공무원단에 속하는 공무원으로 구성된 협의체를 구성·운영할 수 있다.

⑤ 환경부장관은 제2항에 따른 세부 시행계획의 수립·시행 및 제3항에 따른 실적 점검을 위하여 필요하다고 인정하는 경우에는 관계 중앙행정기관의 장, 시·도지사 및 시장·군수·구청장에게 필요한 자료의 제출을 요청할 수 있다.

최초로 법에 근거를 두고, 2010년 10월 『국가 기후변화 적응대책(2011-2015)』이 수립되었다. 1차 적응대책에서는 10개 분야(건강, 재난·재해, 농업, 산림, 해양·수산업, 물관리, 생태계, 기후변화감

시 및 예측, 적응산업·에너지, 교육·홍보 및 국제협력)에서 29개 대책 하에 87개 세부과제가 제시되었는데, 환경부가 총괄하면서 총 14개 부처가 분야별 업무를 담당하는 방식이었다. 그리고 관계부처 국장급 협의체 및 과장급 실무위원회를 통해 운영되며, 각 부처 및 지방자치단체가 매년 세부 과제 이행성과를 자체적으로 평가하면 환경부가 취합하여 보고서를 발간하도록 규정되었다. 이후 2012년 12월, 1차 적응대책을 수정·보완하면서 10개 분야를 9개(건강, 재난·재해, 농·수산, 산림·생태계, 물관리, 국토·연안, 산업, 인프라·국제협력, 기후변화 감시예측)로 정리하고, 세부과제도 67개로 정비하였다.

박근혜 정부 시기인 2015년 12월, 1차 적응대책의 만료에 따라『제2차 국가 기후변화 적응대책(2016-2020)』이 마련되었다. 1차 적응대책이 국가 차원에서 기후변화 적응대책을 추진할 수 있는 기반을 마련했다는 점에서는 의의를 찾을 수 있겠으나, 실질적 성과 면에서는 미흡했다는 것이 2차 적응대책의 인식이었다. 특히 부문별 목표 및 성과지표가 없어서 효율적·효과적인 정책 추진이 이루어지지 않았으며, 이행을 감시·평가하는 정책 환류가 이루어지지 않았고, 지자체와 산업계 등 실질적 적응추진 주체와의 소통체계가 부재하여 자발적 참여 유도에 한계가 있었고, 적응대책을 위한 예산 또한 부족했다는 것이 1차 적응대책의 한계로 지적되었다. 이를 극복하기 위해 2차 적응대책에서는 20개 부처 국장급 협의체인 "기후변화 적응협의회"를 구성하여 더 통합적인 추진체계를 구축하고, 이행 및 점검체계를 강화하는 등 더 실효성 있는 기후변화 적응대책을 마련했다.

2. 전력시스템 관련 기후변화 적응대책의 추진

국가 전력시스템의 기후변화 적응과 관련하여, 2차 적응대책부터
는 두 가지의 주목할 만한 변화가 보인다. 첫째, 공공시설물 기후
변화 위험 점검체계를 정비하면서, 사회 기반시설을 운영·관리하
는 공공기관을 대상으로 적응보고서의 작성을 유도하였다. 교량,
터널, 항만, 댐, 공항, 발전소 등 주요 국가기반시설에 대한 기후변
화 영향을 평가하고 위험을 진단하도록 한 것이다. 둘째, 적응대책
의 실효성을 높이기 위해, 기후변화 적응의 법적 기반을 강화할 것
을 규정했다. 이는 곧, 「저탄소 녹색성장 기본법」 제48조 및 동법
시행령 제38조에만 규정되어 있는 기후변화 적응 사안에 대해, 기
존 법률의 개정 또는 가칭 「기후변화적응법」의 제정을 통해서 법
적 기반 강화를 추진하겠다는 의미이다. 변경된 법에서는 기후변
화 적응의 개념, 기본원칙, 위험·취약성 평가, 국가 및 지방의 기
후변화 적응 관련 조직 등에 대한 근거규정을 세부적으로 마련할
것을 계획했다.
　　한국 환경부의 『공공기관 기후변화 적응대책 수립지침』은 이
분야의 선구자라고 할 수 있는 영국의 제도를 참조한 것이라고
볼 수 있다. 영국은 세계 최초로 기후변화종합법인 「기후변화법
(Climate Change Act 2008)」을 제정한 나라이다. 동법은 탄소 목표
와 할당, 기후변화위원회의 기능, 탄소배출권 거래제의 운영, 기후
변화 적응 프로그램 등을 규정하고 있는데, 제56조부터 제70조까
지가 기후변화의 영향 및 기후변화 적응에 해당된다. 이 중 제61조
는 특정 공공기관들에 대해 기후변화 적응대책을 의무화하고 있다.

> **영국 「기후변화법」**
>
> 제61조 보고기관에 대한 소관 중앙행정기관 장에 의한 지도
>
> (1) 소관 중앙행정기관 장은 다음의 사항에 대해 보고기관을 지도할
> 수 있다.
>
> (a) 해당 기관의 기능과 관련하여 현재 및 예상되는 기후변화의
> 영향을 평가하는 것
>
> (b) 해당 기관의 기능 행사에 있어서 기후변화에 적응하기 위한
> 제안 및 정책을 준비하는 것
>
> (c) 이러한 목적을 위해 다른 보고기관과 협력하는 것
>
> (2) 이 조는 위임된 기능에는 적용하지 않는다.

영국의 적응보고제도(Adaptation Reporting Power, ARP)는 「기후변화법」제61조에 근거를 두고 수립된 프로그램으로서, 기후변화의 영향을 많이 받는 특정 공공기관들에게 기후변화에 대한 영향평가를 시행하고 그에 따른 적응대책을 수립하여 정부에 보고할 의무를 규정하고 있다. 보고서는 3단계로 나뉘는데, 1단계에서는 위험 평가와 위협 및 기회의 규명을, 2단계에서는 기후변화 적응대책의 개발을, 3단계에서는 적응대책의 이행, 적응의 내재화, 효과의 관찰을 수행하여 하나의 보고서로 제출할 것이 요청된다.

2016년 12월, 2차 적응대책에 명시된 대로 환경부 주관의 『공공기관 기후변화 적응대책 수립지침』이 마련되었다. 이는 공공기관 및 지방공기업이 기후변화 적응대책을 수립하는 데 필요한 기

준을 정하는 지침으로, 적응대책 수립의 이행주체, 시기, 공간적·
시간적 범위 등을 규정하고, 대책의 이행을 평가·관리하는 주체
및 절차를 명시했다. 이에 따라 해당기관은 ① 현황 분석(일반현황,
위험관리체계, 주요 시설물·사업장), ② 지역의 기후변화 현황, 기후

표 6-5. 공공기관 기후변화 적응대책 수립·이행의 주체

	구분	합계	해당기관
공공기관	전력시설(발전소, 변전소, 송·배전, 냉·난방공급 등)	8	한국전력공사, 한국중부발전, 한국서부발전, 한국남동발전, 한국동서발전, 한국남부발전, 한국수력원자력, 한국지역난방공사
	유류·자원 관리시설(석유·가스, 석탄 등)	3	한국석유공사, 한국가스공사, 대한석탄공사
	교통·도시기반시설(도로, 철도, 항공, 항만 등)	9	인천국제공항공사, 한국공항공사, 부산항만공사, 인천항만공사, 울산항만공사, 여수광양항만공사, 한국도로공사, 한국철도공사, 한국철도시설공단
	환경시설(매립지, 하수처리장, 국립공원 등)	2	국립공원관리공단, 수도권매립지관리공사
	용수공급시설(저수지, 댐 등)	2	한국수자원공사, 한국농어촌공사
지방공기업	전력시설(발전소, 변전소, 송·배전, 냉·난방공급 등)	1	제주에너지공사
	교통·도시기반시설(도로, 철도, 항공, 항만 등)	7	광역지자체 도시철도공사 7개(서울메트로, 서울도시철도공사*, 부산교통공사, 대구도시철도공사, 인천교통공사, 광주도시철도공사, 대전도시철도공사)
	환경시설(하수처리장 등)	8	광역지자체 직영기업 8개(부산, 대구, 인천, 광주, 대전, 울산, 세종, 제주)
	용수공급시설(상수도)	9	광역지자체 직영기업 9개(서울, 부산, 대구, 인천, 광주, 대전, 울산, 세종, 제주)

출처: Asian Development Bank 2012, 37.
*주: 서울도시철도공사는 서울메트로와 통합되어 지방공기업 해당기관은 25개에서 24개로 변화

변화 전망, 기후변화 영향 분석, ③ 기후변화 위험평가, ④ 기후변화 적응 목표 및 전략 설정, ⑤ 목표 달성을 위한 세부시행계획, ⑥ 세부시행계획의 이행 및 관리방안을 담은 기후변화 적응대책을 수립·시행해야 한다. 동 지침에 따라 기후변화 영향과 개연성이 있는 기관 중 공공시설물을 관리·보유하며, 기후변화 피해 발생 시 영향이 클 것으로 예측되는 공공기관 24개, 지방공기업 25개가 공공기관 기후변화 적응대책 수립·이행의 주체로 선정되었고, 이들에게는 2017년부터 매 5년마다 자체적으로 기후현황 및 기후변화의 영향·위험성을 분석하여 적응목표와 전략을 정하고, 2018년부터 매년 말까지 그 이행상황을 점검·평가하여 환경부에 보고할 것이 권고되었다.

동 지침에는 한국 전력산업계의 주요 공기업들이 대부분 대상으로 지정되었다. 현재 전력시설을 관리·보유한 공공기관은 총 8개가 해당되는데, 발전, 송·배전, 판매로 이어지는 전력시스템을 구성하는 한국전력공사 및 6개의 발전자회사가 모두 포함된다.[2] 한국전력공사와 6개 발전자회사는 한국 전력시스템의 실질적인 요체라고 할 수 있다. 6개 발전자회사는 국가 총발전량의 약 81.5%를 차지하고 있어, 송·배전과 공급을 독점하고 있는 한국전력공사와 함께 국가 전력시스템상에서 독·과점적인 지위를 보유하고 있다.

---

2   한국지역난방공사는 지역냉·난방사업을 주 업무로 하는 공기업이지만, 열병합발전소 운영과 재생에너지사업을 통해 전기를 생산·공급하고 있다.

IV 국가 전력시스템의 기후변화 적응역량 강화를 위한 정책방향

1. 공공기관 기후변화 적응대책에 대한 법적 근거 부여

전력공기업의 기후변화 적응대책 수립·이행을 규정하는 현행 제도는 『공공기관 기후변화 적응대책 수립지침』이다. 하지만 이것은 구속력 있는 법이 아니라 환경부의 지침이므로, 공공기관의 기후변화 적응대책 수립·보고를 관할하는 법은 부재한 상황이다. 이에 따라 현존하는 최상위의 법률인 「저탄소 녹색성장 기본법」의 개정 또는 새로운 기후변화적응법의 제정 필요성에 대한 요구가 생겨나고 있으며, 2차 적응대책에서도 이러한 필요성을 인정하여 제도적 쇄신을 계획하고 있다.

전력공기업의 기후변화 적응대책의 근거법을 마련하는 방법은 크게 세 가지로 고려해 볼 수 있다. 첫째, 현재의 「저탄소 녹색성장 기본법」을 부분적으로 개정하는 것이다. 둘째, 새롭게 「기후변화적응법」을 제정하는 것이다. 셋째, 새로운 기후변화종합법인 「기후변화대응법」을 제정하여, 그 안에서 공공기관의 기후변화 적응을 강화하는 것이다.

먼저, 「저탄소 녹색성장 기본법」의 부분 개정은 두 가지 방향으로 검토해 볼 수 있다. 첫 번째는 제48조에 6항 이후를 신설하여 정부, 지방자치단체, 공공기관의 기후변화 적응대책 수립·시행·평가를 법적 의무로 규정하는 것이다. 이는 공공기관 기후변화 적응대책에 법적 구속력을 줄 수 있는 가장 용이한 방법이지만, 동법은 제48조 외의 조항에서 전반적으로 기후변화 적응에 대해 간과하고 있다는 점이 문제가 된다. 즉, 제48조를 보완하기 위해서는 여타 조항의 보완이 필요할 것으로 판단된다.

두 번째는 「저탄소 녹색성장 기본법」의 전반에 걸쳐 기후변화 적응 규정을 보완하는 것이다. 현재 용어를 정의하는 제2조에서는 "녹색기술", "녹색산업", "녹색생활", "녹색경영" 등을 규정하면서 온실가스 감축만을 강조하고 있고, 지방자치단체의 책무를 다루는 제5조, 사업자의 책무를 다루는 제6조, 국민의 책무를 다루는 제7조에서도 기후변화 적응을 책무로 언급하지 않고 있다. 따라서 온실가스와 오염물질의 감축만을 목표나 의무로 상정한 「저탄소 녹색성장 기본법」의 모든 조항에 "기후변화로 인한 부정적 영향"을 줄이기 위한 목표와 의무를 추가하는 방향을 고려해 볼 수 있을 것이다. 이에 더하여, 기후변화 영향평가 및 적응대책의 추진을 규정하는 제48조는 전면적인 수정·보완이 불가피하다. 정부, 지방자치단체, 공공기관을 대상으로 정기적인 기후변화 영향의 조사·분석과 이에 대한 적응대책의 수립·시행·평가를 법적 의무로 규정하고, 이를 총괄·지원할 수 있는 조직 및 관리체계를 신설·강화하는 내용으로 제48조를 변경하는 방식을 고려할 수 있겠다.

둘째, 새롭게 「기후변화적응법」을 만들어 공공기관의 기후변화 적응대책에 법적 구속력을 부여할 수 있다. 현재의 「저탄소 녹색성장 기본법」에서 기후변화 적응에 대한 규정은 제48조에만 제한적으로 존재하기 때문에, 이를 독립적으로 상세히 다루는 새로운 법의 제정을 통해 기후변화 적응을 강화하는 방법이다. 이 법에서는 기후변화 적응의 개념, 원칙, 기후변화 영향평가, 컨트롤타위, 정부·지방자치단체·공공기관의 기후변화 적응대책 수립·시행·평가, 기후변화 적응 교육, 기후변화 취약계층의 지원 등이 포괄적으로 담기게 된다. 동법의 제정을 위해서는 현존하는 「재난 및 안전관리 기본법」과의 중복 및 충돌을 사전에 충분히 조정할 필요가 있겠다.

셋째, 「기후변화대응법」을 신설하는 방향도 생각해 볼 수 있다. 현재 「저탄소 녹색성장 기본법」은 기후변화 대응의 범주에서 벗어나는 다양한 법규가 혼재되어 있기 때문에, 이를 분절하여 온실가스 감축과 기후변화 적응에 주된 초점을 맞춘 새로운 기후변화종합법을 제정해야 한다는 필요가 존재한다. 이 경우 녹색경제의 촉진 등은 「저탄소 녹색성장 기본법」이, 온실가스 감축과 기후변화 적응이 핵심이 되는 기후변화 대응은 신생 「기후변화대응법」이 관할하게 됨으로써 결여와 중복을 피해 긍정적인 입법효과를 낳을 수 있다. 「기후변화대응법」에는 기본원칙, 국가 온실가스 감축목표, 컨트롤타워, 온실가스 감축조치, 기후변화 영향평가, 기후변화 적응대책, 기후변화기금, 대응조직 등 포괄적인 내용을 상세히 담을 수 있다.

지금까지 검토한 세 가지 방법 중 현실적으로 가장 시행이 용이하며, 개선 가능성이 높은 것은 첫 번째 방식, 즉 「저탄소 녹색성장 기본법」의 부분 개정이다. 기후변화 적응에 해당되는 제48조와 동법 시행령 제38조를 세분화하는 방향으로 개정하고, 총칙의 일부와 기타 필요한 조문에서 기후변화 적응에 해당하는 문구를 추가하는 것이 가장 현실성이 높은 개정 방식이며, 여러 이해관계자들의 반대 및 저항을 가급적 최소화하고, 기후변화 적응의 주류화라는 본질적인 목적을 달성하기에 가장 바람직한 방향으로 판단된다.

2. 공공기관 평가체계에서의 기후변화 적응 주류화

기후변화 적응이 비교적 새로운 개념인 것에 반해, 예방과 완화를 통해 재난·재해의 위험에 대응하는 재난·안전관리는 이미 익숙한 개념이다. 기후변화 적응은 기존의 재난·안전관리와 중복되는 부분을 많이 지니지만, 두 개념은 최소한 세 가지 측면에서 구별된다 (박시원 2016, 206-208). 첫째, 위험의 종류가 다르다. 재난·안전관리 측면에서 보면 기후변화 적응은 기후와 관련되는 재난의 한 종류일 뿐이다. 반대로 기후변화 적응 측면에서 보면 재난·안전관리는 다양한 기후변화 적응행동의 하나이다. 둘째, 시간 개념이 다르다. 기후변화 적응은 재난·안전관리에 비해 상대적으로 더 긴 시간에 기반을 둔 계획을 수립하는 측면이 있다. 셋째, 대응분야의 범위가 다르다. 재난·안전관리는 사회적·경제적·물리적 요인을 모두 다루지만, 기후변화 적응은 오직 기후변화로 인한 환경변화에만 초점을 맞춘다. 결과적으로 한국뿐 아니라 대부분의 선진국에서도 기후변화 적응과 재난·안전관리는 서로 다른 것으로 그동안 인식되어 왔고, 관련 법·정책, 행동계획, 관할 조직 등이 통합되지 못한 채 독립적으로 운영되어 왔다고 할 수 있다.

현재 한국의 전력공기업들은 재난·안전관리와 기후변화 적응에 대해 서로 다른 평가를 받도록 되어 있다. 기획재정부는 「공공기관의 운영에 관한 법률」에 의거한 경영평가에서 재난·안전관리에 대한 평가를 하며, 환경부는 지침에 근거를 둔 공공기관 기후변화 적응대책 평가를 하는 것이다. 2007년 한국전력공사가 시장형 공기업으로 지정되고, 2011년 6개 발전자회사들도 기타 공공기관에서 시장형 공기업으로 유형이 변경되었다. 따라서 공공기관 기후변화 적응대책의 대상이 되는 한국전력공사 및 6개 발전자회사는 모두 "산업통상자원부를 주무기관으로 하는 시장형 공기업"이라는 특징을 지닌다. 즉, 이 기관들은 주무부처인 상업통상자원부에게는 전력산업정책, 도매전력시장의 경쟁정책, 소매시장에 대한 규제정책 등의 대상이며, 시장형 공기업의 경영평가를 기획재정부 장관이 하도록 규정한 「공공기관의 운영에 관한 법률」에 따라 기획재정부에게는 경영평가의 대상이다.

아래 〈표 6-6〉과 〈표 6-7〉은 기획재정부 공공기관 경영평가편람에 명시되어 있는 발전공기업과 한국전력공사의 경영평가 지표이다. 문재인 정부 출범 이후 공공기관 경영평가 지표에서 '사회적 가치' 범주가 강화되었는데, 기존에는 사회적 책임 등에 19점을 배정한 것이 비해 현재는 24점을 배정하고 있으며, 하부지표를 5개로 세분화하여 구체성을 높였다는 것이 특징이다. '경영관리'의 범주 중 지표 2-(3)에 해당되는 '사회적 가치구현-안전 및 환경'에는 단일 지표 중 가장 높은 점수인 5점이 할당되었고, '주요사업' 범주에서도 안전·환경 등 사회적 가치실현 사업에 해당되는 항목들이 높은 가중치를 지닌다. '사회적 가치구현-안전 및 환경'의 세부지표는 온실가스 감축 및 에너지 절약 등 환경보전에 1점, 재난 및 안전관리에 4점이 배정되어 있다. 재난 및 안전관리는 ① 재난관리시스템(예방, 대응, 복구) 구축·운영, ② 국민의 생명·재산을 보호,

표 6-6. 발전공기업 경영평가 지표

평가범주	지표 명	가중치		합계	평가범주	지표 명	가중치		합계
		비계량	계량				비계량	계량	
경영관리	1. 경영전략 및 리더십			6	주요사업	1. 발전설비 운영사업			14
	(1) 전략기획	2				(1) 고장정지 저감실적		7	
	(2) 경영개선	2				(2) 대기환경 개선 노력도		3	
	(3) 리더십	2				(3) 산업재해예방 노력도		4	
	2. 사회적 가치 구현			24		2. 발전연료 수급사업			6
	(1) 일자리 창출	4	3			(1) 유연탄 도입단가 경쟁력 강화		4	
	(2) 균등한 기회와 사회통합	3	1			(2) 친환경 연료 도입확대 노력도		2	
	(3) 안전 및 환경	5				3. 미래성장사업			4
	(4) 상생·협력 및 지역발전	2	3			(1) 신재생에너지 보급확대 실적		3	
	(5) 윤리경영	3				(2) 기술개발제품 활성화		1	
	3. 업무효율			5		4. 주요사업 계량지표 구성의 적정성 및 목표의 도전성	9		9
	(1) 노동생산성		2.5			5. 주요사업 성과관리의 적정성	12		12
	(2) 자본생산성		2.5			주요사업 합계	21	24	45
	4. 조직·인사·재무관리			7		전체 합계	56	44	100
	(1) 조직·인사 일반(삶의 질 제고)	2							
	(2) 재무예산 운영·성과	2							
	㉮ 총자산회전율		1						
	㉯ EBITDA 대 매출액		1						
	㉰ 중장기재무관리계획 이행실적		1						
	5. 보수 및 복리후생관리			8					
	(1) 보수 및 복리후생	3							
	(2) 총인건비관리		3						
	(3) 노사관계	2							
	6. 혁신과 소통			5					
	(1) 혁신노력 및 성과	3							
	(2) 국민소통		2						
	경영관리 합계	35	20	55					

※ 출처: 기획재정부 2019a, 328-329.

표 6-7. 한국전력공사 경영평가 지표

평가범주	지표 명	가중치		합계	평가범주	지표 명	가중치		합계
		비계량	계량				비계량	계량	
경영관리	1. 경영전략 및 리더십			6	주요사업	1. 전력수급사업			5
	(1) 전략기획	2				(1) 국로별 부하율 관리		5	
	(2) 경영개선	2				2. 송변전사업			4
	(3) 리더십	2				(1) 송변전 정전고장률 관리		4	
	2. 사회적 가치 구현			24		3. 배전사업			10
	(1) 일자리 창출	4	3			(1) 국로별 송배전손실율 관리		3	
	(2) 균등한 기회와 사회통합	3	1			(2) 균등전압 관리		4	
	(3) 안전 및 환경	5				(3) 전력 부문 안전관리		3	
	(4) 상생·협력 및 지역발전	2	3			4. 미래성장사업			5
	(5) 윤리경영	3				(1) 미래성장사업 성장률		2	
	3. 업무효율			5		(2) 신재생발전사업 성장률		2	
	(1) 노동생산성		2.5			(3) R&D 성과 창출 노력도		1	
	(2) 자본생산성		2.5			5. 주요사업 계량지표 구성의 적정성 및 목표의 도전성	9		9
	4. 조직·인사·재무관리			7		6. 주요사업 성과관리의 적정성	12		12
	(1) 조직·인사 일반(삶의 질 제고)	2				주요사업 합계	21	24	45
	(2) 재무예산 운영·성과	2				전체 합계	56	44	100
	㉮ EBITDA대 매출액		1							
	㉯ 총자산회전율		1						
	㉰ 중장기재무관리계획 이행실적		1						
	5. 보수 및 복리후생관리			8					
	(1) 보수 및 복리후생	3							
	(2) 총인건비관리		3						
	(3) 노사관계	2							
	6. 혁신과 소통			5					
	(1) 혁신노력 및 성과	3							
	(2) 국민소통		2						
	경영관리 합계	35	20	55					

※ 출처: 기획재정부 2019a, 154-155.

③ 산업재해 등 근로자(간접고용, 하청업체 근로자 포함) 피해 방지 및 사업장(발주현장 포함) 안전관리 등 근로환경 개선, ④ 국가기반시설, 다중이용시설, 청사 등 시설물 관리 및 건설과정에서의 안전

확보, ⑤ 개인정보 보호 및 사이버 안전을 위한 정보보안 관리체계 구축·운영의 5개 항목에 대한 노력과 성과를 평가한다(기획재정부 2019a, 19-20). 이에 더하여, 2019년 3월에 기획재정부가 발표한 『공공기관 안전강화 종합대책』에서는 한국전력공사 및 6개 발전공기업 등 101개 공공기관의 안전관리 실태를 전수 조사하고, 강화된 안전관리체제를 구축하는 계획을 담고 있다(기획재정부 2019b).

시장형 공기업 평가의 핵심인 기획재정부 경영평가에서 재난·안전·환경 지표의 가중치가 높아지고 대응조치가 뒤따르게 되면, 이와 교집합을 갖는 부분의 기후변화 적응역량 강화에도 긍정적 영향을 미친다. 특히 환경부의 기후변화 적응대책 수립지침이 아직 법적인 근거를 지니지 못 한 현 상태에서 공기업 경영평가 지표에 기후변화 적응을 주류화하는 것은 높은 효과를 발휘할 수 있다. 현재 전력공기업의 경영평가 지표는 안전과 환경을 강화하는 방향으로 개선되어 있으나, 여전히 기후변화 적응의 측면보다는 안전관리의 측면에 더 초점을 맞추고 있다. 특히 사업장에서 발생할 수 있는 인명피해나 시설물 사용에 있어서의 안전강화 등에 중점을 두고 있어, 기후변화에 따른 재난·재해에 대한 중·장기적 대응 노력에 대한 인센티브는 상대적으로 낮은 중요성을 지닌다고 볼 수 있다. 그러므로 기후변화 적응과 관련된 전력공기업의 역할과 기여를 높이기 위해서는 기후변화 감시·예측 능력 확보, 이상기후 대응능력 강화 등에 대한 노력과 성과를 적절히 평가할 수 있는 경영평가 지표의 개선이 뒤따라야 할 것으로 생각된다.

V 결론

2017년 출범한 문재인 정부는 『국정운영 5개년 계획』을 통해 100대 국정과제를 발표하면서, 61번 과제로 '신기후체제에 대한 건실한 이행체계 구축'을 제시했다(국정기획자문위원회 2017, 95). 과제의 목표는 크게 두 가지인데, 하나는 "2021년까지 온실가스 배출전망 대비 상당한 수준 감축 실현"이라는 온실가스 감축 강화에 대한 것이고, 다른 하나는 "기후변화 리스크를 예측관리하고 피해를 최소화하는 안전사회 구현"이라는 기후변화 적응역량 제고에 대한 것이다. 이 중 후자에 대해서는 ① 2018년 공공기관 적응보고제 도입 등 기후변화 적응역량 평가 제도화, ② 2019년 한반도 기후변화 시나리오 생산 및 전국 적응위험지도 작성, ③ 2020년까지 기후변화 입체감시망 및 종합정보체계 구축의 세 가지 세부정책을 제시하고 있다.

앞서 살펴봤듯이 ①번에 해당되는 공공기관 기후변화 적응대책은 현재 환경부 지침을 통해 시행되고 있으며, 기후변화 정보체계의 구축과 관련되는 ②와 ③은 현재 환경부 주도로 진행 중에 있다. 2020년까지 기후변화 종합정보체계가 구축되어 국가 기후변화 위험요인에 대한 포괄적 정보와 분석도구가 제공된다면, 여러 기관의 기후변화 적응대책 수립·평가 과정에서 유용하게 활용되어 높은 시너지 효과를 낼 수 있을 것으로 판단된다.

지금까지 본 연구에서는 한국 전력시스템의 기후변화 적응역량 강화를 위해, 대부분의 국가 전력시스템을 보유·운영·관리하는 전력공기업들의 기후변화 적응대책 실효성을 높일 수 있는 정책방향을 모색해 봤다. 세계적인 기후위기의 심화 상황에 직면하여 한국 정부 역시 기후변화 적응을 위한 정책을 발전시켜 왔고, 국가 기반시설의 기후회복력 강화를 위해서 이를 관할하는 공공기관에 적응대책의 수립 및 이행평가를 지시했다. 하지만 이것은 법률에 기반을 둔 구속력 있는 정책이 아니기 때문에 효과에 한계를 보이고 있으며, 환경부 주관하에 있지 않은 공공기관들은 환경부의 이행평가가 아닌 주관기관 또는 경영평가기관의 평가에 더 많은 신경을 쓸 수밖에 없는 구조적 문제를 지니고 있다. 그러므로 국가 전력시스템을 관할하는 전력공기업들의 기후변화 적응역량 강화를 위해서는 법률적 근거에 따른 구속력 있는 정책을 집행해야 하며, 기후변화 적응대책 평가와 더불어 공기업 경영평가를 통해 기후변화 적응이 기관경영에 내재화될 수 있도록 평가제도를 개선할 필요가 있다. 이와 더불어, 기후변화 관련 종합정보체계를 국가 차원에서 구축·운영하여, 공공기관들이 강화된 제도에 빠르게 적응할 수 있도록 지원해야 할 것이다.

참고문헌

관계부처통합. 2008.『국가 기후변화 적응 종합계획』.

_____. 2010.『국가 기후변화 적응대책(2011-2015)』.

_____. 2015.『제2차 국가 기후변화 적응대책(2016-2020)』.

국무조정실. 2007.『기후변화 제4차 종합대책(5개년 계획)』.

국무총리실. 2008.『기후변화대응 종합기본계획』.

국정기획자문위원회. 2017.『문재인정부 국정운영 5개년 계획』.

기획재정부. 2019a.『2019년도 공공기관 경영평가편람』.

_____. 2019b.『공공기관 안전강화 종합대책』.

기후변화협약대책위원회. 2007.『기후변화협약 대응 제3차 종합대책』.

녹색성장위원회. 2009a.『녹색성장 국가전략』.

_____. 2009b.『제1차 녹색성장 5개년 계획(2009-2013)』.

박시원. 2016. "기후변화적응과 재난재해 법제의 통합을 위한 소고."『환경법연구』
38(1): 195-237.

에너지경제연구원. 2018.『2018 에너지통계연보』. 울산: 에너지경제연구원.

한국환경정책·평가연구원 국가기후변화적응센터. 2016.『영국 ARP(Adaptation
Reporting Power) 제도 사례집』. 세종: 한국환경정책·평가연구원
국가기후변화적응센터.

환경부. 2016.『공공기관 기후변화 적응대책 수립지침』.

환경부 온실가스종합정보센터. 2018.『2018 국가 온실가스 인벤토리 보고서』. 서울:
온실가스종합정보센터.

_____. "명세서 배출량 통계." http://www.gir.go.kr/home/index.do?pagerOffset
=0&maxPageItems=10&maxIndexPages=10&searchKey=&searchValue
=&menuId=37&condition.year=2018&orderColumn=B_TCO2EQ&order
Type=DESC (검색일: 2019년 8월 26일).

Acclimatise, Climate Finance Advisors and Four Twenty Seven. 2018. "Lenders'
Guide for Considering Climate Risk in Infrastructure Investments."

Asian Development Bank. 2012. *Climate Risk and Adaptation in the Electric
Power Sector*. Manila: Asian Development Bank.

Braun, Marco and Elyse Fournier. 2016. "Adaptation Case Studies in the Energy
Sector: Overcoming Barriers to Adaptation." Report Presented to Climate
Change Impacts and Adaptation Division, Natural Resources Canada.

Burillo, Daniel. 2019. "Effects of Climate Change in Electric Power
Infrastructures." in Kenneth Eloghene Okedu. ed. *Power System Stability*.
IntechOpen.

Ciplet, David, J. Timmons Roberts, Mizan Khan. 2013. "The Politics of

International Climate Adaptation Funding: Justice and Divisions in the Greenhouse." *Global Environmental Politics* 13(1): 49-68.

Ebinger, Jane and Walter Vergara. 2011. *Climate Impacts on Energy Systems: Key Issues for Energy Sector Adaptation.* Washington DC: The World Bank.

Gerlak, Andrea K., Jaron Weston, Ben McMahan, Rachel L. Murray, and Megan Mills-Novoa. 2018. "Climate Risk Management and the Electricity Sector." *Climate Risk Management* 19: 12-22.

Intergovernmental Panel on Climate Change. 2013. *AR5 Climate Change 2013: The Physical Science Basis.* Geneva: The IPCC Secritariat.

_____. 2014. *AR5 Climate Change 2014: Impacts, Adaptation, and Vulnerability.* Geneva: The IPCC Secritariat.

International Energy Agency. "Electricity Statistics." https://www.iea.org/ statistics/electricity/ (검색일: 2019년 8월 26일).

Schaeffer, Robert. et al. 2012. "Energy Sector Vulnerability to Climate Change: A Review." *Energy* 38(1): 1-12.

United States Department of Energy. 2013. "U.S. Energy Sector Vulnerabilities to Climate Change and Extreme Weather."

필자 소개

김성진 Kim, Sungjin

한양대학교 에너지거버넌스센터 전임연구원
서울대학교 외교학과 졸업, 동 대학원 외교학박사

논저 "파리기후체제는 효과적으로 작동할 것인가?", "2030년 한국 온실가스 감축목표 달성을 위한 전력 부문 시나리오 분석", "시장구조의 변화와 가치사슬을 고려한 한국 태양광 산업의 육성 방향" 등

이메일 tempusfugit@naver.com

제7장

기후변화 취약성에 대한 인식과 도시 기후 적응 어젠다
— 세계 도시 비교 연구

Urban Climate Hazard Perception and Adaptation Agenda

이태동 | 연세대학교 정치외교학과 부교수

*   이 글은 Lee, Taedong and Sara Hughes, 2017. Perceptions of Urban Climate Hazards and Their Effects on Adaptation Agendas. Mitigation and Adaptation Strategies for Global Change 22 (5): 761-776를 번역, 수정했음을 밝힌다.

세계 여러 도시의 의사결정자들은 기후변화에 의해 촉발된 현재적·미래적 위기들에 적응하기 위한 단계에 돌입하였으며, 이를 우리는 도시의 적응 의제라 칭한다. 의제의 형태에는 다양한 방식이 있는데, 하나 혹은 두 개의 기후위험에 집중적으로 대응하는 방안과 다양한 종류의 위험들에 반응하는 의제개발 등이 그것이다. 도시 적응 의제의 이러한 다양화를 촉발시킨 것은 무엇인가? 이 연구의 목적은 도시가 갖는 지리적, 사회경제적, 제도적 특징과 기후변화 위험에 관한 인식이 적응 의제의 범위에 끼치는 영향을 이해하기 위한 것이다. 세계 58개 도시들의 데이터베이스를 새롭게 구조화한 회귀분석을 활용하여 우리의 연구는 의사결정자들의 기후변화 위험 인식이 도시 적응 의제의 범위를 결정짓는 데 가장 큰 역할을 하였음을 밝힌다. 국제도시들이 다양하면서도 극적인 기후 사건들의 영향으로 지역 특수적인 위험들을 마주하는 현실에 비추어, 도시 기후 위험을 나타내는 것만큼이나 의식을 키우는 것은 적응 의제들을 확장시키고 주류화하는 데 첫걸음이 될 것이다.

Current and future risks presented by climate change, the sum of which we refer to as a city's adaptation agenda. However, there is a significant variation in such agendas: some may focus on responding to one or two climate hazards, while others develop agendas to respond to a wide range of hazards. What causes this varying range of urban adaptation agendas? The purpose of this study is to assess how geographic, socioeconomic, and institutional features of cities as well as the perception of climate change hazards affect the scope of adaptation agendas. Utilizing regression analyses of a newly constructed database for 58 cities around the world, our findings suggest that the perception of climate change hazards held by decision-makers is a primary determinant of the scope of urban adaptation agendas. Given that each global city faces place-specific hazards from varying extreme climate events, this research provides global-scale adaptation strategies for local, national, and international institutions, suggesting that enhancing awareness as well as mapping urban climate hazards is an initial step for broadening and mainstreaming adaptation agendas.

KEYWORDS 기후 적응 Climate adaptation, 위험 인식 Risk perception, 적응 어젠다 Adaptation agenda, 도시 환경 Urban environment

I 서론

도시는 사람, 경제, 기반시설 및 관리되는 환경 시스템과 관리되지 않는 환경 시스템들이 네트워크로 연결된 곳이자 조밀하게 개발된 공간이다. 도시는 또한 기후변화의 영향을 받는 장소이자 혁신의 허브이면서 기후변화 적응에 관한 핵심 의제를 결정하는 장소로서 관할 통제권을 행사하는 곳이다(Hughes 2013 ; Romero-Lankao et al. 2013). 기후변화로 인한 홍수, 물부족, 폭염과 같은 위험에 직면하게 되면 대규모 기반시설과 인구 증가, 도시의 집약형 경제 활동들은 이러한 위험들에 적응할 수 있는 의사결정을 필요로 한다(Huq et al. 2007 ; Romero-Lankao et al. 2013 ; Tompkins et al. 2010). 기후 위험이란 "재산, 기반시설 및 환경 자원에 피해를 줄 수 있는 자연적 또는 인위적으로 유발된 물리적 사건(IPCC 2012, 5)"을 뜻한다. 기후변화에 관한 정부 간 패널(IPCC)은 재난 위험을 "취약한 사회적 조건과 상호작용하는 위험한 물리적 사건으로 인해 정상적인 기능에서 심한 변화가 일어날 가능성"이라고 정의한다. 이 논문에서의 분석을 뒷받침하는 자료에 사용된 용어와의 일관성을 유지하기 위해 앞으로 기후 위험이라는 용어를 사용한다.

II 도시 기후 적응 어젠다의 범위

이러한 기후 위험에 적응하기 위해 도시에서 활용할 수 있는 몇몇의 조치가 있다. 시 정부는 기반시설 개선, 비상 대응 계획, 건물과 관련해 안전 수칙을 업데이트하고 복원 대책 및 국가 정부 프로그램과의 연계 등의 방법을 통해 허리케인이나 산사태와 같은 극한 상황에 대비하고 지역 사회에서 보다 나은 준비가 이뤄질 수 있도록 조치를 취할 수 있다(IPCC 2012). 도시는 녹색 지붕과 공공장소의 햇볕 차단막을 포함하여 도시 지역에서의 녹색 공간을 늘림으로써 혹서에 (부분적으로) 대응할 수도 있다(Declet-Barreto et al. 2013 ; Gartland 2008). 도시들은 폭풍(major storm events)에 대비하는 것을 포함해 홍수 대응 체계와 물 공급 다양화를 개선함으로써 주요 폭풍 사건들의 강도와 시기 변화에 적응할 수 있다(Daigger 2009 ; Muller 2007). 마지막으로, 기후변화로 인한 질병 확산이 새로운 방식으로 전파되고 발생함에 따라(Patz 외 2005), 도시는 교육 캠페인과 의료 서비스 투자를 통해 이러한 변화에 대응할 수 있는 조치를 취할 수 있다. 적응 활동들은 기존 프로그램의 일부분으로 편입되거나, 혹은 기존 프로그램의 주요한 부분이 되거나(혹은 주류화되거나) (UNDP/UNEP 2011) 새로운 독립 이니셔티브로 도입될 수 있다. 제도적 위치와 관계없이, 이러한 행동들은 집합적으로 하나의 도시 적응 의제를 만들며, 이러한 의제는 현재와 미래의 기후 영향을 줄이기 위한 기존의 정책 영역(홍수 통제, 고온 관련 문제 및 도시 계획)을 통합하는 데 도움이 된다. 적응 의제는 관련 계획들뿐만 아니라 기후 적응 영역에서의 실행 및 행동까지를 포함한다.

III 인지된 기후변화 위험의 역할

지금까지는 기후 적응 정책들의 과정, 추진 요인 그리고 장애물에 관해 설명했다. 첫 번째 기후 적응 단계는 기후 위험, 취약성 및 영향에 대한 이해를 수반한다. 두 번째 단계는 정책 결정 과정을 통해 적응 정책을 기획하는 것이다. 세 번째 단계에서는 인적, 물적 그리고 조직적 자원들을 활용하여 기후 적응 정책을 관리, 시행 및 모니터링하는 것이다(Lehmann et al. 2015; Moser and Ekstrom 2010; Uittenbroek et al. 2013). 도시 적응 의제를 형성하는 초기 요소는 대부분 기후변화 위험의 의사 결정자의 인식이라고 할 수 있다(Tang et al. 2010; Vrolijks and Spatafore 2011; Zimmerman and Faris 2011).

IV 데이터와 분석

1. 데이터

우리는 2012년 CDP(Carbon Disclosure Project)가 실시한 도시 관리자 설문 조사에서 수집한 데이터 세트를 활용하여, 기후변화 위험이 도시 기후변화 적응 의제 범위에 영향을 미치는 정도를 체계적으로 검증했다. CDP는 세계 최대의 회사들과 도시들의 탄소 보고 플랫폼을 제공하는 비영리 조직이다. CDP는 CDP에서 관리하는 '시장들의 협약 Compact of Mayors' 프로그램에 등록한 도시의 최고 정책결정자(예: 시장)에게 초청장과 온라인보고서 기획안을 보낸다. 그 후, 그것에 참여하고 있는 도시에서 기후변화를 다루는 시 정부 조직은 완화 및 적응 정책을 위한 전략뿐 아니라 온실가스(GHG) 배출 및 위험에 관해 공식적이면서 자체적으로 보고하는 설문지를 작성한다(CDP 2012). 데이터에는 검증 과정 없이 자체 보고하는 답변이 포함되어 있지만, 시민 및 일반 대중에게 공개되어 신뢰성을 높일 수 있다. CDP 조사에 응답한 73개 도시 중 58개 도시는 최종 데이터 세트에서 인식된 기후 위험과 적응 전략에 대한 정보를 제공했다. 이 도시들의 샘플은 지리적으로 모든 대륙에 관해 대표성을 띠며 규모와 범위에서 다양성을 갖추고 있다.

이 연구에서 사용된 종속변수는 도시 적응 의제의 범위의 종합적 측정이다. CDP 조사는 의사 결정자들에게 "기후변화로 인한 도시의 인프라, 시민, 기업의 위험을 줄이기 위해 당신이 취하는 조치를 설명할 것"을 요구한다. 우리는 이 설문조사 질문에 대한 답변을 활용하여 적응 의제의 범위 개념을 조작화(operationalize)하였으며, 조사에서 옵션으로 포함된 전체 24개의 의제들 중 현재 활용되는 대응 방안들의 수를 활용하였다. 이러한 방식으로 우리 모델에서는 종속변수로 사용할 수 있는 빈도변수를 만들었다. 보고된 도시 기후 적응 의제의 전체 목록은 〈표 7-1〉에 나타나 있다. 0에서 13까지를 범위로 할 때 우리의 연구에 포함된 58개 도시는 평균적으로 3.7개의 적응 의제를 가지고 있다. 가장 일반적으로 사용되는 적응 방안은 나무를 심거나 녹지를 조성하는 것으로(29개 도시에서 시행), 홍수 대비(21개 도시에서 시행) 빗물 수집 시스템(19개 도시)이 그 뒤를 따른다. 경고 및 대피 시스템을 포함한 위기 계

표 7-1.

기후 위험 지수 크론바흐 알파, 0.82	도시의 수 (항목 간 상관관계)	기후 적응 지수 크론바흐 알파, 0.80	도시의 수 (항목 간 상관관계)
강해진 가뭄	7 (0.37)	대기질 이니셔티브	7 (0.36)
잦아진 가뭄	10 (0.29)	공공공간 그늘, 시장	3 (0.28)
더운 날 증가	24 (0.47)	기반시설 냉방	5 (0.08)
도시 열섬 현상 증가	23 (0.57)	나무심기/녹지공간	29 (0.45)
더워진 여름	18 (0.26)	녹색 지붕	12 (0.41)
잦아진 혹서	19 (0.48)	흰 지붕	5 (0.31)
강해진 혹서	12 (0.53)	취약층을 위한 사업들	11 (0.46)
수온 상승	2 (0.49)	물 사용량 절감 교육	10 (0.33)
집중적인 강우	37 (0.53)	빗물 저감 시스템	19 (0.43)
잦아진 강우	8 (0.40)	저지대 물 지표 디자인	5 (0.26)
연간 강우량 증가	9 (0.30)	홍수 대비	21 (0.35)
연간 강우량 감소	9 (0.24)	빗물통/수조	6 (0.09)
연간 적설량 감소	6 (0.38)	물공급의 다변화	6 (0.26)
계절별 강우량 감소	13 (0.35)	홍수 지역의 개발 제한	6 (0.35)
폭풍 위험의 증가	12 (0.24)	시설의 누수 관리	4 (0.04)
폭풍 빈도 증가	13 (0.23)	추가 저수장: 물 창고	6 (0.04)
풍속의 증가	6 (0.27)	건물들의 개조	3 (0.04)
해수면 상승	21 (0.13)	건물 내성 측정	11 (0.42)
기타	7 (0.16)	알람 & 대피 시스템	11 (0.33)
		재난 대비 훈련	15 (0.42)
		개발로부터의 보호	12 (0.16)
		에너지 소비 저감	6 (0.36)
		질병예방 측정	4 (0.09)
		지역사회 참여/교육	6 (0.41)

획과 관리 프로그램도 발견되었다(14개 도시). 반면 4개 도시(서울, 모스크바, 창원, 리우데자네이루)만이 질병 예방 의제를 채택한 것을 알 수 있었다.

이 연구에서 사용된 주요 독립변수는 인지된 기후 위험들이다. CDP 연구 데이터를 활용하여 우리는 도시의 의사 결정자가 19가지 차원의 변화를 인지하는지 여부에 관한 이진법적 측정으로 기후변화 위험을 조사했다. 여기에는 가뭄, 폭염, 비와 폭설, 폭풍, 해수면의 상승과 같은 변화들의 강도와 빈도가 포함된다. CDP 조사에서 도시들은 개방형 질문인 "당신의 도시에서 발생할 것으로 예상되는 기후변화의 영향을 나열하고 기술하십시오"에 응답했다. 예를 들어 시카고의 경우 더운 날의 증가와 빈번해진 폭염, 열섬 효과의 증가, 빈도와 강도가 높아진 폭우, 계절성 폭우의 변화, 폭풍 위험의 증가라고 답했다. 〈표 7-1〉의 왼쪽 열은 의사 결정자가 확인한 기후변화 위험을 보여준다. 적응 의제 범위에 대한 측정 기준과 마찬가지로, 우리는 다른 위험들이 표준화된 z수치의 평균값에 기초하여 추가적인 측정과 인지된 기후변화 위험 지수를 개발했다. 또한, 〈표 7-2〉에는 인지된 위험 및 적응 계획의 범위에 대한 상위 10개 도시가 나열되어 있다. 괄호 안의 숫자는 확인된 위험의 수와 현재의 적응 전략을 각각 보여준다. 예를 들어, 도쿄는 19개의 기후 위험을 확인하였고 8개의 기후 적응 관련 의제가 있는 반면, 파리는 9개의 기후 위험에 13개의 적응 의제를 가지고 있다.

우리는 기후 적응 의제의 범위에 영향을 줄 수 있는 일련의 제도적 변수들을 고려했다. 첫 번째는 기후 적응 의제를 개발하는 데 경제적 기회가 있는지의 여부이다(Mees and Driessen 2011). 기

표 7-2.

인지된 기후 위험 지수			적응 의제 지수		
도쿄	3.01	(19)	파리	1.05	(13)
서울	1.35	(12)	시카고	0.94	(11)
로테르담	1.24	(11)	멜버른	0.80	(11)
라스베이거스	1.05	(11)	모스크바	0.60	(9)
모스크바	0.91	(10)	헬싱키	0.59	(8)
파리	0.79	(9)	오스틴	0.54	(9)
보고타	0.78	(9)	뉴욕	0.53	(9)
시드니	0.74	(10)	피닉스	0.52	(8)
오스틴	0.70	(9)	도쿄	0.41	(8)
카라카스	0.55	(8)	로스앤젤레스	0.38	(7)

주: 위험과 의제들의 합산된 수는 괄호 안에 있음.

후변화 적응 의제를 개발하는 것은 비용은 많이 들지만, 녹색 일자리와 신산업들과 같은 경제적 기회를 제공한다(Fankhaeser 외. 2008). 만약 시 정부가 적응을 경제적 기회로 인식한다면, 이러한 기회를 활용하기 위해 더 광범위한 적응 의제를 채택할 가능성이 높다. 따라서 우리는 도시가 기후변화를 경제적 기회로 간주하는지 여부에 따라 긍정적일 때의 반응을 1로, 부정적일 때의 반응을 0으로 코딩했다. 대부분의 도시(58개 중 50개 도시, 혹은 86%)는 기후변화 적응을 경제적 기회로 간주한다고 보여준다(표 7-3과 표 7-4).

표 7-3.

	설명과 운영(sources)	평균(range; standard deviation)
종속변수: 적응 의제	1) 적응 전략들의 부가적인 수: 도시 열(녹지 공간, 녹색 지붕, 공공 장소의 음영), 도시의 물(폭풍우, 홍수 대비, 강우, 물공급), 계획(위기 관리, 건물 관리), 질병 예방(CDP) 2) 적응 전략 수에 대한 표준화 점수	3.68 (0–13; 3.33)
		-0.01 (-0.41–1.05; 0.37)
독립변수: 위험	1) 확인된 기후 위험들의 부가적인 수: 가뭄, 더운 날의 증가, 열섬, 더워진 여름, 혹서, 수온, 강우, 강설, 폭풍, 해수면 (CDP) 2) 기후 위험 수에 대한 표준화 점수(index)	0.62 (0–1; 0.48) 0.04 (-0.77–3.01; 0.67)
해안도시	도시가 해안 지역에 위치하고 있는지 여부 (도시 국경에서 50km 떨어진 지점)/항구 도시에 위치할 때 1; 내륙 도시의 경우 0	0.62 (0–1; 0.48)
경제적 기회	기후 정책들의 인지된 경제적 기회(CDP)	0.86 (0–1; 0.34)
저감 목표	온실가스 저감목표의 존재	0.72 (0–1; 0.45)
기후변화를 위한 도시 가입 여부	이클레이 가입일 때 CCP/1은 가입일 때: 0은 그렇지 않을 때 (CCP 2010)	0.55 (0–1; 0.50)
수도 도시들	도시가 수도일 때 /1은 수도인 도시: 0은 수도가 아닌 도시(CIA Factbook)	0.48 (0–1; 0.50)
국제 도시	도시 내부의 금융 서비스 회사 수에 따라 5에서부터(가장 재정적으로 세계화된 도시) 0(재정적으로 세계화된 증거가 없음) 사이에서 순서대로 변환	2.06 (0–5; 1.54)
인구 (ln)	천 명 단위의 도시 인구(세계은행)	14.1 (5.3–16.7; 1.7)
GDP p.c. (ln)	1인당 GDP 도시 수준(미국 달러) (세계은행)	9.09 (5.1–11.8; 1.43)
Annex 1 국가	Annex1에 위치한 국가 (온실가스 배출 감축을 의무적으로 시행) 교토의정서 여부/ 1은 Annex1의 국가들; 0은 그렇지 않은 국가들(유엔기후변화협약)	0.74 (0–1; 0.44)

주: 위험과 의제들의 합산된 수는 괄호 안에 있음.

2. 분석

분석결과, 제도적 및 사회경제적 변수는 적응 의제의 범위와 크게 관련되어 있지 않은 것으로 나타났다. 이러한 발견은 데이터에

표 7-4. 기후변화 위험 및 적응 의제에 대한 추가적인 측정을 사용한 결과

	모델 1 (OLS)	모델 2 (Index, OLS)
위험		
기후 위험	0.54 (0.10)**	0.31 (0.06)**
해안 도시	0.61 (0.81)	0.07 (0.09)
제도		
경제적 기회	-0.97 (1.20)	-0.14 (0.14)
감축 목표	0.16 (0.90)	0.01 (0.10)
CCP가입 여부	0.52 (0.90)	0.05 (0.10)
사회경제적 요소		
세계도시	0.05 (0.32)	0.02 (0.04)
인구 (ln)	0.13 (0.33)	0.01 (0.03)
GDP p.c. (ln)	0.44 (0.41)	0.07 (0.06)
수도 도시들	-0.67 (0.83)	-0.07 (0.09)
국가 종류		
Annex 1 국가	-0.40 (1.15)	-0.04 (0.13)
R2	0.45	0.41
N	58	58

주: 표준오차는 팔호 안에 있음.
**$p < 0.01$; *$p < 0.05$

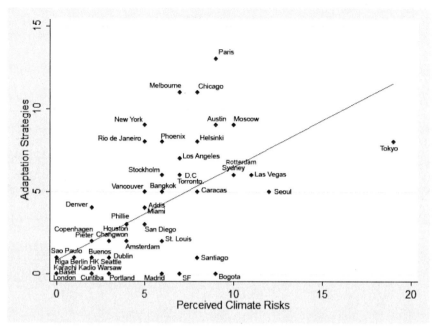

그림 7-1. 위험 인식과 적응 의제의 상관관계

사용된 도시들의 상대적으로 높은 수준의 제도적 발전과 기후변화 대응의 참여 경험과 관련되어 있다고도 볼 수 있다. 예를 들면 CDP 조사에서 응답한 도시들의 약 86%가 기후변화를 경제적 기회로 간주하고 있다. 또한 도시의 약 72%가 기후 완화 목표를 설정했으며, 대부분의 도시는 CCP의 구성원이다.

〈그림 7-1〉은 양방향 그래프와 선형 그래프를 사용하여 위험 인식과 적응 의제 사이의 관계를 나타낸다. 시드니, 로테르담, 카라카스, 마이애미 같은 대부분의 도시는 위험 인식 및 적응 범위 간의 관계를 나타내는 선형 선상에 또는 그 근처에 위치한다. 예를 들어,

로테르담 조사에서 열거된 기후 위험 요소에는 가뭄 빈도의 증가, 무더운 날의 증가, 열섬 현상, 폭염, 수온의 증가, 집중 강우, 계절 강우의 변화, 폭풍, 폭풍 빈도 및 해수면 상승 등이 포함된다. 이러한 문제를 해결하기 위해 적응 의제의 범위는 녹지 공간, 녹색 지붕, 빗물 수집, 저수지 조경 설계, 홍수 방어, 추가 저장소 및 회복력이 있는 건물을 포함한다. 로테르담 기후 증명(Climate Proof)계획(로테르담 2010)에서 알 수 있듯이, 적응 의제는 지리적 위치(델타 시티)와 관련된 기후 위험을 반영한 수자원과 관계된 조치에 중점을 둔다. 그러나 이 그래프는 위험 인식과 적응 의제 범위 간의 선형 관계를 갖고 있지 않는 도시들을 식별하는 데도 도움이 된다. 예를 들어, 도쿄는 수많은 기후 위험을 식별하는 데 반해 상대적으로 적은 적응 전략들을 채택하고 있다. 샌프란시스코, 보고타, 산티아고 등 다른 도시들은 〈그림 7-1〉의 적응보다는 기후 완화 정책에 집중하고 있으므로 보고된 위험 및 적응 의제 범위는 상대적으로 제한될 수 있다. 마찬가지로, 1인당 GDP가 도시 적응 의제의 범위에 대한 중요한 예측 지표는 아니지만, 자카르타, 산티아고, 쿠리치바와 같은 개발도상국의 몇몇 도시에서는 인식된 기후 위험 및 적응 전략의 수가 많지 않다. 파리, 시카고, 멜버른은 인식된 기후 위험과 적응 의제 범위 사이에 비교적 선형적인 관계를 나타낸다.

V 결론

우리의 분석에 포함된 도시의 사회경제적, 제도적 특징은 적응 의제의 다양화를 설명하는 데 큰 역할을 하지 못했다. 이전에 언급했듯이, 이것은 사회경제적 및 제도적 변수의 다변적 수준이 낮기 때문일 수 있다. 그러나 인구 규모와 경제적 부를 포함해 변이가 큰 변수도 있었기 때문에 다변적 수준이 낮다는 것은 위 이유를 충분히 설명하지 못한다. 대안적으로는, 도시의 사회경제적 및 제도적 특징이 기후변화 전략의 일반적 채택을 예측하는 것에는 도움을 주지만(Westerhoff et al. 2011), 적응 의제 범위에서의 변화는 효과적으로 설명하지 못한다고 판단할 수 있다. 의제의 내용과 초점을 둔 영역은 의사 결정자가 대응하고 인지하는 환경 조건에서 반영되는 것이다.

참고문헌

Adger, W. Neil, Arnell W. Nigel and Tompkins, L. Emma. 2005. "Successful Adaptation to Climate Change across Scales." *Global Environmental Change* 15, no. 2 (July): 77-86.

Anguelovski, Isabelle, Chu, Eric and Carmin, JoAnn. 2014. "Variations in Approaches to Urban Climate Adaptation: Experiences and Experimentation from the Global South." *Global Envvironmental Change* 27 (July): 156-167.

Baker, Ingrid, Peterson, Ann, Brown, Greg and McAlpine, Clive. 2012. "Local Government Response to the Impacts of Climate Change: An Evaluation of Local Climate Adaptation Plans." *Landscape and Urban Planning* 107, no. 2 (August): 127-36.

Bart, Istvan. 2011. "Municipal Emissions Trading: Reducing Transport Emissions through Cap-and-Trade." *Climate Policy* 11, no. 1 (June): 813-28.

Birkmann, Jörn, Garschagen, Matthias, Kraas, Frauke and Quang, Nguyen. 2010. "Adaptive Urban Governance: New Challenges for the Second Generation of Urban Adaptation Strategies to Climate Change." *Sustainability Science* 5, no. 2 (July): 185-206.

Broto, C. Vanesa, Bulkeley, Harriet. 2013. "A Survey of Urban Climate Change Experiment in 100 cities." *Global Environmental Change* 23, no. 1 (February): 92-102.

Bulkeley, Harriet, Betsill, M. Michele. 2013. "Revisiting the Urban Politics of Climate Change." *Environmental Politics* 22, no. 1 (February): 136-54.

Carmin, JoAnn, Anguelovski, Isabelle and Roberts, Debra. 2012. "Urban Climate Adaptation in the Global South: Planning in an Emerging Policy Domain." *Journal of Planning Education and Research* 32, no.1 (January): 18-32.

Carmin, JoAnn, Nadkarni, Nikhil and Rhie, Christopher. 2012. *Progress and Challenges in Urban Climate Adaptation Planning:Results of a Global Survey.* Cambridge, MA: MIT.

CDP. 2012. "Measurement for management: CDP cities 2012 global report." Carbon Disclosure Project, London.

Corfee-Morlot, Jan, Cochran, Ian, Hallegatte, Stephane, and Teasdale, Pierre-Jonathan. 2011. "Multilevel Risk Governance and Urban Adaptation Policy." *Climate Change* 104, no. 1 (Januray): 169-97.

Daigger, T. Glenn. 2009. "Evolving Urban Water and Residuals Management Paradigms: Water Reclamation and Reuse, Decentralization, and Resource Recovery." *Water Environment Research* 81 (August): 809-23.

Declet-Barreto, Juan, Brazel, J., Anthony, Martin A., Chris, Chow, T.L., Winston and Harlan L., Sharon. 2013. "Creating the Park Cool Island in an Innercity Neighborhood: Heat Mitigation Strategy for Phoenix." *Urban Ecosystems* 16, no.3 (December): 617-35.

Fankhaeser, Samuel, Sehilleier, Friedel and Stern, Nicholas. 2008. "Climate Change, Innovation and Jobs." *Climate Policy* 8 (March): 421-29.

Füssel, H.-M. 2007. "Adaptation Planning for Climate Change: Concepts, Assessment Approaches, and Key Lessons." *Sustainability Science* 2, no. 2 (October): 265-75.

Gartland L. 2008. *Heat Islands: Understanding and Mitigating Heat in Urban Areas*.Earthscan, London and Sterling, VA.

Hamin, M. Elisabeth, Gurran, Nicole. 2009. "Urban Form and Climate Change: Balancing Adaptation and Mitigation in the U.S. and Australia." *Habitat International* 33, no. 2 (July): 238-45.

Heltberg, Rasmus, Gitay Habiba and Prabhu, Radhika. 2012. "Community-based Adaptation: Lessons from a Grant Competition." *Climate Policy* 12, no.2 (August): 143-63.

Hughes, Sara. 2013. "Justice in Urban Climate Change Adaptation: Criteria and Application to Delhi." *Ecology and Society* 18, no. 4 (December): 48.

Hunt, Alistair, Watkiss, Paul. 2011. "Climate Change Impacts and Adaptation in Cities: A Review of the Literature." *Climate Change* 104, no. 1 (January): 13-49.

Huq, Saleemul, Kovats. Sari, Reid, Hannah and Satterthwaite, David. 2007. "Reducing Risks to Cities from Disaster and Climate Change." *Environment and Urbanization* 19 no. 2 (April): 3-15.

IPCC. 2012. *Managing the Risks of Extreme Events and Disasters to Advance Climate Change Adaptation*. Cambridge University Press, Cambridge.

King, Gary. 1998. *Unifying Political Methodology: The Likelihood Theory of Statistical Inference*. University of Michigan Press, Ann Arbor.

Krause, M. Rachel. 2012. "An Assessment of the Impact that Participation in Local Climate Networks Has on Cities' Implementation of Climate, Energy, and Transportation Policies." *Review of Policy Research* 29, no. 5 (August): 585-603.

Lee, Taedong. 2013. "Global Cities and Transnational Climate Change Networks." *Global Environmental Politics* 13, no. 1 (February): 108-27.

Lee, Taedong, Koski, Chris. 2012. "Building Green: Local Political Leadership Addressing Climate Change." *Review of Policy Research* 29, no. 5 (August): 605-24.

_____. 2014. "Mitigating Global Warming in Global Cities: Participation and

Climate Change Policies of C40 Cities." *Journal of Comparative Policy Analysis* 16, no. 5 (August): 475-92.

Lee, Taehwa, Lee, Taedong and Lee, Yujin. 2014. "An Experiment for Urban Energy Autonomy in Seoul: The One Less Nuclear Power Plant Policy." *Energy Policy* 74 (August): 311-18.

Lehmann, Paul, Brenck, Miriam, Gebhardt, Oliver, Schaller, Sven and Sübauer, Elisabeth. 2015. "Barriers and Opportunities for Urban Adaptation Planning: Analytical Framework and Evidence from Cities in Latin America and Germany." *Mitigation and Adaptation Strategies for Global Change* 20, no. 1 (June): 1-23.

McGranahan, Gordon, Balk, Deborah and Anderson, Bridget. 2007. "The Rising Tide: Assessing the Risks of Climate Change and Human Settlements in Low Elevation Coastal Zone." *Environment and Urbanization* 19, no. 1 (April): 17-37.

McIntosh Neal, Cone, Joe. 2014. "Responding to the Effects of Coastal Climate Change: Results of a National Sea Grant Survey." Sea Grant Oregon, Corvallis.

Measham G., Thomas, Preston L., Benjamin, Smith F., Timothy, Brooke, Cassandra, Gorddard, Russel, Withycombe, Geoff and Morrison, Craig. 2011. "Adapting to Climate Change through Local Municipal Planning: Barriers and Challenges." *Mitigation and Adaptation Strategy for Global Change* 16, no. 8 (December): 889-909.

Mees, Heleen-LP, Driessen PPJ. 2011. "Adaptation to Climate Change in Urban Areas: Climate-Greening London, Rotterdam, and Toronto." *Climate Law* 2, no. 2 (January): 251-80.

Moser C., Susanne, Ekstrom A., Julia. 2010. "A Framework to Diagnose Barriers to Climate Change Adaptation." *Proceedings of the National Academic Sciences of United States of America.*

Muller, Mike. 2007. "Adapting to Climate Change Water Management for Urban Resilience." *Environment and Urbanization* 19, no. 1 (April): 99-113.

Mullin, Megan. 2008. "The Conditional Effect of Specialized Governance on Public Policy." *American Journal of Political Science* 52, no. 1 (January): 125-41.

National Research Council. 2011. "America's climate choices." The National Academies Press, Washington.

Patz, A., Jonathan, Campbell-Lendrum, Diarmid, Holloway, Tracey and Foley A., Jonathan. 2005. "Impact of Regional Climate Change on Human Health." *Nature*, Nov 17.

Reckien, Diana, Flacke, Johannes, Dawson, J., Richard, Heidrich, Oliver,

Olazabal, Marta, Foley, M., Aoife, Hamann, J.J.-P, Orru, Hans, Salvia, Monica, Hurtado, De Gregorio Sonia, Geneletti, Davide and Pietrapertosa, Filomena. 2014. "Climate Change Response in Europe: What's the Reality? Analysis of Adaptation and Mitigation Plans from 200 Urban Areas in 11 Countries." *Climate Change* 122, no. 1-2 (January): 231-340.

Roberts, Debra. 2010. "Prioritizing Climate Change Adaptation and Local Level Resilience in Durban, South Africa." *Environment and Urbanization* 22, no. 2 (October): 397-413.

Romero-Lankao, Patricia, Hughes, Sara, Rosas-Huerta, Angelica, Borquez, Roxana and Gnatz Daniel. 2013. "Institutional Capacity for Climate Change Responses: An Examination of Construction and Pathways in Mexico City and Santiago." *Environment and Planning C:Politics and Space* 31, no. 5 (January): 785-805.

Rotterdam. 2010. *Rotterdam Climate Proof:Adaptation Program 2010.* Rotterdam City Government, Rotterdam.

Runhaar, Hens, Mees, Heleen, Wardekker, Arjan, Sluijs VD Jeroen and Driessen, PPJ. 2012. "Adaptation to Climate Change-Related Risks in Dutch Urban Areas: Stimuli and Barriers." *Regional Environmental Change* 12, no. 4 (December): 777-90.

Saavedra, Casilda, Budd W., William. 2009. "Climate Change and Environmental Planning: Working to Building Community Resilience and Adaptive Capacity in Washington State, USA." *Habitat International* 33, no. 3 (July): 246-52.

Sassen, Saskia. 1991. *The Global City:New York,London,Tokyo.* Princeton University Press, Princeton.

Sharma, Divya, Tomar, Sanjay. 2010. "Mainstreaming Climate Change Adaptation in Indian Cities." *Environment and Urbanization* 22, no. 2 (October): 451-65.

Sharp, B., Elain, Daley, M., Dorothy and Lynch, S., Michael. 2011. "Understanding Local Adoption and Implementation of Climate Change Mitigation Policy." *Urban Affairs Review* 47, no. 3 (May): 433-57.

Sherbinin, D., Alex, Schiller, Andrew and Pulsipher, Alex. 2007. "The Vulnerability of Global Cities to Climate Hazards." *Environment and Urbanization* 19, no. 1 (April): 39-64.

Tang, Zheoghong, Brody, D., Samuel, Quinn, Courtney, Liang, Chang and Ting, Wang. 2010. "Moving from Agenda to Action: Evaluating Local Climate Change Action Plans." *Journal of Environmental Planning and Management* 53, no. 1 (January): 41-62.

Tanner, Thomas, Mitchell, Tom, Polack, Emily and Guenther, Bruce. 2009. "Urban

Governance for Adaptation: Assessing Climate Change Resilience in Ten Asian Cities." Special issue, *IDS Work Paper* 315.

Tompkins, L., Emma, Adger W., Neil, Boyd, Emily, Nicholson-Cole, Sophie, Weatherhead, Keith and Arnell, W., Nigel. 2010. "Observed Adaption to Climate Change: UK Evidence of Transition to a Well-Adapting Society." *Global Environmental Change* 20, no. 4 (October): 627-35.

Uittenbroek, J., Caroline, Janssen-Jansen, B., Leonie and Runhaar, AC., Hens. 2013. "Mainstreaming Climate Adaptation into Urban Planning: Overcoming Barriers, Seizing Opportunities and Evaluating the Results in Two Dutch Case Studies." *Regional Environmental Change* 13, no. 2 (April): 399-411.

Uittenbroek, J., Caroline, Janssen-Jansen, B., Leonie, Spit, J.M., Spit, Salet, G.M., Willem and Runhaar, A.C., Hens. 2014. "Political Commitment in Organising Municipal Responses to Climate Adaptation: The Dedicated Approach versus the Mainstreaming Approach." *Environmental Politics* 23, no. 6 (May): 1043-63.

UNDP/UNEP. 2011. *Mainstreaming Climate Change Adaptation into Development Planning: A Guide for Practitioners.* UNDP/UNEP, Nairobi.

Vignola, Raffaele, Klinsky Sonja, Tam, Jordan and McDaniels, Tim. 2013. "Public Perception, Knowledge and Policy Support for Mitigation and Adaption to Climate Change in Costa Rica: Comparisons with North American and European Studies." *Mitigation and Adaptation Strategies for Global Change* 18, no. 3 (March): 303-23.

Vrolijks, Luc, Spatafore, Ashley and Mittal, S., Anisha. 2011. "Comparative Research on the Adaptation Strategies of Ten Urban Climate Plans." In: Otto-Zimmermann K (ed) Resilient cities: cities and adaptation to climate change. *Proceedings of the Global Forum* 2010.

Weber, U., Elke. 2010. "What shapes perceptions of climate change?" *WIRES Climate Change* 1, no. 3 (June): 332-42.

Westerhoff, Lisa, Keskitalo, H., E. Carina and Juloha, Sirkku. 2011. "Capacities Across Scales: Local to National Adaptation Policy in Four European Countries." *Climate Policy* 11, no. 4 (June): 1071-985.

Zahran, Sammy, Grover, Himanshu, Brody, D., Samuel and Vedlitz, Arnold. 2008. "Risk, Stress, and Capacity: Explaining Metropolitan Commitment to Climate Protection." *Urban Affairs Review* 43, no. 4 (March): 447-74.

Zimmerman, Rae, Faris, Craig. 2011. "Climate change mitigation and adaptation in North American Cities." *Current Opinion in Environmental Sustainability* 3, no. 3 (May): 181-87.

필자 소개

이태동 Lee, Taedong

연세대학교 정치외교학과 부교수
연세대학교 정치외교학전공 졸업, 서울대학교 환경대학원 석사, University of Washington 정치학 박사

논저 『지구환경정치의 이해』(공저), 『환경 에너지 리빙랩』, 『환경 에너지 정치』, 『Global Cities and Climate Change: The Translocal Relations of Environmental Governance』

이메일 tdlee@yonsei.ac.kr
홈페이지 www.taedonglee.com

제8장

기후 클럽(climate club)에 대한 소개와
비판적 고찰

A Climate Club: Introduction and Critique

고인환 | University of Washington 정치학 박사과정

본 장은 유엔 기후변화협약(UNFCCC)으로 대표되는 현재까지의 국가 간 기후변화 대응 협력의 새로운 대안으로 제시되고 있는 기후 클럽(climate club)과 그 연구 흐름을 소개하고 한계점을 지적한다. 기후 클럽이란 기후변화 대응 노력에 동참하는 행위자들에게 배타적이고 비경합적인 클럽재(club goods)를 보상하는 집단을 말한다. 클럽 이론에 기반을 두고 있는 기후 클럽은 집합 행동의 딜레마로서의 기후변화 문제를 효율적으로 해결할 수 있는 흥미로운 대안으로 떠오르고 있다. 그러나 파리협정의 가능성과 기후변화 문제에 대한 다양화된 견해에 부딪히며 기후 클럽에 대한 회의론도 낙관론 못지않게 커져가고 있다. 따라서 향후 기후 클럽에 대한 연구는 기후 클럽을 구성하는 국가와 클럽이 집중하는 기후변화 대응 분야에 따라 그 유형과 효과성이 어떻게 달라지는지를 분석할 필요가 있다. 현재까지의 기후 클럽에 대한 논의는 온실가스 감축 분야에 초점이 맞춰져 있기 때문에, 기후 적응 및 기술이전과 같은 다른 분야에서는 어떤 국가가 어떤 유형의 기후 클럽을 만들 수 있을지 연구가 필요하다. 한편으로는 적극적인 기후변화 대응 노력에 반대하는 행위자 간의 클럽도 얼마든지 존재할 수 있기 때문에 이에 대한 관심 역시 필요하다.

This chapter introduces the concept of climate change, which is discussed as an alternative to the current system of international climate change cooperation, and discusses its limits. Climate club is defined as a group of actors (state or non-state) which compensates their climate actions with excludable and non-rivalry goods (club goods). Climate club proponents argue that clubs can effectively tackle "climate change as collective action problem," but they are encountered by more skeptics. Hence, I suggest that future research should not only focus on its utility on a theoretical basis but use its broader definition to find real-world cases and how each has distinct features. Also, given that mitigation was considered a key component in previous discussions, clubs that deal with other thematic areas such as adaptation or technology transfer can be surveyed. Lastly, just as pro-climate clubs can appear, one should not omit that anti-climate clubs can counter their efforts.

KEYWORDS 기후 클럽 climate club, 클럽 이론 club theory, 집합 행동의 문제 collective action problem, 유엔 기후변화협약 UNFCCC, 자발적 협력 voluntary cooperation

I 서론

유엔 기후변화협약(UNFCCC)은 비효율적이라는 이유로 많은 전문 가 및 학자들에게 비판의 대상이 되어왔다. 우선 많은 수의 당사국 이 협상에 참여하여 복잡하고 다양한 이해관계를 절충하는 데 많 은 시간과 비용이 든다(Bagozzi 2015). 특히 UNFCCC 당사국 총 회의 결정문(decision)은 합의제(consensus)를 통해 도출되기 때 문에, 기후변화 대응에 가장 소극적인 국가들이 가장 강한 거부권 (veto power)를 갖게 된다는 지적이 있다(Hovi et al. 2016). 이 때 문에 기후변화 대응에 적극적인 국가들끼리 UNFCCC 체제 외부 에서 협력하여 더 높은 기후변화 대응 목표를 달성해야만 기후변 화 문제를 해결할 수 있다는 주장이 제기되었다.

한편, 적극적인 국가라 할지라도 적극적인 기후변화 대응으로 부터 발생하는 비용이 반가울 수는 없다. 이러한 비용은 국가가 적 극적으로 기후변화 대응에 참여하는 데 주된 장애 요인이 된다. 이 를 해결하기 위해 몇몇 학자들은 '기후 클럽(climate club)'을 대 안으로 제시한 바 있다(Nordhaus 2015; Das 2015; Keohane et al. 2015). 기후 클럽이란 UNFCCC의 당사국보다 적은 수의 국가들 이 모여 감축, 적응, 기술이전과 같은 기후변화 대응 노력을 위해 협력하는 국가 간 그룹으로 정의된다. 이론의 관점에서 기후 클럽 은 클럽에 참여하여 적극적인 기후변화 대응 노력을 하는 국가들 에게 배타적(exclusive)이고 비경합적(non-rivalry)인 '클럽재(club good)'를 보상으로 제공함으로써 비용을 상쇄할 수 있을 것으로 기대된다.

기후 클럽이 UNFCCC로 특징되는 현재의 기후변화 국제협력 체제의 대안으로 떠오르는 이유는 다음의 논리로 전개된다. 첫째, 기후변화는 기본적으로 무임승차 문제(free-riding problem)로 이해할 수 있다. 둘째, UNFCCC는 무임승차 문제로서의 기후변화 문제를 해결하는 데 많은 제약이 존재한다. 셋째, 기후 클럽은 이러한 무임승차 문제로서의 기후변화 문제를 해결하는 데 기여할 수 있다. 그러나 기후 클럽에 대한 우려의 목소리도 많다. 우선 기후 클럽이 UNFCCC를 완전히 대체할 수 없다는 의견이 존재한다. 파리협정 이후 UNFCCC의 체제가 변화하고 있는 과정을 살펴보면, 기후 클럽과 UNFCCC가 상호 보완적 관계를 맺을 가능성을 배제할 수 없다. 특히 파리협정(Paris Agreement) 제6조의 내용은 UNFCCC가 국가 간 기후 클럽의 형성과 운영에 많은 부분 관여할 여지를 제공한다. 한편 기후변화 문제를 무임승차 문제로 바라보지 않는 학자들에게는 기후 클럽은 기후변화 문제가 해결되지 않는 것에 대한 대안이 되기 어렵다(Aklin and Mildenberger 2018).

따라서 본 장에서는 기후 클럽에 대한 논의를 소개하고 그 현실 가능성에 대해서 비판적인 견해를 중심으로 논하고자 한다. 먼저 기후 클럽이 어떻게 UNFCCC의 대안으로 제시될 수 있었는지를 클럽 이론에 대한 논의를 중심으로 살펴본다. 한편 배출권 거래제(emission trading scheme)와 마찬가지로 기후 클럽 역시 현실에서 그 이론적 정의에 완벽히 부합하는 사례를 찾아보기 어렵다. 따라서 기후 클럽의 사례는 기존 연구에서 제시한 기후 클럽의 예시들을 주로 참고한다. 그 다음 기후 클럽에 대한 여러 비판적 견해를 소개한다. 기후 클럽이 제안된 바와 다르게 UNFCCC와 충분히 상호 보완적 관계를 맺을 수 있다는 점, 그리고 기후변화 문제를 무임승차 문제로만 볼 수 없기 때문에 기후 클럽이 완벽한 대안이 되지 못하다는 점 등을 논한다.

II UNFCCC의 한계와 그 대안으로서의 기후 클럽

1. 집합 행동의 딜레마를 해소하기 위한 클럽

기후 클럽은 사회과학에서 오랫동안 발전되어 온 클럽 이론(club theory)에 그 뿌리를 두고 있다(Pigou 1920; Buchanan 1965). 클럽이란 클럽재를 제공하는 집단을 말하며, 클럽재란 배타적이지만 비경합적인 재화(non-rival excludable goods)를 말한다. 재화가 배타적이라는 말은 재화를 사용할 수 있는 사람과 그렇지 않은 사람을 나눌 수 있다는 뜻이며, 재화가 비경합적이라는 말은 재화를 사용해도 그 수량이나 효용가치가 떨어지지 않는다는 뜻이다.

클럽의 대표적인 사례로 수영장과 영화관을 꼽는다. 먼저 수영장은 회원권 제도를 통해 일정 금액을 지불한 사람만이 수영이라는 클럽재를 이용할 수 있도록 한다. 그러나 수영을 하는 사람이 많아진다고 하여 수영장의 물이 줄어들지는 않으므로 수영은 비경합적 재화가 된다. 마찬가지로 영화관은 일정 금액을 지불한 사람에게만 영화를 관람하도록 제한하지만, 관객들은 객석이 일부만 찼든 만석이 되었든 똑같이 영화를 관람할 수 있다. 단, 클럽재는 무한히 비경합적이지 않고 사용하는 사람이 지나치게 많아지게 되면 다소 경합적인 특성을 띨 수 있는데, 이를 체증 효과(congestion effect)라고 한다. 마치 도로에 자동차들이 몰리면 도로 자체는 소모되어 없어지지 않더라도 운전자들은 교통 체증으로 인해 원활한 도로 사용에 어려움을 겪는 것과 같은 원리이다.

클럽 이론이 어떻게 기후변화 대응의 한 방식에 응용될 수 있는가? 이에 대한 대답은 Prakash and Potoski(2004)의 연구에서 찾아볼 수 있다. Prakash와 Potoski는 기업들이 왜 환경친화적 경영에 대한 국제표준 인증인 ISO 14001에 가입하는지 의문을 제기한 바 있다. 환경친화적 경영은 기업에게 많은 비용적 부담을 지우는데, ISO 14001는 보통 국가가 정하는 것보다 더 높은 환경 규제 수준을 요구하기 때문이다. 이에 대해 Prakash와 Potoski는 ISO 14001 인증이 일종의 클럽으로서 기능하기 때문이라고 보았다. 즉, ISO 14001라는 클럽에 참여하는 기업들은 그 클럽이 제공하는 클럽재라는 이익을 얻기 위해 가입한다는 것이다.

ISO 14001가 어떻게 클럽으로서 기능하는가? 이를 설명하기 위해 Prakash와 Potoski는 두 가지 형태의 클럽을 정의한다. 우선 기존의 클럽 이론에서 논의하는 클럽은 클럽재를 제공하는 데 주된 목적이 있으며, 이를 뷰캐넌식 클럽(Buchanian club)이라고 부른다. 한편 ISO 14001와 같이 사회적으로 긍정적인 효과를 발생시키면서 클럽재를 제공하는 클럽들을 자발적 클럽(voluntary club)이라고 정의하였다. 즉, 자발적인 클럽은 다음의 세 가지 이익을 제공한다(Prakash and Potoski 2007, 776).

(1) 긍정적 외부효과(positive externalities)

(2) 개별 클럽 회원에게만 제공되는 사적 이익(private benefits)

(3) 클럽 회원 모두에게 공유되는 클럽재(club goods)

예컨대 ISO 14001에 가입한 기업은 국가 규제 수준보다도 더 높은 수준의 환경친화적 기업 활동을 수행하기 때문에 사회 전체적으로도 이익을 제공한다(긍정적 외부효과). 또한 환경친화적 기업 활동은 효율적 자원 이용에 기여할 수 있기 때문에 기업에게 비용 절감 효과를 야기할 수 있다(사적 이익). 무엇보다도 ISO 14001 인증을 획득한 기업은 친환경 기업이라는 일종의 명성(reputation)을 얻게 되어 향후 더 많은 고객이나 투자자들을 유치할 수 있으며, 바로 이러한 명성이 배타적이고 비경합적인 클럽재라는 것이다. 특히 이러한 명성 효과는 소비자들과 투자자들이 해당 기업이 실질적으로 친환경적 경영을 하는지 알아보는 데 필요한 정보 비용(information cost)을 낮출 수 있다.

자발적 클럽은 이론적으로 집합 행동의 딜레마(collective action dilemma)를 해소할 수 있다. 집합 행동의 딜레마란 다수의 행위자 혹은 집단들의 공동의 이해관계가 걸려 있는 문제를 이들 스스로의 노력으로 해결할 수 없는 상황을 말한다(Olson 1965). 집합 행동의 딜레마는 또한 무임승차 문제(free-riding problem)로도 불리는데, 이는 무임승차가 집합 행동의 딜레마가 발생하는 주요 원인이기 때문이다. 공동의 이해관계가 걸린 문제를 해결하기 위해서는(즉 공익 추구를 위해서는) 공동의 노력이 필요한데, 이때 개별 행위자 또는 집단이 사익을 추구하기 위해 일탈 행위를 벌이는 것을 무임승차라고 한다. 무임승차가 발생하는 이유는 공익 추구는 일종의 공공재적 성격을 띠기 때문이다. 즉, 공익 추구에 참여하는 것은 개별 행위자 및 집단에게 비용을 부담시키는 데 반해 그 편익은 모두에게 돌아간다. 이때 자발적 클럽은 이러한 공익 추구에 대한 보상을 클럽재(명성 효과)의 형태로 제공하기 때문에 집합 행동의 딜레마를 해소하는 데 기여할 수 있다는 것이다(Prakash and Potoski 2007).

2. 집합 행동의 딜레마로서의 기후변화 문제

기후변화 문제 역시 집합 행동의 딜레마의 일종이라고 생각할 수 있다. 바로 기후변화 문제를 해결하기 위한 온실가스 감축 노력이 갖는 공공재적 성격 때문이다(Barrett, 2003). 국가가 온실가스를 감축하는 일은 많은 비용이 든다. 그러나 폭염 및 홍수와 같은 기후 리스크(climate risk)가 줄어드는 등 온실가스가 줄어듦으로써 발생하는 편익은 온실가스 감축에 참여하지 않은 국가들에게도 돌아간다(Nordhaus 2015). 따라서 기후변화라는 공동의 문제를 안고 있는 어떤 국가든지 간에 타국의 온실가스 감축에 무임승차하려는 유인이 존재한다.

집합 행동의 딜레마의 해법에는 클럽만이 존재하지 않는다. 집합 행동의 딜레마는 사회적으로 필요한 만큼의 공공재가 시장에서 공급되지 않는 문제로 이해할 수 있기 때문에(시장 실패), 정부가 개입하여 공공재를 제공하는 것이 전통적인 대안으로 여겨져 왔다. 그러나 이는 어디까지나 국내 사례에 한해서 가능한 대안이다. 국제사회에는 국가 간 정부의 기능을 수행할 수 있는 초국가적 권위체(supranational authority)가 존재하지 않는다. 따라서 국가 간 이해관계가 얽혀 있는 집합 행동의 딜레마는 정부 개입과 같은 방식으로 해결하기 어렵다. 이를 잘 드러내는 사례는 바로 교토의정서(Kyoto Protocol)다. 교토의정서는 부속서 B에 명시된 국가들에 대해서 2008-2012년까지 평균적으로 1990년 대비 약 5%의 온실가스 감축을 의무화하고, 이를 어길 시 페널티를 부과하는 것을 골자로 하는 국제조약이다. 그러나 미국 등 주요 당사국의 탈퇴, 2008-2012년이라는 1차 이행기간의 연장 실패 등 다양한 요인으로 인해 교토의정서는 그 성과를 달성하지 못했다는 견해가 지배적이다(Rosen 2015).

교토의정서에 대한 여러 비판 중 하나는 교토의정서가 일종의 하향식 규제(top-down regulation)였다는 점을 지적한다. 국내사회와 다르게 국제사회는 무정부(anarchy)적 공간이기 때문에, 정부가 규제를 통해 해결하는 것과 같은 방식을 국가 간 기후변화 문제에 적용하기 매우 어렵다는 것이다(Keohane and Victor 2011, 16). 또 다른 비판은 국제사회가 국가 간 내정 불간섭을 용인하는 베스트팔렌적 체제(Westphalian system)라는 점을 지적한다(Nordhaus 2015). 즉, 기후변화 문제는 무정부적, 베스트팔렌적 공간으로서의 국제사회에 존재하는 집합 행동의 딜레마로 이해할 수 있는 것이다.

3. 기후변화 문제와 자발적 기후 클럽

자발적인 기후 클럽은 다음의 두 가지 이유로 인해 위에서 언급한 기후변화 문제에 대한 해법이 될 수 있다고 이해된다. 첫째, 기후 클럽은 집합 행동의 딜레마의 주요 원인인 무임승차를 해소할 수 있다. 둘째, 기후 클럽은 국가들의 '자발적인 협력'에 기초하고 있다. 무정부적, 베스트팔렌적 공간으로서의 국제사회에서의 공공재는 국가의 자발적인 제공에만 의존할 수밖에 없다. 국제사회의 특성을 고려하면 자발적인 협력만이 국제적 집합 행동의 딜레마에 대한 가장 현실적인 대안이 된다.

기후 클럽은 기후변화 대응에 적극적인 국가들이 모여 공동의 노력으로 온실가스 감축 등의 기후변화 대응 활동을 하는 것에서 시작된다. 이때의 기후변화 대응 활동은 통상 각국의 기후변화 정책이나 파리협정에 제출한 자국이 정하는 기여(nationally determined contributions, NDCs)보다 더 높은 목표를 달성해야 하는 것으로 기대된다. 한편 클럽은 이 대가로 회원국에게 배타적이고 비경합적인 클럽재를 안정적으로 제공할 수 있어야 하며, 회원국의 이탈을 막고 신규 회원국을 끌어들일 수 있어야 한다.

학자마다 기후 클럽이 어떻게 클럽재를 제공할 수 있는지에 대한 견해가 조금씩 다르다. Nordhaus(2015)는 성공적인 클럽은 다음의 조건들을 만족할 수 있어야 한다고 본다. (1) 공공재적 성격의 재화가 클럽 구성원들 사이에서 공유되어야 한다. (2) 클럽 내 협력은 구성원 모두에게 이익이 되어야 한다. (3) 클럽 외부의 성원을 클럽 구성원에 비해 상대적으로 낮은 가격에 제재를 가하거나 클럽에서 제외할 수 있어야 한다. (4) 클럽 구성원들이 안정적으로 클럽에 남아 있고자 해야 한다. 이 중 Nordhaus는 클럽이 클럽 외부 성원에 대해 처벌하는 것이 가장 핵심적인 조건이라고 주장한다. 예컨대 클럽에 속하지 않은 국가로부터 클럽 구성원 국가에 수입되는 재화에 대해 [클럽 내에서 형성된 탄소 가격 ($/tCO₂eq) × 해당 재화를 생산하기까지 발생한 탄소의 양 (tCO2eq)] 만큼의 관세를 부과하는 것이다.

따라서 Nordhaus이 말하는 기후 클럽은 온실가스 감축보다도 탄소 가격 부과(carbon pricing)를 얼마나 효과적으로 수행하느냐에 그 효과성이 달려 있다. 클럽 내부에서 탄소 가격이 형성되어야만, 이를 활용한 관세로부터 얻어지는 배타적이면서 비경합적인 가격경쟁력이라는 클럽재를 제공할 수 있기 때문이다. Nordhaus는 기후 클럽이 목표 탄소 가격을 설정하되 이를 위해 각국이 배출권 거래제(emission trading scheme)나 탄소세(carbon tax) 등 다양한 정책 옵션을 선택할 수 있도록 유연하게 운영되어야 한다고 주장한다.

제재에 초점을 맞추는 Nordhaus와는 달리 Ranson과 Stavins는 각국의 탄소 시장을 연계하여 기후 클럽을 형성하는 방안을 제안한다(Ranson and Stavins 2015). 탄소 시장을 연계하는 방법에는 상향식(bottom-up)과 하향식(top-down)이 있다. 먼저 상향식 연계방법이란 기 존재하는 두 개 이상의 국가 간 탄소 시장을 자발적으로 연계하는 것을 말하며, 국가별 탄소 시장의 차이점을 절충하는 방식으로 진행된다. 그 다음 하향식 연계방법이란 국가별 탄소 시장의 차이점에 주목하는 것이 아닌 공동의 규칙을 만들어 이 규칙이 적용되는 국가 간 탄소 시장을 만드는 방식으로 진행된다. 따라서 개별 국가의 입장에서는 상향식 연계방식보다 하향식 연계방식에 참여할 때 자국의 탄소 시장을 조정해야 하는 부담

(adjustment cost)이 커진다.

공동 탄소 시장으로서의 기후 클럽은 더 넓은 탄소 시장에 대한 접근권이라는 클럽재를 제공할 수 있다. 국가의 입장에서 탄소 시장의 운영은 배출권 총량 제한 규제보다 더 효율적으로 온실가스를 감축할 수 있게 해주며(Stavins 1998), 보다 효율적인 탄소 시장의 운영을 위해서는 많은 수의 시장참여자가 활발한 배출권 거래 활동을 하는 것이 중요하다. 이때 탄소 시장 연계에서 가장 중요한 것은 개별 국가의 탄소 시장에서 거래되는 배출권을 통합하는 것이다. 예컨대 A국과 B국에서 각각 거래 가능한 배출권이 상대국에서도 거래 가능하도록 인증되어야 한다는 것이다.

마지막으로 탄소 시장이 아닌 온실가스 감축 기술의 공동 개발에 초점을 맞추는 기후 클럽에 대한 제안도 존재한다(Ockwell et al. 2015). 온실가스 감축을 위한 기술, 예컨대 재생가능에너지 발전 기술이나 에너지 효율화 증진 기술 등의 연구개발에 국가들이 공동으로 투자하여 그 성과를 공유하는 기후 클럽을 형성하는 것을 말한다. Barrett(2003)의 경우 기술 개발의 성과를 여러 국가가 공유하는 것은 자국의 이익에 반하는 결과를 낳을 수 있기 때문에 이러한 제안에 비판적이나, 일부 학자들은 불확실성이 높은 온실가스 감축 기술의 경우 기후 클럽의 대상이 될 가능성이 존재한다고 보기도 한다. 이 경우 클럽재는 공동의 기술 특허 풀(technology patent pool)처럼 국가 간에 온실가스 감축 기술들을 상대적으로 낮은 가격에 사용할 수 있도록 하는 것이 된다. 이상의 논의들을 종합하면 아래 〈표 8-1〉과 같다.

표 8-1. 기후 클럽의 유형과 각 유형에 따른 클럽재, 사유재, 긍정적 외부효과

기후 클럽	클럽재	사유재	긍정적 외부효과
탄소 관세 부과	클럽 외부 국가에 대한 공동의 탄소 관세를 부과하여 얻어지는 가격 경쟁력	탄소 가격화(carbon pricing) 정책을 통한 탄소 가격에 따른 수입 (예: 온실가스 감축량을 탄소 가격에 따라 클럽 내/외 타국에 판매)	자국이 정하는 기여나 각국의 온실가스 감축 목표 이상으로 적극적인 온실가스 감축을 통한 기후변화 문제 해결에 기여
탄소 시장 연계	클럽 국가들에게만 한정된 더 넓은 탄소 시장에 대한 접근성		
공동 기술 개발	공동으로 개발한 온실가스 감축 기술에 대한 특허 사용권	공동 연구 개발 과정에서 얻을 수 있는 인적/기술적 자원	

　　기후 클럽의 이론적 정의에 정확히 부합하는 사례는 아직 찾아보기 어려우며, 주로 공동의 기후변화 대응 노력을 위해 지역 국가들이 모여 이룬 '논의 클럽(discussion club)'이 확산되고 있는 정도이다. 따라서 기후 클럽에 대한 현재까지의 대부분의 논의는 행위자 기반 모형(Agent-Based Modeling) 등을 이용한 시뮬레이션 연구가 주를 이룬다(Hovi et al. 2016; Sprinz et al. 2018). 그러나 〈표 8-1〉의 내용을 참고하면 기후 클럽과 유사한 기능을 하고 있는 국가 간 협력체를 찾아볼 수 있다. 대표적으로 유럽 연합(EU)이 있다. EU는 2005년부터 회원국들의 공동의 탄소 시장을 만들어 온실가스를 감축하는 EU 배출권 거래제를 운영해왔으며, 2019년 현재 31개 국가가 참여하고 있다(EU 회원국 28개국 + 아이슬란드, 리히텐슈타인, 노르웨이). 여기에 더해 최근 프랑스 대통령 마크롱(Emmanuel Macron)의 주도하에 EU 비회원국에게 공동의 탄소 관세를 부과하자는 움직임이 일고 있다. 이렇게 될 경우 EU는 공

동의 탄소 시장과 탄소 관세를 갖는 첫 번째 기후 클럽으로 기록될 수 있다.

국가 간 온실가스 기술 협력 이니셔티브 중 눈여겨볼 만한 사례는 인도와 프랑스가 주도하여 2015년에 만든 국제태양동맹(International Solar Alliance)이다. 국제태양동맹은 북회귀선과 남회귀선 사이에 위치하는 국가들이 주로 가입한 국제 이니셔티브로서 이른바 '태양 자원이 풍부한 국가군'으로 회원국들을 지칭하고 있다. 이들의 목적은 태양에너지 기술 관련 연구개발에 공동 투자를 유치하고, 연구개발 성과를 공유하고, 궁극적으로는 상대적으로 일조량이 많은 이들 회원국들 간 태양에너지 발전시장 진출을 촉진시키는 것이다.

III 기후 클럽에 대한 비판적 견해

기후 클럽은 교토의정서의 실패로 대표되는 UNFCCC의 비효율성에 대한 대안으로서 제시되어 왔다(Sabel and Victor 2015). 그러나 파리협정 채택 이후 기후 클럽에 대한 회의적인 견해가 다시금 떠오르고 있다(Nolden and Stua 2017). 또한 기후 클럽이 확산된다고 하더라도 기후변화 문제가 효과적으로 해결될 수 있을지에 대한 의문을 갖는 견해도 존재한다. 이러한 견해는 기후변화 문제를 단순히 무임승차 문제로만 볼 수 없다고 주장한다. 이와 같이 기후 클럽에 대한 비판적인 견해를 위의 두 논의를 중심으로 소개한다.

1. 국가 간 자발적 협력을 촉진하는 파리협정 제6조의 등장

세계는 2007년 인도네시아 발리에서 열린 UNFCCC 제13차 당사 국총회에서 본격적으로 교토의정서를 대체할 새로운 국제조약 협상 과정에 돌입하게 된다. UNFCCC 당사국들은 교토의정서의 1차 공약기간이 끝나는 2012년 이후의 기후변화체제 구축을 위해 2009년까지 새로운 국제조약을 채택하기로 하는 발리 로드맵(Bali Roadmap) 합의에 성공하였다.

그러나 협상 초기부터 선진국과 개발도상국 간 치열한 입장 차이가 관찰되었는데, 대표적으로 기후 행동(action)과 기후 공약 (commitment) 중 어떤 단어를 조약에 사용해야 하는지와 같은 문제가 있었다. 개발도상국은 기후변화에 대해 역사적 책임이 낮다는 점을 강조했다. 따라서 새로운 국제조약은 개발도상국에게 기후변화 대응을 강제할 수 없고 대신 기후변화 행동(action)을 통해 자발적으로 기여하도록 장려해야 한다는 입장이었다. 한편 선진국의 경우 교토의정서처럼 선진국과 개발도상국 간 차이를 두지 않고 동일한 수준의 기후변화 대응을 이끌어낼 수 있는 국제조약을 채택해야 한다고 주장했다. 따라서 선진국과 개발도상국 모두가 기후변화 대응에 대한 공약(commitment)을 하고 이에 대한 이행을 철저히 모니터링해야 한다는 입장이었다. 새로운 조약에 참여하는 국가의 범위에도 입장 차이가 존재했다. 개발도상국은 교토의정서처럼 역사적 책임에 따라 온실가스 감축 의무를 다르게 지는 국가군을 나누어야 한다고 주장했고, 선진국은 그러한 교토의정서의 요소를 삭제해야 한다고 주장했다.

이러한 입장 차이는 새로운 조약이 채택되기로 한 시한이었던 2009년 덴마크 코펜하겐에서 열린 제15차 당사국총회에서까지 좁혀지지 않았으며, 결국 발리 로드맵의 사실상 폐기로 이어졌다. 그러나 약 100여 개국이 코펜하겐에서 자발적인 온실가스 감축 공약을 발표하는 등 기후변화 대응에 대한 국제사회의 관심은 지속되었다. 이를 기반으로 하여 2011년 남아프리카공화국 더반에서 열린 제17차 당사국총회는 발리 로드맵을 이어 2015년까지 새로운 국제조약을 채택하기로 하는 더반 플랫폼 작업반(Ad-hoc Working Group on the Durban Platform for Enhanced Action, ADP) 일정에 합의하게 된다. ADP는 3년간의 협상 작업 끝에 2015년 프랑스 파리에서 열린 제21차 당사국총회에서 파리협정의 채택을 이끌어냈다.

파리협정은 선진국과 개발도상국 간 입장 차이를 어느 정도 절충한 결과물이라는 평가를 받는다. 파리협정의 핵심 내용은 자국이 정하는 기여(NDCs)와 그 이행상황에 대한 공동의 모니터링 제도이다. NDCs는 위에서 언급한 기후 행동(action)과 기후 공약(commitment)이라는 용어를 절충한 기여(contribution)을 사용한 개념으로, 각국이 온실가스 감축을 중심으로 기후변화 적응, 재정, 기술이전, 역량강화, 그리고 투명성의 6개 분야에 대해서 각국이 이행할 기여방안을 자발적으로 정하여 파리협정 당사국총회에 보고하는 것을 말한다. 한편 파리협정 당사국총회는 이러한 NDCs들이 잘 지켜지고 있는지 정기적으로 모니터링하며(global stocktaking), 이때 각국의 NDCs가 점점 더 높은 목표를 설정하고 있는지(후퇴방지원칙)를 감시한다. NDCs에 포함될 내용의 경우 상당부분 합의가 이루어졌으나, NDCs의 이행 촉진 및 감시, 제재 등과 관련된 내용은 아직 협상 중에 있다.

여기에 더해 파리협정의 주요 내용 중 하나인 제6조는 국가 간 자발적인 협력을 통해 NDCs에서 설정한 온실가스 감축 목표를 달성하도록 하는 조항이다. 파리협정이 기후 클럽에 대한 회의적인 견해를 촉발한 것이 바로 이 조항이라고 할 수 있다. 간단하게 말하자면, 기후변화 대응에 가장 적극적인 국가들이 굳이 UNFCCC 체제 외부에서 모여 독자적으로 기후 클럽을 형성할 유인이 제6조로 인해 줄어들게 되었기 때문이다. 파리협정이 국가 간 자발적 협력을 장려하고 이를 지원할 수 있는 메커니즘을 수립한다면, 굳이 UNFCCC의 외부에서 국가 간에 모여 기후 클럽을 형성할 유인이 적어질 수 있다는 것이다.

예컨대 기후 클럽이 성공적으로 운영되기 위해서는 기후 클럽 내부의 무임승차(shirking)를 관리할 필요가 있다. 이 무임승차는 클럽 외부에서 일어나는 무임승차와 다르며, 클럽 회원이 클럽재를 얻으면서 정작 클럽에서 요구하는 기준에 부합하려고 하지 않는 것을 의미한다(Prakash and Potoski 2007). 기후 클럽의 입장에서 이러한 무임승차를 관리하는 것은 높은 비용을 발생시킬 수 있다. 그러나 파리협정 제6조를 통해 UNFCCC의 관리하에 기후 클럽을 운영한다면 이러한 비용을 낮출 수 있다는 의견이 제기된 바 있다. 예컨대 UNFCCC가 쌓아온 온실가스 감축의 측정/보고/검증(measurement, report, and verification, MRV)과 관련된 기술적 자원을 활용하면 더 효율적으로 클럽 회원들에 대한 관리가 가능하다는 것이다(Potoski 2015).

중요한 클럽재 중 하나인 명성 효과 역시 UNFCCC로부터 독립된 기후 클럽보다 UNFCCC와 연계된 기후 클럽에서 더 효과적으로 나타날 수 있다. 예컨대 온실가스 감축에 적극적이지 않았던 국가들이 기후 클럽을 형성하게 되면 다른 행위자들이 클럽을 충분히 신뢰하지 못해 온실가스 감축 비용을 상쇄할 만한 명성 효과를 제공하지 못할 수 있다. 그러나 이러한 기후 클럽이 UNFCCC와 연계하여 파리협정 당사국총회의 관리하에 놓여 지속적인 모니터링을 수행한다면 클럽 외부 행위자들의 입장에서 보았을 때 클럽에 대해 더욱 신뢰할 여지를 늘릴 수 있을 것이다. 이처럼 그 구체적인 이행방식이 정해지지 않았음에도 불구하고, 제6조의 유연성과 잠재성은 기후 클럽에 대한 회의적인 목소리를 키우는 데 기여하고 있다.

2. 집합 행동의 딜레마가 아닌 국내정치 문제로서의 기후변화 문제

과연 기후변화 문제를 무임승차가 야기하는 집합 행동의 딜레마로만 볼 수 있는가? Aklin과 Mildenberger(2018)는 기후변화 문제를 집합 행동의 딜레마로만 보는 관점이 놓치는 부분이 있다고 주장한다. 바로 기후 정책과 관련된 국내 행위자 간 갈등이다. 국가가 온실가스 감축에 적극적이지 못하는 이유는 온실가스 감축의 공공재적 특성 때문이 아닌, 온실가스 감축에 여러 이해관계가 얽혀 있는 다양한 국내 행위자들 간 갈등이 국가로 하여금 적극적인 기후 정책을 만들고 이행하는 데 어려움을 주기 때문이라는 것

이다.[1]

Aklin과 Mildenberger의 연구는 국가가 기후변화 대응을 하는 이유를 국내적 요인에서 찾는 연구의 연장선에 위치해 있다. 이러한 연구 중 von Prittwitz(1990) 그리고 Sprinz와 Vaahtoranta(1994)가 대표적이다. von Prittwitz는 국제 환경 문제에 대응하는 정도가 국가마다 다른 이유를 국내에 어떤 행위자 집단이 권력을 획득하고 있는지 분석하여 설명하고자 했다. 그는 행위자 집단을 국제 환경 규제에 가장 소극적인 환경오염 가해자(polluter), 가장 적극적인 환경오염 피해자(victim), 그리고 직접적인 환경오염 피해자는 아니지만 환경 규제로부터 이익을 취하는 제3자(third-party)로 나누었다. 이들 중 어떤 행위자 집단이 국내 정책에 가장 많은 영향력을 행사자는지에 따라 국가의 입장이 바뀔 수 있다는 것이다. 한편 Sprinz와 Vaahtoranta는 국가의 생태학적 취약성(ecological vulnerability)가 높을수록, 그리고 환경오염 저감 비용(abatement cost)이 낮을수록 국제 환경 규제에 더 적극적일 것이라고 주장하면서, 국가가 국제 환경 문제에 대응하는 정도를 국가 단위의 이해관계로 설명할 것을 제안한 바 있다(Sprinz and Vaahtoranta 1994).

기후변화 문제를 집합 행동의 딜레마로만 볼 수 없다는 학자들은 간단한 질문을 통해 이러한 견해를 뒷받침하고자 한다. 무임승차의 유인이 지배하는 국제사회에서, 국가는 왜 자발적으로 국

---

1   이들의 표현을 빌리자면, 기후변화 대응과 관련된 행위자들은 글로벌 집합 행동 게임(global collective action game)을 하는 것이 아닌 분배 갈등 게임(distributive conflict game)에 참여한다(Aklin and Mildenberger 2018, 3).

제 환경 문제 해결에 기여하고자 하는가? 비록 다양한 형식이기는 하나 UNFCCC에 따른 의무 감축국이 아님에도 산업 분야 전반을 포괄하는(economy-wide) 감축 목표를 설정한 국가들[2]이 존재한 다(Levin and Finnegan 2011). 또한 미국이 2001년 교토의정서를 탈퇴했음에도 불구하고 배출권 거래제, 탄소세, 발전차액지원제 도(feed-in-tariff) 등 여러 국가들에서 온실가스 감축을 위한 정책 들이 지속적으로 증가해왔다(Sommerer and Lim 2016; Bayer and Urpelainen 2016). 이처럼 기후변화 문제를 집합 행동의 딜레마로 만 바라보게 되면 설명하기 어려운 사례들이 존재하기 때문에, 그 대안으로서 기후변화 문제를 국내 정치적 문제로 바라보고자 하는 견해가 주목받게 된 것이다.

기후변화 문제를 국내 정치적 문제로 바라보게 되면 국내 행 위자 간 갈등이 정책 결정 과정에 미치는 영향을 분석하는 것이 중 요해진다. 국가가 보다 적극적으로 온실가스 감축 정책을 추진하 게 되면 이윤을 취할 수 있는 경제적 승자(economic winner)와 손 해를 볼 수 있는 경제적 패자(economic loser)가 뚜렷하게 나뉜다. 이들 중 어떤 집단이 정책결정 과정에서 더 많은 영향력을 행사하 는지에 따라 국가가 적극적인 온실가스 감축 활동을 할 수 있는지 의 여부가 달라지게 된다(Aklin and Mildenberger 2018).

이러한 관점에서 내놓을 수 있는 기후변화 문제에 대한 해법

---

2   앤티가 바부다(Antigua and Barbuda), 마셜 제도(Marshall Islands), 몰도바 (Moldova), 브라질, 칠레, 인도네시아, 이스라엘, 멕시코, 파푸아 뉴기니, 대 한민국, 싱가포르, 남아프리카공화국, 중국, 인도, 부탄, 코스타리카, 몰디브 (Maldives).

은 무엇인가? 바로 국제사회가 적극적으로 온실가스 감축의 경제적 승자를 지원하고 경제적 패자를 무력화하는 메커니즘을 만드는 것이다. Aklin과 Mildenberger는 현재의 파리협정 체제는 NDCs에 대한 투명성을 증진하여 국가들이 무임승차를 덜 두려워해도 되는 방향으로 나아가게 되면 자연스럽게 온실가스 감축의 경제적 승자들이 우세해질 것이라고 전제하고 있다고 본다. 그러나 2017년 미국 트럼프 정부의 사례처럼, 이들은 기후변화 문제가 심각해진다고 하더라도 각국의 여러 정치적 상황에 따라 온실가스 감축의 경제적 패자들의 영향력이 오히려 강화될 수 있다고 주장한다.

기후변화 문제를 국내 정치적 문제로 바라보게 되면 기후 클럽에 대한 낙관론에 신중한 입장을 취할 수밖에 없다. 예컨대 기후 클럽이 성공적으로 회원국에게 클럽재를 제공하는 여부와 상관없이, 국가는 국내 정치적 상황에 따라(즉, 온실가스 감축의 경제적 패배자가 정책결정 과정에서 영향력을 갖게 되면) 얼마든지 기후 클럽을 탈퇴할 수 있기 때문이다. 기후 클럽 역시 작은 규모이긴 하지만 내정 불간섭 원칙이 지배하는 일종의 국제사회라고 볼 수 있다. 만약 온실가스 감축의 경제적 패배자가 주요 지지 세력인 정치인이 집권한다면, 그 국가는 더 적극적인 온실가스 감축 목표를 설정하라는 기후 클럽에 남아 있을 유인을 느끼지 못할 것이다. 기후 클럽의 강점이 국가의 자발적인 참여인 만큼 국가의 자발적인 탈퇴 역시 기후 클럽의 약점이 되는 것이다.

무임승차 문제를 해결하는 데 핵심이 되는 클럽재 역시 회원국의 입장에서 예상치 못한 기능을 할 가능성이 있다. 예를 들어 탄소 관세는 온실가스 감축에 강하게 부정적이지 않았던 국내 행위자 집단, 예컨대 수입업자를 중심으로 반발을 일으킬 가능성이 있다. 특히 환경 규제 수준이 높지 않은 국가에서 채굴되는 석탄, 철광석, 우라늄 등은 온실가스 배출량이 상대적으로 높기 때문에, 이를 가공하여 판매하는 기업의 경우에게는 탄소 관세가 원료비 증가로 이어질 수 있다. 즉, 기후 클럽에서 제공하는 클럽재가 특정 국내 행위자 집단에게는 비용이 될 수 있다.

IV 결론

효과적인 클럽의 운영을 위해서는 클럽이 위치한 사회적, 경제적, 그리고 정책적 환경에 따라 그 모습과 내용을 유연하게 조정해야 한다(Potoski and Prakash 2009). 기후 클럽 역시 기후변화 문제 해결에 기여하기 위해서는 기후변화 문제의 성격, 그리고 기존에 존재하는 기후변화 국제협력의 방식에 따라 그 형태와 기능이 지속적으로 변화해야 할 것이다. 본 장에서는 기후 클럽의 개념을 소개하고 그 논의가 기후변화 국제협상의 발전과정과 기후변화를 바라보는 인식의 변화라는 맥락 속에서 어떻게 바뀌어왔는지를 설명하였다.

클럽 이론에 기반을 두고 있는 기후 클럽은 집합 행동의 딜레마로서의 기후변화 문제를 효율적으로 해결할 수 있는 흥미로운 대안인 것은 사실이며, 교토의정서와 코펜하겐 합의의 실패에 따른 UNFCCC에 대한 회의론을 기반으로 그 논의가 확산되었다. 그러나 파리협정의 가능성과 기후변화 문제에 대한 다양화된 견해에 부딪히며 기후 클럽에 대한 회의론도 낙관론 못지않게 커져가고 있다. 따라서 향후 기후 클럽에 대한 연구는 기후 클럽을 구성하는 국가와 클럽이 집중하는 기후변화 대응 분야에 따라 그 유형과 효과성이 어떻게 달라지는지를 분석할 필요가 있다. 현재까지의 기후 클럽에 대한 논의는 온실가스 감축 분야에 초점이 맞춰져 있기 때문에, 기후 적응 및 기술이전과 같은 다른 분야에서는 어떤 국가가 어떤 유형의 기후 클럽을 만들 수 있을지 연구가 필요하다. 한편으로는 적극적인 기후변화 대응 노력에 반대하는 행위자 간의 클럽도 얼마든지 존재할 수 있기 때문에 이에 대한 관심 역시 필요하다.

기후 클럽에 대한 연구는 국가가 왜 자발적으로 기후변화에 대응하고자 하는지 다시 한 번 질문하게끔 한다. 여러 연구자들의 말처럼 무정부성과 내정 불간섭 원칙이 지배하는 국제사회에서, 왜 어떤 국가는 다른 국가에 비해 더 적극적으로 기후변화에 대응하고자 하는가? Aklin과 Mildenberger는 이러한 질문에 대답하기 위해 기후변화에 대응한다는 것을 기후 정책(climate policy)과 정책 성과(climate outcome)의 두 가지로 구분할 것을 제안한다. 여기서 기후 정책은 기후변화에 대응하기 위한 정책적 도구(policy instrument), 목표 혹은 공약을 말하며, 정책 성과는 그러한 정책이 실질적으로 거두는 효과(온실가스 감축량 등)를 말한다. 저자들은 정책 성과는 확실히 공공재적인 성격이 있는 반면, 기후 정책은 그렇지 않다고 주장한다. 기후 정책 자체만으로는 공공재적 성격이 존재하지 않기 때문에, 국가는 얼마든지 무임승차라는 선택지 대신 적극적인 정책을 입안할 수 있다는 것이다. 갈수록 적극적인

기후 정책을 수립하는 국가들이 증가한다고 해서 기후변화 문제가
해결되리라고 기대할 수 없는 것도 같은 이유이다.

　이러한 관점은 기후 클럽에 대한 연구에도 동일하게 적용될
수 있다. 현재까지의 기후 클럽에 대한 논의들은 다음과 같이 합의
하고 있다. 대체로 성공적인 클럽은 더 많은 국가들의 가입을 유
도하고, 클럽이 모든 국가들을 포함하게 되면 온실가스 감축 비용
의 효율적인 저감을 이끌어낸다는 것이다. 그러나 위의 관점을 따
르면 기후 클럽의 성공적인 기능 수행이 보다 더 많은 클럽 가입을
유도하지 않을 수 있다. 클럽에 가입하는 것과 클럽이 효과적으로
클럽재를 제공하는 것에는 다른 논리가 적용될 수 있기 때문이다.
따라서 기후 클럽에 대한 향후 연구는 기후변화 문제에 대한 다양
한 관점을 반영하여 국가들이 왜 기후 클럽에 가입하는지, 그리고
기후 클럽 간에 왜 효과성에 차이가 나타나는지를 분석해야 할 것
이다.

참고문헌

Aklin, Michael, and Matto Mildenberger. 2018. "Prisoners of the Wrong
    Dilemma: Why Distributive Conflict, Not Collective Action, Characterizes
    the Politics of Climate Change." SSRN Working Paper. Accessed June 30,
    2019. https://ssrn.com/abstract=3281045.

Bagozzi, Benjamin E. 2015. "The Multifaceted Nature of Global Climate Change
    Negotiations." *Review of International Organization* 10: 439-64.

Barrett, Scott. 2003. *Environment and Statecraft: The Strategy of Environmental
    Treaty Making*. New York, NY: Oxford University Press.

Bayer, Patrick, and Johannes Urpelainen. 2016. "It Is All About Political
    Incentives: Democracy and the Renewable Feed-in-Tariff." *Journal of
    Politics* 78, no. 2 (Feb): 603-19.

Buchanan, James M. 1965. "An Economic Theory of clubs." *Economica* 32,
    no.125 (Feb): 1-14.

Das, Kasturi. 2015. "Climate Clubs: Carrots, Sticks and More." *Economic &
    Political Weekly* 50, no.34 (Aug): 24-7.

Hovi, Jon, Detlef F. Sprinz, Håkon Sælen, and Arild Underdal. 2016. "Climate
    Change Mitigation: A Role for Climate Clubs?" *Palgrave Communications* 2:
    1-7.

Keohane, Nathaniel, Annie Petsonk, and Alex Hanafi. 2015. "Toward a Club of
    Carbon Markets." *Climatic Change*. doi: 10.1007/s10584-015-1506-z.

Levin, Kelly, and Jared Finnegan. 2011. "Assessing Non-Annex I Pledges:
    Building a Case for Clarification." WRI Working Paper. Washington DC:
    World Resource Institute.

Nolden, Colin, and Michele Stua. 2017. "Climate Club and Their relevance within
    the Paris Agreement." Chap 3 in *From the Paris Agreement to a Low-Carbon
    Bretton Woods*. Cham, Switzerland: Springer International Publishing.

Nordhaus, William. 2015. "Climate Clubs: Overcoming Free-riding in
    International Climate Policy." *American Economic Review* 105, no.4 (Apr):
    1339-70.

Ockwell, David, Ambuj Sagar, and Heleen de Coninck. 2015. "Collaborative
    Research and Development (R&D) for Climate Technology Transfer and
    Uptake in Developing Countries: Towards a Needs Driven Approach."
    Climatic Change. doi: 10.1007/s10584-014-1123-2.

Olson, Mancur Jr. 1965. *The Logic of Collective Action*. Cambridge, MA: Harvard
    University Press.

Pigou, Arthur C. 1920. *The Economics of Welfare*. London, UK: Palgrave

MacMillan.

Potoski, Matthew. 2015. "Green Clubs in Building Block Climate Change Regimes." *Climatic Change*. doi: 10.1007/s10584-015-1517-9.

Potoski, Matthew, and Aseem Prakash. 2004. "Regulatory Convergence in Non-governmnetal Regimes." *Journal of Politics* 66, no.3 (Aug): 885-905.

_____, 2009. *Voluntary Programs: A Club Theory Perspective.* Cambridge, MA: MIT Press.

Prakash, Aseem, and Matthew Potoski. 2006. "Racing to the Bottom? Globalization, Environmental Governance, and ISO 14001." *American Journal of Political Science* 50, no.2 (Apr): 347-61.

_____. 2007. "Collective action theory through voluntary environmental programs: A club theory perspective." *The Policy Studies Journal* 35, no.4 (Dec): 773-92.

Ranson, Matthew, and Robert Stavins. 2015. "Linkage of Greenhouse Gas Emissions Trading Systems: Learning from Experience." *Climate Policy.* doi :10.1080/14693062.2014.997658.

Rosen, Amanda M. 2015. "The Wrong Solution at the Right Time: The Failure of the Kyoto Protocol on Climate Change." *Politics & Policy* 43, no.1 (Feb): 30-58.

Sabel, Charles F., and David G. Victor. 2015. "Governing Global Problems under Uncertainty: Making Bottom-up Climate Policy work." *Climatic Change.* doi:10.1007/s10584-015-1507-y.

Sommerer, Thomas, and Sijeong Lim. 2016. "The Environmental State as a Model for the World? An Analysis of Policy Repertoires in 37 Countries." *Environmental Politics* 25, no.1 (Sep): 92-115.

Sprinz, Detlef, and Tapani Vaahtoranta. 1994. "The Interest-based Explanation of International Environmental Policy." *International Organization* 48, no.1 (Winter): 77-105.

Sprinz, Detlef, Håkon Sælen, Arild Underdal, and Jon Hovi. 2018. "The Effectiveness of Climate Clubs under Donald Trump." *Climate Policy,* doi: 10.1080/14693062.2017.1410090.

Stavins, Robert. 1998. "What Can We Learn from the Grand Policy Experiment? Lessons from SO2 Allowance Trading." *Journal of Economic Perspectives* 12, no.3 (Summer): 69-88.

von Prittwitz, Volker. 1990. *Das Katastropehnparadox: Elemente einer Theorie der Umweltpolitik.* Opladen: Leske & Budrich.

필자 소개

고인환 Ko, Inhwan

University of Washington 정치학 박사과정
연세대학교 정치외교학과 졸업

논저 "A Boomerang Not Returned: Why Has the Effect of Boomerang Strategy of Minamata Disease Victims and Japanese NGOs Varied?"(석사논문), "토픽 모델링 기법을 활용한 국회의 대정부 견제 기능 분석: 17-18대 국무총리 인사청문회 회의록을 중심으로."(공저)

이메일 inhwanko92@gmail.com